民事法系列

民法債編總論

◆第六版◆

五南圖書出版公司 印行

陳猷龍 ◆著

三版序

　　民法條文既多且關係嚴密，尤以債編為最，債之通則又為債法原理之樞紐，原即不易貫通，加以學者著書立論無不竭盡所能，習法者每因書冊成堆重荷難堪，惶惶終日。余自幼性好條理明確，習法伊始，不覺將煩瑣內容簡化筆記，閱後解題每有拉線頭拆毛衣之效。其後任公職、執業律師、繼續深造，以至忝為人師，境遇漸豐，益加體認法律之事，非推求於生活體驗無以突破創新。簡明並以生活為依歸，遂成余對債法構成之思考模式。

　　授課數年，原擬筆記幾經增刪，編成講義，因同學之請，乃再加總成，民國八十三年十月付印成書，名曰民法債編通則，列為輔仁大學法學叢書教科書類第六號，八十五年九月再版，嗣因兼任系所主管，公務繁身，久未重印。迨八十八年修正民法債編施行後，全書必須整體大幅修正，適五南圖書出版公司李副總經理純聆小姐提議由公司印行，余忖自刊事務頗多，乃予應允，不意一改四年，今夏得以新貌付梓，如釋重擔，雀躍不已。

　　本書寫作過程，特別注重說理之邏輯順序，尤其力求文字精簡明確，淺顯易懂之處，不過多著墨，較難理解之條文，均舉例說明或引判決例佐證，有所爭議之部分，則列述各家學說詳加辨正，提出個人見解，名詞用法前後一致，章節項目則大小粗黑分列，增強視覺印象，並注意其結構及先後。但求能執

簡馭繁，事半功倍。

　　惟限於學力，本書僅以我國民法債編通則之條文為主要論述對象，除釐清問題必要者外，並未廣徵博引各國法例；又本書成稿寫於七十五年間，設例日期恰係落稿時日，別具意義，爰未予更易；其次，文中所提私見，井底觀天，掛漏乖謬，必難避免，尚祈諸先進，不吝斧正提攜，無任感激。

　　本書三版修正期間，與內人麗英結婚、改任教務長、得子睿政，九十二年八月又獲遴任為法律學院首任院長，蜜月之旅迄未成行，經常操持教務至深夜，內人任法官公私兩忙，見其勞累，又於心不忍，值本書三版付梓之際，特此附記，並謝內人的相知相愛及犧牲奉獻。

陳猷龍

序於輔仁大學教務長室

中華民國 92 年 8 月 16 日

凡　例

一、本書所用簡語之意義例示如下：

民249Ⅰ①－民法第249條第1項第1款。

民191-1但書－民法第191條之1但書。

消保17Ⅰ、Ⅱ－消費者保護法第17條第1項、第2項。

民訴277－民事訴訟法第277條。

刑13－刑法第13條。

公服24－公務員服務法第24條。

公任5－公務人員任用法第5條。

公司21－公司法第21條。

海商21－海商法第21條。

強執122－強制執行法第122條。

破產104－破產法第104條。

勞基法62Ⅱ－勞動基準法第62條第2項。

勞保條例29－勞工保險條例第29條。

大理院5上1012－大理院5年上字第1012號判例。

28院解1889－司法院28年院解字第1889號解釋。

41台上637－最高法院41年台上字第637號判例。

69台上1271判決－最高法院69年台上字第1271號判決。

二、本書註腳之引用方式說明如下：

採同頁註腳，序號以阿拉伯數字表示。

註腳號序，各章接續編號至本書全文結束，

引用學者之著作，不論第幾次出現，一律以「作者姓名，書名，○頁。」之方式表示。

同一註腳內引用多數學者之著作時，每一學者之著作間，以加分號「；」之方式區隔。

判例要旨或決議文內容，具有特取文字或意義不同，有必要時，始引註其全文。

一段內有數個句號斷句時，最後段尾註腳號碼標示在句號之前者，表示係該句之註腳，標示在句號之後者，表示係該整段之註腳。

主要參考書目

（以作者姓氏筆劃為序）

史尚寬著　　債法總論　　　　　　　　民國72年3月版

王伯琦著　　民法債篇總論　　　　　　民國82年8月臺初版第15次
　　　　　　　　　　　　　　　　　　印行

王澤鑑著　　民法學說與判例研究（1）　民國87年9月版

王澤鑑著　　民法學說與判例研究（3）　民國72年10月三版

王澤鑑著　　民法學說與判例研究（4）　民國71年4月初版

王澤鑑著　　債法原理（1）　　　　　　民國88年10月增訂版

王澤鑑著　　民法債編總論（1）　　　　民國82年11月八版

王澤鑑著　　民法債編總論（2）　　　　民國82年11月八版

何孝元著　　民法債編總論　　　　　　民國80年10月重印三版

林誠二著　　民法理論與問題研究　　　民國80年7月修訂版

林誠二著　　債法總論新解（上）　　　2010年9月初版

林誠二著　　債法總論新解（下）　　　2010年3月初版

邱聰智著　　民法債編通則　　　　　　民國82年8月修訂六版

邱聰智著　　新訂民法債編通則（上）　民國89年9月新訂一版一刷

邱聰智著　　新訂民法債編通則（下）　民國92年3月新訂一版二刷

洪文瀾著　　民法債編通則釋義　　　　民國48年4月出版

胡長清著　　中國民法債篇總論　　　　民國66年10月台三版

孫森焱著　　民法債編總論　　　　　　民國77年10月修訂八版

孫森焱著　　新版民法債編總論（上冊）民國88年10月修訂版

孫森焱著　　新版民法債編總論（下冊）民國91年8月修訂版

梅仲協著	民法要義	民國52年10月臺新八版
曾隆興著	民法債編總論	民國83年7月修訂四版
曾隆興著	修正民法債編總論	民國88年10月初版
陳猷龍著	民法總則	2017年9月九版一刷
陳猷龍著	保險法	2010年2月初版一刷
黃　立著	民法債編總論	民國88年10月二版一刷
鄭玉波著	民法債編總論	民國64年9月七版
鄭玉波著 陳榮隆修訂	民法債編總論	2002年6月修訂二版
鄭健才著	債法通則	民國80年9月出版
劉春堂著	判解民法債篇通則	民國80年8月四版
劉春堂著	判解民法債編通則	2010年9月修訂六版一刷
劉春堂著	契約法總論	2001年9月初版第一刷
劉發鋆編著	民法債編通分則實用	民國64年8月台初版
錢國成著	民法判解研究	民國64年三版
戴修瓚著	民法債編總論	民國67年11月三版
歐陽經宇著	民法債編通則實用	民國55年6月再版

目 次

本　論

附　錄

緒　論

第一章

債

第一節　債之意義

債者，一方得請求他方為一定之給付之債權債務關係也。分言之：

（一）債者雙方債權債務之關係也

債之當事人，為「特定之雙方」，一方為債權人，另一方為債務人。債權人對於債務人之權利，稱為債權；債務人對於債權人所負之義務，稱為債務。故債為債權人與債務人雙方之債權債務關係。

（二）債者一定之給付之關係也

債之內容，乃「一定之給付」，稱為債之標的。為該一定之給付，稱為給付；給付之過程，稱為履行；履行之要求，稱為請求；履行之開始，稱為給付之提出；履行之完畢，稱為清償。可知債乃一定之給付之關係。

第二節　債權

第一項　債權之性質

　　債權者，債權人對於債務人之權利也。因債權人基於債權，只能對債務人為請求，不得對第三人行使債權之內容，故為對人權（亦稱相對權）性質。基於此種性質，學者對於有無第三人侵害債權存在之問題，解釋遂見分歧。否定者認為，債權不應具絕對性，否則與物權將無從區別，故無第三人侵害債權之可言。德國學者，多採此說。肯定者認為，凡屬權利均具不可侵害之絕對性，債權亦不例外，故第三人之行為若害及債權，自足構成侵權行為。日本學者，多採此說。日本大審院判例亦同。折衷者認為，第三人之行為致債權消滅時（例如竊取債權憑證而受清償），始有侵害債權之成立，餘則無之。德國少數學者採此說。我國實例採肯定說[1]。學者通說亦同。但亦有採折衷說，而認為須第三人之行為出於故意，始足成立侵害債權者[2]。實則，債權雖無如物權之追及性及優先性等動的權能，但基於權利本質所具有，享受特定利益之法律上力量，並無短缺，故認債權本於其靜的權能，即具有不可侵害之絕對性，乃理所當然。又第三人之行為出於過失者，例如第三人因過失將債權人持有之債權憑證（例如借據）燒毀，債務人因而否認債權存在，致債權人蒙受債權無法受償之損失，此情形，責令該第三人對債權人負侵害債權之責任，似無何不妥之處，折衷說並不足採。爰本書從肯定說。

---

[1] 18上2633。
[2] 孫森焱，新版民法債編總論（上冊），214～217頁。

第二項 債權與其他權利之區別

壹、債權與物權

債權與物權,均為財產權。但二者有下列主要之不同:

一、性質不同

債權,為人對人之權利,故為對人權;而物權,則為人對物之權利,故為對物權。又債權之內容只能對債務人行使,不能對他人行使,故為相對權;而物權之內容則對任何人均可主張,非僅限於特定人,故為絕對權(亦稱對世權)。另債權之行使,須依賴債權所出之請求權為之,我民法有時逕稱債權為請求權(例如民法第145條第1項規定:「以抵押權、質權或留置權擔保之**請求權**(正確應為「…**債權,其請求權**…」)雖經時效消滅,債權人仍得就其抵押物、質物或留置物取償。」),即此之故;而物權之行使,則以支配標的物之方式出之,故為支配權。

二、功能不同

債權係經濟活動增加之後,方才產生,其功能在保護交易的安全,亦即在保護動的安全;而物權,早在自力耕作時代即已存在,其功能在維持權利人專屬之狀態,亦即在保護靜的安全。

三、效力不同

債權無排他效力,對於同一債務人,可同時擁有多數個同一內容之債權;而物權則有排他效力,在同一標的物上,不得同時存在二個以上性質不相容之物權。又債權無優先效力,多數個債權,係以同順位受償;而物權則有優先效力,與債權競合時,優先於債權,多數個相容之物權併存時,則以成立在前者,優先受

償。另債權無追及效力，而物權則有追及效力，物權隨標的物之轉讓而追及存在，權利人對物之權利，不受影響。此外，債權之內容，具有任意性，原則上當事人得自由訂定；而物權之內容，原則上採法定主義，當事人不得自由訂定。

須附言者，乃債權與物權，固有上述之主要不同。但時至工商發達之今日社會，已呈現「債權物權化」及「物權債權化」之普遍現象，債權與物權早非對立。所謂**債權物權化**，指債權具有物權之效力而言。**例如**不動產承租人之租賃權，係屬債權性質。但依我民法第425條第1項規定：「出租人於租賃物交付後，承租人占有中，縱將其所有權讓與第三人，其租賃契約，對於受讓人仍繼續存在。」又日本民法第605條規定：「不動產租賃登記後，對於其後取得不動產之人，亦生效力。」可對任何租賃物之物權受讓人主張租賃權，令債權具有絕對（對世）效力是。所謂**物權債權化**，指物權對物之支配利益，已變成供擔保或供使用之對價請求權而言。**例如**將土地抵押借款，利用資金；或將房屋出租，收取租金等是。我國於民國92年7月23日總統公布施行之「不動產證券化條例」，更是物權債權化之具體規定。

貳、債權與身分權

債權與身分權，均為對於人之權利。但二者有下列主要之不同：

一、發生原因不同

債權因契約、無因管理、不當得利、侵權行為等原因而發生；身分權則因結婚、生子、監護、扶養、繼承等原因而發生。

二、性質不同

　　債權為財產權，純粹身分權為非財產權；債權不生支配權，身分權則有支配權，例如父母得直接懲戒未成年子女（民1085）是；債權為相對權，純粹身分權則為絕對權，例如夫妻所生之子女當然為婚生子女，不只夫妻間可相互主張，對任何人均可主張是；債權有移轉性，債權行為可代理，身分權有專屬性，純粹身分行為不許代理。

三、效力不同

　　債權原則上均得為強制執行，以獲得實際之滿足（例外情形，例如依保險法第117條第1項規定，人壽保險之保險費，不得以訴訟請求交付是）；純粹身分權則原則上不得為強制執行，例如夫妻同居之訴之判決不得強制執行（強執128 II）是（例外情形，例如命交還子女之判決，得依強制執行法第128條第1項及第3項規定為執行）。

　　須說明者，乃身分權有純粹身分權與身分財產權之分，身分財產權，除發生原因及具有專屬性，與財產權有所區別之外，與財產權並無不同。亦即債權與身分財產權，實質上並無差異。

參、債權與請求權

　　債權之行使，須依賴請求權為之，法條及學者，均有直稱債權為請求權者。但事實上，二者並非同一，其主要之不同如下：

一、來源及性質不同

　　債權因契約、無因管理、不當得利、侵權行為而發生，係獨立之權利本體；請求權則係由債權所生，係附從之子權利。但須注意，足以發生請求權之權利本體，不以債權為限，物權及身分

權，亦均有請求權。物權所生之請求權，例如民法第767條所定之物上請求權；身分權所生之請求權，例如民法第1114條所定之扶養請求權是。此外，債權不僅足以發生請求權，尚可發生抗辯、抵銷、解除、撤銷及代位等權利，請求權不過其中之一而已。

二、消滅原因不同

債權因清償、提存、抵銷、免除、混同等原因而消滅；債權所生之請求權，則除隨債權之消滅而消滅外，亦因消滅時效之完成而消滅。

第三節　債務

第一項　債務之態樣

債務者，債務人對於債權人所負之義務也。其標的為「一定之給付」，態樣有二：

（一）給付一定之財物

稱為「給與債務」，蓋一般稱財產之移轉為給與也。例如給與10萬元之賠償金是。

（二）給付一定之行為

稱為「行為債務」，又分為「作為債務」與「不作為債務」。所謂作為債務，即以積極的行為為給付之債務，亦即給付一定勞務之債務。例如駕駛車輛、修繕房屋是。所謂不作為債務，即以消極的不行為，或更許債權人為一定行為為給付之債務。以消極的不行為為給付之債務，是為「單純不作為債務」，例如不許競業、夜間不彈琴是；以消極的不行為以及更許債權人為一定行為為給付之債務，是為「容忍債務」，例如容忍通行權

人通行是。

第二項　債務與責任

債務乃應為一定之給付之義務狀態，債務人如依債務本旨為給付，則其義務狀態即歸消滅，惟如不依債務本旨為給付（包括給付不能、給付拒絕、不完全給付、給付遲延），則債權人即得依法對債務人之全部財產求償，以消滅其義務狀態。是債務人之全部財產，乃消滅其義務狀態之總擔保。此債務人對其債務之義務狀態應為之擔當，即為責任。

債務與責任，通常均同時存在，但二者分離之情形，亦極平常。有債務而無責任者，稱為自然債務，例如消滅時效完成後之債務是。無債務而有責任者，例如提供抵押物供債務人設定抵押權之物上保證人、抵押權未塗銷之抵押物受讓人，所負之物的責任是。

債務人所負之責任，有「無限責任」與「有限責任」之分。無限責任，即以債務人之全部財產，負使債權完全滿足之責任。有限責任，即僅以債務人之一定財產，或僅就一定數額為清償之責任。僅以債務人之一定財產為清償之責任，稱為「物的有限責任」，例如限定繼承之繼承人，僅以因繼承所得之遺產，對被繼承人之債務負責任（民1154）是。僅就一定數額為清償之責任，稱為「人的有限責任」（又稱「量的有限責任」或「定額有限責任」），例如有限公司、兩合公司、股份有限公司等之有限責任股東，僅就其出資額或所認股份，對公司負其責任（公司2 I ②③④）；船舶所有人限制責任（海商21）等是。債務人所負之責任，以無限責任為原則，有限責任為例外，亦即須有法律上之規定，或當事人之約定，債務人始負有限責任也。

第三項　自然債務

　　自然債務者，有債務但無責任之債務也。亦稱「不完全債務」。此種債務之債權人，不得以訴權及強制執行請求權，強制滿足其債權。但債務人如為給付，仍為有效，不得請求返還。亦即是否給付，完全由債務人決定，法律聽其自然。自然債務可分二類：

一、法定之自然債務

　　關於自然債務，我民法雖無專文規定，但現行民法及其他法律所定之債務，不無具備自然債務之性質者。約有下列四種：

　　（一）消滅時效完成後之債務（民144）。
　　（二）基於道德義務之債務（民180①）。
　　（三）基於不法原因之債務（民180④）。
　　（四）依調協或破產程序未清償部分之債務（破產149）。

二、約定之自然債務

　　自然債務可否依約定而發生，亦即當事人約定其債務為自然債務者是否有效？學者見解不一：

　　（一）否定說

　　認為訴權及強制執行請求權，係屬公權，不許拋棄，故不得約定為自然債務。

　　（二）肯定說

　　認為公權並非絕對不可拋棄，約定聽任債務人之自由而給付，並不違背公序良俗，無不許之理。鄭玉波先生謂：「以上兩說，當以後說為妥，蓋債權自體尚非不可拋棄（免除），則保護

債權之手段（訴權、強制執行請求權），自無不可拋棄之理，況基於契約自由原則，此種約定之自然債務，亦應有效也。」[3]

本書以為，縱認公權不得拋棄，亦無妨於肯定說之成立。蓋約定為自然債務，可認係債權權能之拋棄，其訴權雖仍存在，但已欠缺權利保護要件，一經債務人抗辯，法院自應予駁回也。何況衡諸實際，設當事人於金錢借貸契約中，約定債務人是否返還借款，任由債務人自行決定，債權人不得求償，此較諸債務之免除，性質並無不同，且情況較為輕微，而債務之免除既為法之所許，約定為自然債務，自無不可之理。

---

[3] 　鄭玉波，民法債編總論，10頁。

第二章

債法

第一節　債法之意義

債法者，規範債之關係之法律也。可分實質債法與形式債法：

（一）實質債法之意義

實質債法，又稱廣義債法，指一切具有規範債之關係之效力之成文法及不成文法而言。成文法，不唯民法債編屬之，即其他各編，及公司法、票據法、保險法、海商法等民事特別法，以至於公平交易法、消費者保護法、勞動基準法、著作權法、專利法、商標法、證券交易法、水污染防治法、民用航空法，及其他一切法律中有關債之規定，均屬之。不成文法，則包括一切關於債之關係之判例、習慣，及法理。

（二）形式債法之意義

形式債法，又稱狹義債法，則專指民法債編而言。按所謂債，包括債權與債務，是以各國關於其形式債法，有名之為**債權**編者，如日本是；有名之為**債務法**者，如瑞士是。我國清末宣統3

年完成之「大清民律草案」（通稱為「第一次民律草案」）第二編，亦以**債權**編為名，迨民國14年國民政府完成之「第二次民律草案」第二編，則改名為「**債**」編，現行民法第二編亦名曰「**債**」。考其意旨，有兼賅債權與債務，並重債權人與債務人之法意。本書所述者，以形式債法為主。

第二節　債法之性質

債法具有下列重要性質：

（一）債法為財產法

債之關係，多涉及財產，雖直接未涉及財產，亦多以經濟利益為依歸（例如雇主與勞工為離職後競業禁止之約定時，勞工之不從事競業行為，表面上係以不作為為給付（民199Ⅲ），似未涉及財產，惟雇主對於勞工所受之損失需有合理補償（勞基法9-1Ⅰ④），實際亦以經濟利益為依歸是），且債務不履行時，每轉變為損害賠償之債（民226、227、213以下）。故債法為財產法。惟除債法之外，物權法亦為財產法，債法不過財產法之一。

（二）債法為交易法

債之關係，多由交易而生。所謂交易，即互通有無，為人類活動之重要部分。債法即在規範財產交易之動態關係，故債法為交易法。

須附言者，於今日交通及通訊快速之世界，國際交易與國內交易已不分，國際買賣法，已有世界統一之雛形，其他如公司法、票據法、海商法、保險法、證券交易法、期貨交易法等，各國法制亦有相互融合，漸趨大同小異之勢。就此立場言，債法不無國際性。

（三）債法為任意法及補充法

　　債之關係，係私人財產之交易關係，大抵與公益無關，故除少數具強行性質，例如禁止高利（民204～206）、禁止複利（民207）之規定外，當事人均可於不違反公序良俗之限度內，自由以反對之約定，排除其適用，亦即債法為任意法；又因當事人未為反對約定之部分，債法之有關規定，即可適用於當事人間之契約關係，形同自動補充當事人之契約內容，故債法又為補充法。

第三節　債法之沿革

　　中國清末，為變法圖強，乃設法律館。於宣統3年完成「大清民律草案」（通稱**第一次民律草案**），分為五編。其中第二編名為「**債權**」，共654條，分為八章：第一章通則，分為債權之標的、債權之效力、債權之讓與、債務之承受、債權之消滅、多數當事人之債權等六節，第二章契約，第三章廣告，第四章發行指示證券，第五章發行無記名證券，第六章管理事務，第七章不當得利，第八章侵權行為。至民國14年完成之「**第二次民律草案**」，亦分五編，其中第二編名曰「**債**」，共521條，分為四章：第一章通則，分為債之發生、債之標的、債之效力、債之讓與及承受、債之消滅、多數債權人及債務人之債等六節，第二章契約，分為雙務契約、利他契約、有償契約、買賣、互易、贈與…等二十餘節，第三章懸賞廣告，第四章無因管理。**現行民法**亦分五編，第二編亦曰「**債**」，於民國18年11月22日國民政府公布，19年5月5日施行，民國88年4月21日總統令修正公布，89年5月5日施行，計662條（民153～756之9），另於民國110年1月20日單獨修正公布第205條，自公布後6個月施行；另有民法債編施行法，民國19年2月10日國民政府公布同年5月5日施行，民國88年4月21

民 法 債編總論

日總統令修正公布，89年5月5日施行，共36條。**民法債編，分為二章**：第一章**通則**（民153～344，共205條），又分債之發生、債之標的、債之效力、多數債務人及債權人、債之移轉、債之消滅等六節。第二章**各種之債**（民345～756-9，共457條），又分買賣、互易、交互計算、贈與、租賃、借貸、僱傭、承攬、旅遊、出版、委任、經理人及代辦商、居間、行紀、寄託、倉庫、運送、承攬運送、合夥、隱名合夥、合會、指示證券、無記名證券、終身定期金、和解、保證、人事保證等二十七節。

本　論

第一章

債之發生

　　債之發生，乃當事人間之債權債務關係原始的發生之謂也。已發生之既存債權債務，因當事人變易而在新當事人間發生債之關係，是為債權讓與或債務承擔，稱為債之移轉，非此所謂債之發生。

　　債之發生原因，我民法債編規定有契約、代理權之授與、無因管理、不當得利、侵權行為等五種。實則，債之發生原因非僅限於此。例如因共有關係而發生之費用償還請求權（民822 II），因婚約關係而發生之損害賠償請求權（民977～979），均足以發生債之關係是。要言之，債編規定者，係能獨立發生債之原因，致於伴隨他種法律關係而發生債之原因，則附於各該特定法律關係（如上揭之共有、婚約等法律關係）中規定之。不可誤解。

　　又代理權之授與，僅使代理人產生一種得有效為代理行為之地位或資格，代理人並不能基於代理權本身而向本人主張任何權利，同時亦不負任何義務。故並非發生債之原因。我民法債編將其列為能獨立發生債之原因之一，實非適當。關於代理權之授與，已於拙著民法總則一書中論述，不再重復。本書僅論述其餘四者。

第一節　契約

第一項　契約之意義

契約有廣狹二義。廣義所謂契約，指一切以發生私法上效果為目的之合意。德國民法採此義，故將契約規定於總則編，全部民事法均有其適用。狹義所謂契約，專指以發生債之關係為目的之合意。瑞士民法及我國民法均採此義。故我國民法將契約規定於債編，而未規定於總則編。惟我國民法仍承認廣義契約之存在，故非以發生債之關係為目的之合意，亦應循類推解釋方式，而類推適用債編關於債權契約之規定。

一般稱以發生債之關係為目的之合意為**債權契約**；稱以發生物權關係為目的之合意為**物權契約**；稱以發生身分關係為目的之合意為**身分契約**。此為民法契約之三大類型。

須說明者，乃德國民法將契約規定於總則編，理論上對於債權契約、物權契約、身分契約均應一體適用。但因物權契約及身分契約，與債權契約之性質有所不同，特別是身分契約與債權契約之性質差異更大，以債權契約為主之規定，對於物權契約及身分契約，並非均能適用，將契約規定於總則編，又無法於總則編內將其不適用於物權契約及身分契約之規定，一一列舉規定之；且將契約規定於總則編之後，再以性質是否相同，作為其總則編契約之規定是否適用於物權契約及身分契約之依據，又與規定於總則編之立法意旨不合，在法理上不無瑕疵。我民法將契約規定於債編，物權契約及身分契約，應規定而漏未規定，屬於法律漏洞，依類推解釋及類推適用之方法，援引性質相同之債權契約有關規定，適用於物權契約及身分契約，則不存在法理上之瑕疵。相較之下，我國之立法方式，顯然較為高明。茲僅就債權契約說

明之。

　　債權契約者，乃二人以上之當事人，以發生債之關係為目的，相互為對立之意思表示，而趨於一致之法律行為也。析述如次：

一、須有二人以上之當事人

　　僅一人無法成立契約。苟為二人以上，則人數並無限制，如三人以上之合夥契約是。

二、須當事人以發生債之關係為目的

　　此為債權契約之特徵。如買賣契約、租賃契約是。非以發生債之關係為目的之契約，如抵押權設定契約、結婚契約，即不屬債權契約之範圍。

三、須相互為對立之意思表示

　　如僅一方單獨為意思表示，無須相對人，或相對人僅受意思表示即可成立，則為單獨行為。如遺囑、撤銷等是。所謂相互，即一方對他方為意思表示，他方亦對此一方為意思表示之意。所謂對立，乃意思表示之標的相反而立之意。例如買賣契約，出賣人對買受人表示賣的內容，買受人則對出賣人表示買之內容，買與賣之標的相同但提出之最初條件各相反而立是。

四、須對立之意思表示趨於一致

　　所謂一致，須有主觀的一致與客觀的一致，始足相當。**主觀的一致**，即相對立之各意思表示，**其表意人及受意思表示人**，各均一致。**客觀的一致**，即相對立之各意思表示，**其內容一致**。**主觀的不一致**，例如A對B出價2萬元欲購買其錄影機，而C對A表示願以

2萬元出售其錄影機，此時AC間之意思表示在客觀上雖趨於一致，惟在主觀上則不一致；又如甲持乙之價目表欲向乙購買金筆，而誤向賣金筆之丙為意思表示，經議定價格後，始發現非乙等情形是。主觀的不一致，屬意思表示內容錯誤中當事人同一性的錯誤，若交易上認為重要者，表意人得撤銷之（民88）。**客觀的不一致**，例如甲向乙表示願以2,000元向其購買皮包乙只，乙則向甲表示非3,000元不賣，甲乙間尚不能成立契約是。

五、契約為法律行為

契約既以二以上意思表示為要素，自係法律行為。民法總則編法律行為之規定，於契約亦適用之。

第二項　契約之分類

契約係法律行為之一種，民法總則編所述，法律行為之分類，亦可適用，惟契約之分類仍有其不同之處。重要之分類如下：

一、有償契約與無償契約

契約以「有無對價」為標準，可分為有償契約與無償契約：

（一）有償契約

有償契約者，當事人各因給付而各取得對待利益之契約也。例如買賣，出賣人因給付標的物而取得價金，買受人因給付價金而得標的物是。

（二）無償契約

無償契約者，一方給付他方但不取得對待利益之契約也。例如贈與，贈與人給付贈與物予受贈人，但受贈人不給付贈與人對

待利益是。

二、雙務契約與單務契約

契約以「當事人是否互負債務」為標準，可分為雙務契約與單務契約：

（一）雙務契約

雙務契約者，當事人互負債務之契約也。例如僱傭，僱用人負有給付報酬之債務，受僱人則負有給付勞務之債務是。須注意者，雙務契約中當事人所負債務須具有對價關係。所謂對價關係，即互為代價之關係。所稱代價，僅須當事人主觀上認為堪為自己給付之代價為已足，客觀上是否等價值或等數額，並非所問。

（二）單務契約

單務契約者，僅當事人一方負債務之契約也。例如贈與，僅贈與人負給付贈與物之債務，受贈人則不負債務是。另雙方雖各有給付，但他方之給付僅為契約附隨義務者，例如使用借貸，借用人所負返還原物之債務（民464），係借用物之返還，並非貸與人將物無償交付借用人使用之對價，亦為單務契約，不可誤解。

雙務契約、單務契約之分類與前述有償契約、無償契約之分類，乍視之似僅係觀察角度不同之結果，即前者係從債務負擔上觀察，後者則係從對待利益上觀察。二者範圍似無不同。惟細敲之，仍非一致，**雙務契約必係有償契約**，固無問題。惟**單務契約並不全等於無償契約，亦有係有償契約者**，例如附利息之消費借貸，僅借用人一方負擔支付利息之債務，貸與人之交付貸與物係消費借貸契約之成立要件（民474），並非負擔債務，故為單務契約。惟借用人支付之利息，乃貸與人交付貸與物之代價，故屬有償契

約之性質。

三、要式契約與不要式契約

契約依「是否須依一定方式為之始可成立或生效」為標準，可分為不要式契約與要式契約：

（一）不要式契約

不要式契約者，無須依一定方式即可成立之契約也。近世法律，採方式自由之原則，故多為不要式契約，要式契約為數甚少。我民法債編規定之27種有名之債中，僅期限逾1年之不動產租賃（民422）、合會（民709-3）、終身定期金（民730）、人事保證（民756-1Ⅱ）等為要式契約，餘均為不要式契約。

（二）要式契約

要式契約者，要約與承諾均須依一定方式，或除要約與承諾之外尚須踐行一定方式，始能**成立**或**生效**之契約也。所謂「方式」，一般指書面（字據）、儀式、公證而言。方式有由法律規定者，稱為法定方式；亦有由當事人以契約訂定者，稱為約定方式。要式契約，**如不具備法定方式者，其契約原則上為無效**（民73前段）。例如，終身定期金契約之訂立應以書面為之（民730），未以書面為之之終身定期金契約無效是。**但法律另有規定者，不在此限**（民73但書）。例如期限逾1年之不動產租賃契約，依民法第422條規定，應以字據訂立之，未以字據訂立者，視為不定期限之租賃，並非無效是。要式契約，**如不具備約定方式者，推定其契約為不成立**（民166）。既不成立，自無生效問題，故當事人不得請求履行契約。至於能否請求履行方式？學者有採肯定見解者[1]，亦

1　鄭玉波，民法債編總論，71頁。

有採否定見解者[2]，本書以為，訴訟外之請求，固無問題，即訴訟上之請求亦非不可，僅其判決不能強制執行，亦即無法以判決代替「方式」，因強制執行而使契約成立而已，從肯定見解。又不成立僅為推定之效果，仍得以反證推翻之。例如當事人得證明其約定方式，目的在保存證據，並非以之為契約之成立要件，而請求履行契約是[3]。

須附言者有三：

其一，學者有認為，如未具備法定方式，契約乃欠缺特別成立要件而不成立，民法第73條前段：「法律行為，不依法定方式者，無效。」之規定，係將成立要件與生效要件混淆之故[4]。惟本書以為，所謂不依法定方式，係指已踐行一定方式，但該方式與法定方式不合，例如男女二人雖於大飯店舉行結婚典禮，但與民法第982條所定之結婚方式不合，雖已踐行公開結婚之儀式仍為無效是。此證諸民法第988條第1項規定，結婚不具備第982條第1項之方式者無效，更屬無疑。可知，「不依法定方式」，並非不進行法定方式之謂。亦即法定方式，應解為係契約之特別生效要件，方屬正確。

至於民法第166條規定：「契約當事人約定其契約須用一定方式者，在該方式未完成前，推定其契約不成立。」將約定方式規

2　孫森焱，新版民法債編總論（上冊），69頁，認為不得請求履行方式。
3　28年滬上字第110號判例：「契約當事人約定其契約須用一定方式者，在該方式未完成前，推定其契約不成立，固為民法第166條所明定。但當事人約定其契約須用一定之方式，有以保全其契約之證據為目的者，亦有為契須待方式完成始行成立之意思者，同條不過就當事人意思不明之情形設此推定而已。若當事人約定其契約須用一定方式係以保全契約之證據為目的，非屬契約成立之要件，其意思已明顯者，即無適用同條規定之餘地。」
4　孫森焱，新版民法債編總論（上冊），66頁。

定為契約之特別成立要件，與第73條將法定方式規定為契約之特別生效要件不同，**主要係因未具備約定方式以前，約定之契約締結程序尚未進行或尚未完成，契約為不成立，實屬當然。此與不依法定方式，係指已踐行一定方式但與法定方式不合，情形有別。**舉例以明之：甲男與乙女因跳傘活動而相識相愛，遂約定將舉行跳傘結婚儀式，則二人尚未完成跳傘以前，其結婚自屬尚未成立，而非已成立但不生效。不可誤解。

其二，此次民法債編修正，新增第166條之1，其第1項規定：「契約以負擔不動產物權之移轉、設定或變更之義務為標的者，應由公證人作成公證書。」是為法定要式行為之規定。所謂「契約以負擔…之義務為標的」，即指債權契約而言。契約以負擔不動產物權**移轉**之義務為標的者，例如房屋、土地之買賣契約、贈與契約是；契約以負擔不動產物權**設定**之義務為標的者，例如抵押權設定契約、地上權設定契約、質權設定契約是。契約以負擔不動產物權**變更**之義務為標的者，例如土地分割契約、抵押權內容變更契約是。所謂應由公證人作成公證書，指此等債權契約應以公證之方式為之而言。立法理由謂：「不動產物權具有高度經濟價值，訂立契約約定負擔移轉、設定或變更不動產物權義務者，不宜輕率。為求當事人締約時能審慎衡酌，辨明權義關係，其契約應由公證人作成公證書，以杜事後之爭議。而達成保障私權及預防訴訟之目的；爰參考德國民法第313條第1項及瑞士債務法第216條第1項之立法例，增訂第1項規定。」

又第2項規定：「未依前項規定公證之契約，如當事人已合意為不動產物權之移轉、設定或變更而完成登記者，仍為有效。」亦即不動產物權移轉、設定或變更之債權契約，雖未依前項規定以公證方式為之，但當事人已至地政事務所填具公定契約書（不

動產物權變動之合意）（民758Ⅱ），地政事務所並予受理且完成登記者，其未依前項規定以公證方式訂定之債權契約，仍為有效。立法理由謂：「當事人間合意訂立以負擔不動產物權之移轉、設定或變更之義務為標的之契約（債權契約），雖未經公證，惟當事人間如已有變動物權之合意，並已向地政機關完成物權變動之登記者，則已生物權變動之效力，自不宜因其債權契約未具備第1項規定之公證要件，而否認該項債權契約之效力，俾免理論上滋生不當得利之疑義；爰參考前開德國民法第2項，增訂第2項規定。地政機關不得以當事人間之債權契約未依前項規定公證，而拒絕受理登記之申請。至對此項申請應如何辦理登記，宜由地政機關本其職權處理，併此敘明。」果如是，則新增民法第166條之1第1項形式上雖為強行規定，實質上則為任意規定。

　　本新增條文，存有可議之處，蓋第2項立法理由最後段：「地政機關不得以當事人間之債權契約未依前項規定公證，而拒絕受理登記之申請。至對此項申請應如何辦理登記，宜由地政機關本其職權處理，併此敘明。」**並非法律，不具任何拘束力**，本條第1項與第2項規定矛盾之處仍猶存在。地政事務所人員如堅持第1項為強行規定，拒絕受理未經公證之契約，在法律上實難指為有何不是。至若依第2項規定及其立法理由辦理，實乃本條新增以前向來之作法，則新增民法第166條之1整條均屬多餘。雖依民法債編施行法第36條第2項但書規定，民法第166條之1施行日期，由行政院另訂之，目前尚未施行，可預見將來施行後，仍不免爭議。

　　其三，依電子簽章法第4條第2項規定：「依法令規定應以書面為之者，如其內容可完整呈現，並可於日後取出供查驗者，經相對人同意後，得以電子文件為之。」可知，**現今所謂書面（包括字據），已非僅指紙本而言，尚包括電子文件在內，須注意之。**

又電子文件既可等同於書面，則定型化之書面契約，於消費者保護法設有契約內容之控制（包括行政上之控制、法律上之控制）、定型化契約條款之限制、疑義條款之解釋等規範[5]之情形下，勢將成為迎合現代商業交易快速、權利義務明確、規定公平合理等需求之契約訂立方式。

四、諾成契約與要物契約

契約以「除意思表示外，是否尚須交付標的物始可成立」為標準，可分為諾成契約與要物契約：

（一）諾成契約

諾成契約者，當事人意思表示一致即成立之契約也。又稱為不要物契約或非現實契約。契約以諾成為原則。

（二）要物契約

要物契約者，除當事人意思表示一致外，尚須交付標的物，始能成立之契約也。又稱為踐成契約或現實契約。例如使用借貸契約（民464）、消費借貸契約（民474）、寄託契約（民589）、倉庫契約（民613）是。要物契約，均由法律特別規定。

須注意者，「諾成契約」係「要物契約」之相對名詞，非要式契約之相對名詞，「要式契約」之相對名詞為「不要式契約」，不宜將諾成契約誤為不要式契約；又要物契約之所謂「物」，係指契約「標的物」而言，價金之交付，與要物契約無關，例如保險費係保險人承擔危險之對價，屬價金性質，於討論保險契約究應為要式契約或不要式契約之場合，不得將保險費之交付非保險契約生效要件（保險21）之主張，錯誤解為保險契約

---

[5]　詳見陳猷龍，保險法論，34～46頁。

係不要物契約（諾成契約），進而轉成保險契約係不要式契約之理由，更屬有誤。

五、要因契約與不要因契約

契約以「是否可與其原因行為相分離而獨立有效」為標準，可分為要因契約與不要因契約：

（一）要因契約

要因契約者，契約之效力受原因行為之影響之契約也。亦稱有因契約。所謂原因行為，即契約所由產生之原因行為，例如甲因履行土地買賣契約，而將土地移轉登記於乙，此時買賣契約即為土地移轉契約之原因行為是。要因契約之效力受原因行為之影響，原因行為無效，則要因契約亦隨之無效。如當事人已為給付，得依不當得利（民179以下）之規定，請求返還。我民法債編所定之債權契約，均為要因契約。至於其他債權契約，唯票據行為屬不要因行為，但關於票據行為之性質，有契約說與單獨行為說之分，如採單獨行為說，則已非屬契約之範圍。

（二）不要因契約

不要因契約者，契約之效力不受原因行為之影響之契約也。亦稱無因契約，物權契約均屬之。例如前舉，甲因履行土地買賣契約而將土地移轉登記於乙之例，其後縱甲乙間之買賣行為無效，該土地之移轉登記（包括物權契約及登記）仍為有效是。票據行為屬不要因行為，關於票據行為之性質，如採契約說，則亦為不要因契約。票據行為（契約）之不要因，例如甲因給付貨款而簽發支票與乙，此時甲乙間之買賣行為即為甲之票據行為（契約）之原因行為，其後縱甲乙間之買賣行為無效，該支票仍為有效，仍須對持票人付款是。

六、有名契約與無名契約

契約以「有無法定名稱」為標準，可分為有名契約與無名契約：

（一）有名契約

有名契約者，法律賦予一定名稱之契約也。例如債編各種之債章規定之27種債，即為有名契約。其他如保險法所定之保險契約，勞動基準法所定之勞動契約，亦為有名契約。

（二）無名契約

無名契約者，法律未賦予一定名稱之契約也。可分為純粹無名契約、混合契約與準混合契約三種。**純粹無名契約**，指法律全無規定之契約，例如押租金契約是；**混合契約**，指由二種以上之有名契約混合而成之契約，例如製作物供給契約、承包膳宿契約等是。**準混合契約**，指由有名契約與無名契約混合之契約。例如含有押租金條款之租賃契約是。

七、預約與本約

契約以「有無預約」為標準，可分為預約與本約：

（一）預約

預約者，約定將來訂立一定契約之契約也。

（二）本約

本約者，因履行預約而訂立之契約也。未先訂立預約，逕行訂立之契約，稱為本約亦無不可。

預約與本約，係屬二個獨立之契約。預約義務人如不訂立本約，預約權利人得請求其履行，並得請求損害賠償（民227），或解除預約（民254）。須注意者，附停止條件之契約，係以停止條

件之成就為生效要件之本約，與預約截然不同，不可混為一談。

八、主契約與從契約

契約以「是否能獨立成立」為標準，可分為主契約與從契約：

（一）主契約

主契約者，能獨立成立之契約也。一般契約屬之。

（二）從契約

從契約者，不能獨立成立，而須以他種契約存在為前提，始能成立之契約也。例如以主債務契約存在為前提之保證契約、以夫妻關係存在為前提之夫妻財產制契約等是。

九、自由契約與附合契約

契約以「契約內容能否自由議定」為標準，可分為自由契約與附合契約：

（一）自由契約

自由契約者，契約之內容由當事人自由議定之契約也。一般私人契約屬之。

（二）附合契約

附合契約者，契約內容僅由當事人之一方決定，他方不得不附合締結之契約也。又稱為定型化契約。例如支標存款往來契約、保險契約、瓦斯電氣等使用契約是。契約自由原係近代私法上之一大原則，惟大規模企業興起後，由於獨占市場，締約對象眾多，交易次數頻繁，故漸次形成全由該大企業事先設計並印就契約條款，與其訂約之相對人僅有訂約與否之自由，並無決定內容之自由，亦即毫無討價還價之餘地。此即附合契約。

須說明者，「附合契約」之用語，存有不得不附合而無奈之意涵，我國於民國83年制定消費者保護法時，因已就附合契約可能產生對消費者不公平之處，設有周延之控制規定，消費者對於企業經營者事先擬定之契約條款，已無不公平之疑慮，爰採用「定型化契約」（消保11～17-1）之中性稱謂。

十、一時的契約與繼續的契約

契約以「內容係一次實現或繼續實現」為標準，可分為一時的契約與繼續的契約：

（一）一時的契約

一時的契約者，內容一次即可實現之契約也。例如一般情形之買賣、贈與是。

（二）繼續的契約

繼續的契約者，當事人一方或雙方，須持續或間隔循環的為給付之契約也。亦稱繼續性契約或繼續性供給契約。例如僱傭、租賃、終身定期金、訂報、水電供給、有線電視裝機收視等契約是[6]。契約係一時的或繼續的，須就其內容個案認定，非可一概而論，與契約之名稱亦無關。

第三項　契約之成立

壹、契約之成立要件

契約之成立，除須具備法律行為之一般成立要件，即當事人、標的、意思表示外，尚須具備「當事人互相表示意思一致」（民153 I）之要件，此即契約之特別成立要件。分析如次：

6　陳猷龍，保險法論，46頁。

一、互相表示意思

即一方將所欲訂立之契約內容向他方表示，他方則適時對之為同意訂立該契約之表示。前者，為主動之一方，其意思表示稱為要約。後者，為被動之一方，其意思表示稱為承諾。表示意思之方法，除法律設有例示範圍者，例如民法第391條規定：「拍賣，因拍賣人拍板或依其他慣用之方法為賣定之表示而成立。」應依其規定外，原則上並無限制，口頭、書面、電子郵件、其他可供傳達意思之通訊平台（例如Line、Messenger、WeChat…）均可，於特定情形，以手語、手勢、旗語為表示方法，亦非不可。

二、表示意思一致

即雙方之意思表示，在客觀上有同一之內容，在主觀上其表意人及受意人各均一致。已如前述。

須強調者，所謂客觀上有同一之內容，不以其內容鉅細全然一致為必要。依民法第153條第2項規定：「當事人對於必要之點，意思一致，而對於非必要之點，未經表示意思者，推定其契約為成立，關於該非必要之點，當事人意思不一致時，法院應依其事件之性質定之。」所謂「**必要之點**」，應依契約之具體情形個案認定，一般而言，**契約之構成要件及當事人特別注重之事項**，為必要之點。其餘為非必要之點。依上開規定可知：當事人對於必要之點，意思一致，契約即可成立，但受二種限制：

（一）對於非必要之點，未經表示意思者，僅生「推定」其契約成立之效果。當事人仍可提出非必要之點，亦須表示一致契約始能成立之反證（如雙方當事人於備忘錄上共同簽署之事項是）推翻之，使契約不成立。

（二）關於該非必要之點，當事人意思不一致雖無妨於契約之成立，惟契約成立後終須一致，否則無法履行。如因而發生訴訟，法院應依其事件之性質判定該非必要之點。所稱**依其事件之性質**，即考量是否有與其性質相當而可遵循之**任意法規**或**習慣**，或依**法理**為認定，**而導出該非必要之點應如何**之謂。例如關於履行地意思不一致時，法院可依民法第314條規定判定之是。

貳、契約成立之方法

契約除一般依要約與承諾而成立之情形外，其成立方法尚有下列二種：

一、依交錯要約而成立

交錯要約者，契約當事人互相為同一內容之要約也。例如證券交易市場之股票買賣，掛出出售某公司股票者，與掛入買受相同公司股票者，因電腦交線而成交；又如甲對乙要約出賣米10公斤，乙未見甲之要約前適時亦向甲要約購買米10公斤是。交錯要約，既當事人互相表示意思一致（民153Ⅰ），自可成立契約。

二、依意思實現而成立

意思實現者，依習慣或依其事件之性質，或要約人預先聲明，承諾無須通知者，在相當時期內，因有可認為承諾之事實，而成立契約之謂也（民161）。因意思實現而成立契約，其要件有二：

（一）須依習慣或依其事件之性質或要約人預先聲明承諾無須通知

依習慣承諾無須通知者，例如當選為民間非法人團體或社團法人之董事或理事，除章程或法律另有訂定外，習慣上無須為承諾

之通知是[7]。對於此之習慣，學者有認為係：「指要約人所在地之習慣而言，蓋要約人所在地如無此習慣，要約人必預期有承諾之通知，始認契約成立，倘逕依意思實現而認定契約成立，要約人即有受不測之損害之虞。」[8]本書以為，民法第161條對於承諾無須通知之習慣，並無地域限制之意涵，只須係當事人所進行之該類交易上普遍慣行之習慣，均屬之，無分地域之必要，縱要約人所在地無此習慣，然查要約人之要約，應係本於該交易能成立之期待為之，若承諾人所在地（或該類交易上）有承諾無須通知之習慣，逕依意思實現而成立契約，正好符合要約人要約之本意，至若要約人存有承諾人應為承諾通知之期待，則於其發出要約逾相當時期後，衡諸商業實際，理應主動向承諾人查詢確認，始為當然，謂要約人即有受不測之損害之虞，似非理由。

　　依其事件之性質承諾無須通知者，例如懸賞廣告，以行為人完成一定行為為承諾，性質上無須為承諾之通知是。

　　要約人預先聲明承諾無須通知者，例如於要約中敘明，欲購者請直接將貨款匯入本公司銀行帳戶，不須回函之情形是。須說明者，關於要約人預先聲明承諾無須通知，民法第161條第2項雖有：於要約人「要約當時」預先聲明承諾無須通知者之用語，似以要約當時預先聲明為限，惟解釋上於要約前或要約發出後承諾事實發生前之聲明，仍有其效力，故應認為於承諾事實發生前預先聲明即可，不宜拘泥於法條用語。

---

[7]　法律另有訂定之情形，例如私立學校法第17條第3項規定，私立學校董事候選人應預先出具願任同意書，始得列入候選人名單是。

[8]　孫森焱，新版民法債編總論（上冊），28頁。

（二）須在相當時期內有可認為承諾之事實發生

所謂相當時期，乃得為承諾之時期，亦即要約之有效時期。**所謂可認為承諾之事實**，乃在客觀上足以推斷有承諾意思存在之行為。例如對於要約人送來之物品加以拆封使用或處分、依聘任經理人或經銷商之要約內容印製名片等情形是。

須注意者，意思實現與默示承諾，應加以區別，例如甲向乙要約購貨，乙於要約到達後，即在相當時期內發送訂購之貨物與甲。此種行為究應認為係意思實現？抑係默示承諾？學者見解不一，有認為係意思實現者，亦有認為係默示承諾者。**本書以為，**意思實現與默示承諾，均係指表意人雖無直接表示其承諾效果意思本身之作為，但具有認知其效果意思之客觀價值之其他作為或不作為，得供評定而擬制其承諾效果意思之意思表示方法[9]，**性質並無不同，二者之區別，僅在於意思實現之成立須具有「依習慣或依其事件之性質，或要約人預先聲明，承諾無須通知」之特別要件。**亦即，苟無承諾無須通知之習慣，或依其事件之性質承諾須通知，或要約人未預先聲明承諾無須通知，則乙發送訂購貨物與甲之行為，應認係默示承諾。反之，如依習慣或依其事件之性質，或甲預先聲明，承諾無須通知，則乙發送訂購貨物與甲之行為，應認係意思實現是。在默示承諾之情形，乙發送訂購貨物與甲之行為視為默示承諾意思表示之送達；在意思實現之情形，僅須有可推斷承諾意思存在之事實發生，無意思表示送達之問題。宜理解之。

須說明者，乃意思實現與默示承諾，均係在表意人無直接表示其承諾效果意思本身之作為之情形下，藉由其他作為或不作為

---

[9]　詳見陳猷龍，民法總則，151～152頁。

之評定，而擬制其承諾效果意思之意思表示方法，則於其他作為或不作為經擬制而成立承諾意思表示後，二者自均已具有效果意思，並無不同。申言之，意思實現或默示承諾成立後，均已不存在承諾人主觀上有無「承諾意思」之問題，學者有認為，意思實現除須外部存有「可認為承諾之事實」之行為外，要約相對人主觀上尚須有承諾意思始可[10]，實無必要。

第四項　要約與承諾

壹、要約

一、要約之意義

要約者，以訂立一定契約為目的所為之意思表示也。分析如次：

（一）要約係意思表示

要約僅係構成契約行為之一個意思表示，尚非獨立之法律行為。民法總則編關於意思表示之規定，於要約均適用之。

（二）要約以訂立一定契約為目的

要約之目的在使相對人為承諾，因承諾而成立其所欲訂立之特定契約。故非以此為目的者，即不得謂之要約。例如「**要約之引誘**」，僅為一種意思通知，其目的在使相對人向其要約，而非使其承諾而成立契約。要約之引誘，例如網頁上或電腦應用軟體上之廣告、房租招租或房屋促銷之廣告、商品貨樣之寄送、小販沿街之叫賣等是。要約與要約之引誘，在實例上，頗易混淆。故民法第154條第2項特設：「貨物標定賣價陳列者，視為要約。但

10　劉春堂，判解民法債編通則，17頁。

價目表之寄送，不視為要約。」之例示規定。所謂不視為要約，即僅為要約之引誘也。惟此僅為一例示，其他情形則如何？仍應依其具體交易方式定之。例如貨物雖標定賣價陳列，但購買人並未自取，而係向出賣人詢問後由出賣人取賣之，此情形仍應以購買人為要約人是。

須說明者，現代資訊科技發達，民法第154條第2項所定「貨物標訂價格陳列」之方式，已不限於貨物實體陳列一種，於網頁上展示貨物內容，亦應包括在內。具體言之，網路店家依會員通訊資料或大數據分析，寄送至個人使用之網頁或電腦應用軟體上之廣告，性質上應屬要約之引誘，至於受廣告引誘，而進入店家賣場網頁後，因店家已於賣場網頁上，分別標訂價格展示個別商品之照片、圖片、材料、尺寸、產地、庫存量、付款方式、配送方式…等資訊，並設有直接購買（或放入購物車）之按鈕，應認已經具備「貨物標定賣價陳列」之要件，屬要約之性質。不宜混淆。

二、要約之要件

要約之成立，須具備下列要件：

（一）須由特定人為之

所謂特定人，指已確定及得確定之人。已確定之人，例如於要約中表示身分或署名之情形。得確定之人，例如自動販賣機之設置，其設置人雖未親自表示要約，但可得確定是。

（二）須向相對人為之

要約既係以獲得承諾而成立契約為目的，自應向相對人為之。惟此之相對人不以特定人為限。考其理由，乃因相對人在未為承諾之前，不受拘束，故無須特定；至要約人之所以須特定，

則係因要約人於要約通知發出後，因要約而受拘束之故（民154 I
前段）。

（三）須表明契約內容

　　要約必須表明契約之內容，否則相對人無從據以為承諾。惟
所謂表明，無庸鉅細靡遺，僅須表明必要之點即足。已如前述。
惟為免滋生糾紛，宜儘可能明確。

三、要約之效力

　　要約為意思表示，故其生效時期，應依民法總則編關於意思
表示之規定，即向對話人為要約，以相對人**了解**其要約時，發生
效力（民94）；向非對話人為要約時，以其要約**達到**相對人時，
發生效力（民95）。至如向不特定人為要約，則應於何時生效，
我民法無明文規定。應解為適用達到主義，於不特定之相對人處
於可了解要約之狀態時，其要約即生效力。至於要約生效後之效
力如何？分述之：

（一）對於要約人之效力

　　要約生效後，「契約之要約人，因要約而受拘束。但要約當
時預先聲明不受拘束，或依其情形或事件之性質可認當事人無受
其拘束之意思者，不在此限。」（民154 I）所謂契約之要約人，
因要約而受拘束，即不得予以撤銷或變更之意。稱為要約之形式
的效力。所謂依其情形或事件之性質可認當事人無受其拘束之意
思，前者例如要約人表明同時又向他人為要約，則相對人依其情
形即可知要約人無受拘束之意思；後者例如以懸賞廣告為要約，
要約人於行為人完成一定行為前，得撤銷要約（民165 I），依其
性質可認要約人無受其拘束之意思是。又所謂不在此限，即要約
人仍得撤銷或變更其要約。惟須於相對人為承諾前為之，否則契

約已成立，即無撤銷或變更之可言。

（二）對於相對人之效力

要約生效後，相對人即取得承諾之地位。稱為要約之實質的效力，亦稱承諾能力或承諾適格。惟相對人並無承諾之義務。如不為承諾，亦無須通知要約人。關於相對人逕行發送標的物而為之現物要約，相對人得予拒收，如未經相對人受領，送貨人逕自放置於門外，相對人亦無保管或送還之義務。惟相對人如占有其物，應解為即負有以處理自己事務為同一注意之保管及返還義務，如因故意或具體輕過失致生損害，應負賠償責任。惟相對人如已通知要約人拒絕要約，則應類推適用民法第237條規定，僅就故意或重大過失，負其責任[11]。

四、要約之消滅

要約之消滅者，要約失其形式的及實質的拘束力也。其原因有三：

（一）要約之撤回

要約之撤回者，要約人於要約生效前，阻止要約發生效力之意思表示也。故撤回要約之意思表示，須與要約同時或先時到達相對人，否則要約已生效力，即無撤回之可能。於此有一問題，即撤回要約之通知，按其傳達方法，依通常情形原應先時或同時到達相對人，惟竟遲到，此時究竟應認已否發生撤回之效力？不無疑問。我民法第162條規定：「撤回要約之通知，其到達在要約到達之後，而按其傳達方法，通常在相當時期內應先時或同時到達，其情形為相對人可得而知者，相對人應向要約人即發遲到之

11　孫森焱，新版民法債編總論（上冊），54頁。

通知。」「相對人怠於為前項通知者,其要約撤回之通知,視為未遲到。」所謂視為未遲到,即仍發生撤回之效力也。至所謂按其傳達方法,依通常情形在相當時期內[12]應先時或同時到達之情形,應依具體情形個案認定,當事人如有爭議,由法院判定之。要約一經撤回,即為消滅,不待言。

(二)承諾期限經過

承諾期限者,要約之存續期限,亦即相對人得為承諾之期限也。要約因承諾期限經過,相對人未為承諾,而歸於消滅。其情形分述如下:

1. 要約定有承諾期限者

「要約定有承諾期限者,非於其期限內為承諾,失其拘束力。」(民158)此規定對對話與非對話之要約,均有其適用。須附言者,要約所定之承諾期限,如何起算?首應探求要約人之意思決之。倘要約人就此未表示意思者,則應依民法總則編之規定決之。即:(1)在對話為要約時,如以時定期間者,即時起算,以日、星期、月或年定期間者,其始日不算入;(2)在非對話為要約時,應認為自要約通知到達相對人時起算。

2. 要約未定承諾期限者

亦可分對話與非對話之要約二種情形述之:(1)「對話為要約者,非立時承諾,即失其拘束力。」(民156)(2)「非對話為要約者,依通常情形可期待承諾之達到時期內,相對人不為承諾時,其要約失其拘束力。」(民157)所稱「依通常情形可期待

12　民法第162條第1項規定:「…而按其傳達方法,通常在相當時期內應先時或同時到達…」其中「在相當時期內」一語,稍嫌累贅,實際上亦無意義,本書以為直言「…而按其傳達方法,通常應先時或同時到達…」,更為清楚。

承諾之達到時期」，指：①要約達到相對人之期間；②相對人考慮承諾之期間；③承諾達到要約人之期間，三者之總和而言。三種期間之長短，應參酌其相隔距離、送達方法及事件之性質，「依通常情形」決之，未可一概而論。

（三）要約之拒絕

「要約經拒絕者，失其拘束力。」（民155）所謂拒絕，乃對要約人為不承諾之意思通知也。又「將要約擴張、限制或為其他變更而承諾者，視為拒絕原要約而為新要約。」（民160Ⅱ）此時原要約亦歸於消滅。

須說明者，我民法第155條至第158條關於要約之「消滅」，僅規定「失其拘束力」，語意上，要約仍屬存在，似與消滅未能同日而語。惟因民法第160條第1項規定遲到之承諾，除第159條規定之情形外，視為新要約，是縱認要約仍屬存在，要約人且自願仍受要約之拘束，亦無法成立契約。顯見要約「失其拘束力」者，已完全喪失其成立契約之效力。故本書將之解為要約之「消滅」，以符實際。

貳、承諾

一、承諾之意義

承諾者，相對人以與要約人訂立契約為目的，所為之意思表示也。分析如次：

（一）承諾係意思表示

承諾與要約同，僅係構成契約行為之一個意思表示，尚非獨立之法律行為。民法總則編關於意思表示之規定，於承諾均適用之。

（二）承諾以與要約人訂立原要約之契約為目的

即承諾之目的在與要約人訂立原要約之契約，故須向要約人為之，且其內容須與原要約之內容一致。如將要約擴張、限制或為其他變更，即非以與要約人訂立原要約之契約為目的，非此之謂承諾，應視為拒絕原要約而為新要約（民160 II）。

二、承諾之要件

承諾之成立，須具備下列要件：

（一）須由相對人為之

由相對人之代理人代為承諾亦可。相對人若為特定人，僅該特定人得為承諾，若為不特定人，則任何人，均得對之為承諾。因得為承諾之資格，尚非財產權利，不屬於繼承財產之範圍，除要約人有特別聲明者外，相對人之繼承人不得主張依繼承關係而為承諾[13]，至如該要約係對不特定人所為者，其繼承人原本即得自己為承諾，與繼承無關，則不待言。

（二）須向要約人為之

承諾既係以與要約人成立契約為目的，自應向要約人為之。

（三）須於要約有效期限內為之

所謂要約有效期限，即承諾期限。其情形已如前述。

（四）須與要約之內容一致

承諾係以與要約人訂立原要約之契約為目的，故承諾之內容應與原要約之內容一致。

13　孫森焱，新版民法債編總論（上冊），57頁。

三、承諾之效力

承諾一經生效，契約即為成立。承諾於何時生效？依民法總則編意思表示之規定，如與要約人為對話時，於要約人「了解」時生效；如與要約人為非對話時，則於承諾達到要約人時生效。須注意者，承諾僅能使契約成立，至契約是否同時生效，應分別認定。例如附停止條件之契約，經承諾後，即行成立，惟須待條件成就後，始生效是。

在非對話為承諾之情形下，「承諾之通知，按其傳達方法，通常在相當時期內可達到而遲到者，其情形為要約人可得而知者，應向相對人即發遲到之通知。」（民159 I）是為承諾遲到之通知。所謂「其情形」，指「承諾之通知，按其傳達方法，通常在相當時期內可達到而遲到」之情形而言。承諾之通知，按其傳達方法，通常在相當時期內可達到而遲到者，要約人須否具備可得而知之主觀要件，始應向相對人即發遲到之通知？修正前民法無明確規定，學者言及之者，認為在解釋上以採肯定說為當[14]。新法為避免疑義並保障要約人之權益，爰仿日本民法第522條第1項及德國民法第149條之立法例，增列「其情形為要約人可得而知者」之要件。是則：（1）若其情形非要約人可得而知者，要約人即不負通知之義務，遲到之承諾，無法與原要約成立契約，僅視為新要約（民160 I）；（2）至若其情形為要約人可得而知者，則要約人應向相對人（為承諾之人）即發遲到之通知，一經通知，足見要約人無復訂約之意思，其通知兼有拒絕成立契約之效力，其遲到之承諾，應解為全然不生效力；（3）惟若「要約人怠於為前項通知者，其承諾視為未遲到。」（民159 II），亦即契約

14　史尚寬，債法總論，27頁。

仍為成立。

於此須說明者有二：

其一，民法第160條第1項規定：「遲到之承諾，**除前條情形外**，視為新要約。」所謂「除前條情形外」，究應如何解釋？是否兼指前述（1）、（2）、（3）等三種情形？於（3）之情形，契約仍然成立，其遲到之承諾無視為新要約之餘地，固無問題；惟在（1）、（2）之情形，其遲到之承諾，究竟係全然不生效力？抑或仍可視為新要約？不無疑問。新法第160條第1項修正說明謂：「對於承諾遲到之事實，要約人如已通知相對人，足見要約人無復訂約之意思。反之，如未為通知，則依前條第2項規定，該承諾視為未遲到。是以無論有未通知，其遲到之承諾均無更視為新要約之必要。爰增列『除前條情形外』等字，**明示本條所指遲到之承諾，專以因相對人之遲誤而遲到之承諾者為限**，而修正第1項。」就其中「要約人如已通知相對人，足見要約人無復訂約之意思…其遲到之承諾均無更視為新要約之必要」觀之，在（2）之情形，似應解為其遲到之承諾全然不生效力。**至於（1）之情形，其遲到之承諾，是否亦全然不生效力？則有未明。**本書以為，民法第160條第1項「除前條情形外」乙語，應以前條「其情形為要約人可得而知」之情形為限，亦即應解為「除前條『其情形為要約人可得而知者』情形外」，始為當然，至於修正說明所謂：明示本條所指遲到之承諾，「**專以因相對人之遲誤而遲到之承諾者為限**」即係指「**其情形為要約人可得而知者**」以外，**純因相對人之遲誤而遲到之承諾者而言**。因此，於（1）之情形，其遲到之承諾，仍應解為視為新要約。

其二，於要約人有向相對人即發遲到通知之情形下，不發生

「其情形為要約人可得而知」之證明問題；惟於要約人怠於向相對人即發遲到通知之情形下，應由何人負舉證責任？因要約人怠於向相對人即發遲到通知者，其承諾視為未遲到，契約仍為成立，故似應解為由主張契約成立之人，就「其情形為要約人可得而知」之事實，負舉證之責，始為當然。**實際上，主張契約成立之人，未必均係為承諾之人，契約之成立對要約人有利，而由要約人主張契約成立之情形，亦常有之**，此時須由要約人證明「其情形為自己可得而知」，因其自己怠於為通知，而使承諾視為未遲到，而成立契約。惟此乃論理之結果，事實上要約人只須不為（怠於）通知，即可使契約成立（民159Ⅱ）。最後須注意者，負舉證責任之人，只須證明「其情形為要約人可得而知」之事實為已足，至於要約人究係已知或不知，以及其不知有無過失，均可不論。

四、承諾之消滅

　　承諾之消滅，指承諾失其存在而言。原因有一，即承諾之撤回也。

　　承諾之撤回者，承諾人防止承諾生效之意思表示也。撤回承諾之通知，應與承諾之通知同時或先時到達，始生撤回之效力（民91Ⅰ但書）。否則承諾如先到達，既已生效，即不得撤回。至撤回承諾之通知，按其傳達方法，通常（在相當時期內）應先時或同時到達，惟其到達竟在承諾到達之後，則是否發生撤回承諾之效力？仍應視其情形是否為要約人可得而知，以及要約人有無向承諾人即發遲到之通知為斷。如未即發遲到之通知，則撤回承諾之通知，視為未遲到（民163準用民162），亦即發生撤回承諾之效力，承諾因而歸於消滅也。

第五項　懸賞廣告

懸賞廣告，分為一般懸賞廣告與優等懸賞廣告二類。一般懸賞廣告即懸賞廣告，係相對於優等懸賞廣告而言，法條上逕稱為懸賞廣告。我民法原僅就一般懸賞廣告設有明文，優等懸賞廣告之規定為民國88年修正時新增。

壹、懸賞廣告

一、懸賞廣告之意義

懸賞廣告者，以廣告聲明對完成一定行為之人給予報酬之要約也（民164 I 前段）。關於懸賞廣告之性質，在立法例上有二說：

（一）單獨行為說

認為懸賞廣告係以一定行為之完成為停止條件，而負擔債務之單獨行為。

（二）契約說

認為懸賞廣告係對不特定人所為之要約，一定行為之完成則為意思實現，行為完成時，懸賞契約因而成立。

我民法將懸賞廣告規定於契約款內，應係採契約說，惟民法債編修正前，我國學者仍有採單獨行為說者，此次民法債編修正，為免理論爭議影響法律之適用，並使本法之體例與規定之內容一致，特將舊法第1項末段：「對於不知有廣告而完成該行為之人，亦同。」移列為第4項，並將「亦同」修正為「準用之」，以明示本法採取契約說之旨[15]。故懸賞廣告僅係要約之性質。

15　民法第164條修正說明：「一、…。又懸賞廣告之性質如何，有單獨行為與契

二、懸賞廣告之要件

有四：

（一）須以廣告為之

所謂廣告，泛指可使不特定之多數人得知之方法。例如登報、張貼海報、寄發傳單、當眾宣布、或以無線電台、電視、電子信件、網路、通訊平台等進行傳播均是。

（二）須對不特定人為之

若對特定人所為，例如警告逃妻之啟事，則僅為通常廣告，而非懸賞廣告。須注意者，所謂不特定人，以多數為已足，非必為一般之世人，一定範圍內之不特定人，亦為此之不特定人。例如學校對本校學生，懸賞徵求某種論文是。

（三）須聲明給與報酬

報酬之種類並無限制，例如金錢、財物、獎章、獎狀等均無不可。以金錢為報酬者，其數額亦無庸確定，以可得確定為已足，例如聲明「從優酬報」，或「給與相當之禮金」是。至於給與報酬之原因，並非所問，無庸聲明。

（四）須對於完成一定行為之人給與報酬

所謂「一定行為」，其種類並無限制，只須不違背公序良俗即可。惟若非行為，而僅係一種狀態，例如聲明對於當選十大傑出青年者給與某物，則為贈與之要約，而非懸賞廣告。

約之不同立法例。我國學者間亦有如是二種見解。惟為免理論爭議影響法律之適用，並使本法之體例與規定之內容一致，爰將第1項末段『對於不知有廣告而完成該行為之人，亦同。』移列第4項，並將『亦同』修正為『準用之』，以明示本法採取（契約說）之旨。」

三、懸賞契約之成立

懸賞契約，係以一定行為之完成，為意思實現中之可認為承諾之事實，因意思實現而成立。[16]可分行為人知有廣告與不知有

---

[16] 在修正前民法第164條規定：「以廣告聲明對完成一定行為之人給與報酬者，對於完成該行為之人，負給付報酬之義務。對於不知有廣告而完成該行為之人，亦同。」（第1項）「數人同時或先後完成前項行為時，如廣告人對於最先通知者已為報酬之給付，其給付報酬之義務，即為消滅。」（第2項）之下，我國學者有意思實現說與承諾通知說二種不同之見解。

一、意思實現說：認為一定行為之完成，為意思實現中之可認為承諾之事實，因意思實現而成立懸賞契約（洪文瀾，民法債編通則釋義，42頁；胡長清，中國民法債篇總論，58頁；歐陽經宇，民法債編通則實用，26頁；何孝元，民法債編總論，30頁；王伯琦，民法債篇總論，32頁；孫森焱，民法債編總論，51頁；另史尚寬，債法總論，39頁亦以此為基礎）。主要理由有四：

（一）依民法第164條第1項前段規定：「以廣告聲明對完成一定行為之人給與報酬者，對於完成該行為之人，負給付報酬之義務。」可知，懸賞契約係以廣告為要約，一定行為之完成為承諾。

（二）如尚須為承諾之通知，則行為人必知有廣告及廣告人，否則無法為之，如此則民法第164條第1項後段規定：「對於不知有廣告而完成該行為之人，亦同。」即屬多餘。反之，正因無庸再為承諾之通知，故行為人如不知有廣告時，其行為之完成，顯然欠缺效果意思，原不足成立懸賞契約，我民法始設第164條第1項後段規定，以補此缺憾。

（三）如尚須為承諾之通知，則數人同時或先後完成一定行為，自應由最先通知者成立懸賞契約，如此則民法第164條第2項規定，顯亦多餘。反之，正因無庸再為承諾之通知，而廣告人給付報酬之義務又只有一個，我民法始設第164條第2項規定，以資保護廣告人。

（四）行為完成後，懸賞契約既已成立，自無撤銷廣告之意思表示之餘地，我民法第165條，只就行為完成前之撤銷為規定，即此之故也。

二、承諾通知說：認為一定行為後之通知，始為承諾，因通知達到廣告人而成立懸賞契約（戴修瓚，民法債編總論（上），79頁；鄭玉波，民法債編總論，63頁）。主要理由有二：

（一）依民法第164條第2項規定，數人同時或先後完成一定行為時，其報酬之給付，係以通知之先後為決定之標準，足見於完成一定之行為後，尚須為承諾之通知。始足成立懸賞契約。

廣告二種情形述之：

（一）行為人知有廣告

知悉廣告內容之人，無庸對廣告人為通知，只須完成廣告上所定之一定行為，即與廣告人成立懸賞契約，取得報酬請求權。申言之：

1. 僅一人完成時

由該行為人與廣告人成立懸賞契約。

2. 有數人完成時

僅客觀上最先完成行為之人，與廣告人成立懸賞契約。但該數人係共同或同時分別完成行為時，由行為人共同與廣告人成立一個懸賞契約。

（二）行為人不知有廣告

行為人於不知有廣告之情形下，碰巧完成廣告所定之行為，例如不知有尋找走失名犬之人，見一名犬徘徊門前，狀極狼狽，乃暫時予以餵食照顧，並依頸鍊上電話號碼，通知其主人之情形，其行為之完成，**顯然欠缺效果意思**，原不足成立懸賞契約，但因懸賞契約係因意思實現而成立，而廣告人在意者係完成之行為是否符合其要求，並不在意行為人是否知有廣告之存在，民法第164條第4項乃規定：「前三項規定，於不知有廣告而完成廣告所定行為之人，準用之。」亦即，以準用之立法方式，使其與知有廣告而完成一定行為之情形，產生相同法律效力，欠缺效果意思之問題，獲得解決。

（二）又不知有廣告，即不知有要約，則僅因行為之完成，何能成立懸賞契約？故於不知有廣告之情形下，完成行為後，仍須更為承諾之通知，始足成立懸賞契約，而有向廣告人請求給付報酬之權利。

按「亦同」，係規範對象之性質相同，只是類型不同之立法方式，例如民法第184條第1項規定：「因故意或過失，不法侵害他人之權利者，負損害賠償之責任。故意以背於善良風俗之方法加損害於他人者，亦同。」之情形是。若係規範對象之性質不同，而欲使其產生相同法律效力之情形，則應以「準用」之方式為之，始為正確。修正前民法第164條第1項原規定：「以廣告聲明對完成一定行為之人給與報酬者，對於完成該行為之人，負給付報酬之義務。對於不知有廣告而完成該行為之人，亦同。」將不知有廣告之情形，規定「亦同」於知有廣告之情形，顯然未考慮行為人欠缺效果意思，與具有效果意思，二者性質不同之問題。前揭修正後民法第164條第4項規定，已改正此項立法缺失。

四、懸賞契約之效力

懸賞契約成立生效後，行為人即取得報酬請求權，亦即廣告人應負給付報酬之義務。（民164 I）有問題者，若有數人完成行為時，應由何人取得報酬請求權？又廣告人如將報酬給付最先通知但非最先完成行為之人，或尚有其他共同或同時分別完成行為之人時，則如何？此外，因完成行為而可取得一定權利者，應歸何人取得？分述之：

（一）行為人取得報酬請求權

僅一人完成行為時，依民法第164條第1項後段規定：「廣告人對於完成該行為之人，負給付報酬之義務。」亦即由該行為人，與廣告人成立懸賞契約，取得報酬請求權。至於有數人完成行為時，依第164條第2項前段規定：「數人先後分別完成前項行為時，由最先完成該行為之人，取得報酬請求權。」亦即由客觀上最先完成行為之人，與廣告人成立懸賞契約，取得報酬請求

權。至若該數人係**共同**或**同時分別**完成行為時，依第164條第2項後段規定：「數人共同或同時分別完成行為時，由行為人共同取得報酬請求權。」亦即由該數人共同成立一個懸賞契約，共同取得一個報酬請求權。該數人對廣告人之請求方式，須視其報酬之給付可分與否，分別適用民法第271條、第292條及第293條之規定決之。

　　按修正前民法第164條原規定：「數人同時或先後完成前項行為時，如廣告人對於最先通知者已為報酬之給付，其給付報酬之義務，即為消滅。」對於數人完成廣告所定行為時，究應由何人取得報酬請求權，未直接明確規定，以致有學者據此主張一定行為之完成尚不足以成立懸賞契約，必也一定行為完成後之通知，始為承諾，因通知達到廣告人而成立懸賞契約。此次民法債編修正，為免解釋分歧，爰參照德國民法第659條（日本民法第531條同）增列第2項規定：「數人先後分別完成前項行為時，由最先完成該行為之人，取得報酬請求權；數人**共同**或**同時分別**完成行為時，由行為人共同取得報酬請求權。」明示數人先後分別完成一定行為時，由客觀上最先完成該行為之人與廣告人成立契約，從而取得報酬請求權；數人共同完成行為時，應共同與廣告人成立一個契約，共同取得一個報酬請求權；數人同時但分別完成行為時，原應各別與廣告人成立數個契約，但因係同時完成行為，且報酬請求權僅有一個，故規定該數人亦共同與廣告人成立一個契約，共同取得一個報酬請求權（懸賞廣告若聲明對於完成行為之人均給付報酬時，完成行為之數人，均各別與廣告人成立契約，各有報酬請求權，是為例外；至若聲明給付數個報酬時，就同一報酬亦有發生共同成立一個契約共同取得同一報酬請求權之可能）。

（二）廣告人善意給付報酬於最先通知之人之效力

依民法第164條第3項規定：「前項情形，廣告人善意給付報酬於最先通知之人時，其給付報酬之義務，即為消滅。」所謂「前項情形」，即第2項所定有數人（先後分別或共同或同時分別）完成行為之情形。所謂「善意」，指不知最先通知之人非客觀上最先完成行為之人，或不知尚有其他共同或同時分別完成行為之人存在而言。通常，廣告人於為報酬之給付時，若尚無其他為通知之人，即可推定其為善意，是主張廣告人為惡意者，應負舉證之責。所謂「其給付報酬之義務，即為消滅」，乃客觀上最先完成行為之人，以及其他共同或同時分別完成行為之人，不得再向廣告人請求給付報酬之謂。可知，於數人完成行為之情形下，如發生最先通知並領取報酬之人，並非客觀上最先完成行為之人，或尚有其他共同或同時分別完成行為之人存在之情況，廣告人之給付報酬，須係出於善意，始有「其給付報酬之義務即為消滅」之適用。如廣告人明知最先通知之人非客觀上最先完成行為之人或僅是共同取得報酬請求權人之一部，竟對之給付報酬，其履行義務顯然違反誠實信用原則，即不能免其對於最先完成行為之人或共同取得報酬請求權之其他人，再給付報酬之義務。

須說明者，廣告人善意給付報酬於最先通知之人時，其給付報酬之義務，即為消滅，不過明示最先完成行為之人，以及其他共同或同時分別完成行為之人，不得再向廣告人請求給付報酬而已，對於懸賞契約之成立，並不生影響，懸賞契約之當事人，仍為最先完成行為之人或共同或同時分別完成之數人，最先通知者若非此等人，其受領之報酬或超額部分，為不當得利，應由最先完成之人或共同或同時分別完成之其他人，請求其返還。

基於相同理由，於最先完成之人拋棄其報酬請求權，或共同

或同時分別完成之數人中有人拋棄其報酬請求權時，應解為係對廣告人之債務免除，就拋棄之部分，債之關係消滅，其利益應歸廣告人，而不歸次順位完成之人取得，或由共同或同時先後完成之其他人分享。惟若拋棄者恰係最先為通知之人時，在數人先後完成之情形，若該最先為通知之人，非最先完成行為之人，則其拋棄，並不使廣告人給付報酬之債務消滅，仍應將報酬給付於最先完成行為之人，如善意給付於次順位通知之人者，亦應解為其給付報酬之義務，亦歸消滅。至於在數人共同或同時分別完成之情形，因廣告人就其餘報酬之債務並未消滅，如廣告人不知尚有其他共同或同時分別完成之人，仍應將其餘報酬給付於次順位之通知人，嗣後再由其他共同或同時分別完成之人，依不當得利之關係，向次順位之通知人為請求，乃屬當然。

最後，於廣告人惡意，亦即明知最先通知之人非客觀上最先完成行為之人或僅是共同取得報酬請求權人之一部，竟對之給付報酬時，依第164條第3項規定之反對解釋，其對最先完成行為之人或其他共同取得報酬請求權人，給付報酬之義務並不因之而消滅，廣告人仍須給付報酬於最先完成行為之人或其他共同取得報酬請求權人，再依不當得利之規定，向該最先通知之人請求返還。

（三）可取得之權利之歸屬

完成懸賞廣告所定行為之同時，或已取得或可以取得一定之權利，例如取得著作權或可以申請專利權、商標權是。依民法第164條之1規定：「因完成前條之行為而可取得一定之權利者，其權利屬於權利人。但廣告另有聲明者，不在此限。」亦即，懸賞廣告若未聲明由廣告人取得權利之全部或一部，則全部之權利均歸行為人取得。

五、懸賞廣告之撤銷

　　廣告人於指定之行為被完成前，得撤銷懸賞廣告。指定之行為是否已被完成，以實際情形為準，廣告人知否已完成，在所不問。撤銷之方法，亦應以廣告為之，但不必與以前之廣告方法相同。撤銷之意思表示一經廣告，行為人有否知悉，則非所問。惟廣告定有完成行為之期間者，推定廣告人拋棄其撤銷權（民165Ⅱ）。

　　按修正前民法第165條原規定為「撤銷」，此次將之修正為「撤回」，修正理由謂：「懸賞廣告係對不特定人為要約，在行為人完成行為前，依本法第154條第1項但書規定，並無拘束力。故於行為完成前，應許廣告人任意撤回之，爰將撤銷二字修正為撤回並列為第1項。」惟按民法第154條第1項前段所謂：「契約之要約人，因要約而受拘束。」係指要約人應受**已生效之要約**意思表示所拘束之意，至於其但書，則係對於已生效之要約意思表示之拘束力為限縮之規定，非謂於但書規定情形下，懸賞廣告要約意思表示尚未生效也。懸賞廣告之要約意思表示生效後，始有因一定行為之完成而成立懸賞契約之可能，是在指定之行為被完成前，欲使懸賞契約不能成立，唯有由廣告人依法律規定，將已生效之懸賞廣告之要約意思表示「撤銷」之一途。修正理由，顯係出於誤解。

　　有一問題，即於懸賞廣告被撤銷前已著手該指定行為，而有所支出，嗣因懸賞廣告被撤銷，而受損害者，能否請求廣告人負賠償責任？我民法第165條第1項規定：「預定報酬之廣告，如於行為完成前撤回（應係撤銷之誤）時，除廣告人證明行為人不能完成其行為外，對於行為人因該廣告善意所受之損害，應負賠償之責。但以不超過預定報酬額為限。」依此可知廣告人賠償責任

之成立要件有二：

（一）須行為人為善意

即行為人須不知懸賞廣告之將被撤銷。

（二）須廣告人不能證明行為人不能完成其行為

廣告人如證明行為人不能完成其行為，則廣告人不負賠償責任。此項要件是否適當，頗有疑問，蓋行為人所受損害只須係因相信懸賞廣告而生者，損害與懸賞廣告即具有因果關係，行為人之不能完成其行為，實與損害賠償之因果關係無涉，謂廣告人如證明行為人不能完成其行為，則行為人之損害與懸賞廣告無因果關係，故廣告人不負賠償責任，顯非理由。

至於廣告人之賠償責任，則以不超過預定報酬額為限，蓋廣告人縱不撤銷廣告，亦僅負給付預定報酬之責，而行為人至多亦僅能請求預定報酬之給付，行為人因著手指定行為而為之支出，理應不超過預定報酬額故也。

貳、優等懸賞廣告

一、優等懸賞廣告之意義

「以廣告聲明對完成一定行為，於一定期間內為通知，而經評定為優等之人給與報酬者，為優等懸賞廣告。」（民165-1 I 前段）例如公開徵求論文、作品、設計圖樣、歌唱、技術、運動、演講、書法、寫生、表演等競賽，擇優給獎是。優等懸賞廣告，與一般懸賞廣告同，亦為契約性質，惟其成立方式與一般懸賞廣告不同，詳如後述。

二、優等懸賞廣告之要件

有二：

（一）須以廣告聲明對完成一定行為並經評定為優等之人給與報酬

　　所謂廣告，泛指可使不特定之多數人得知之方法。與一般懸賞廣告之方法並無不同。所謂一定行為，在一般懸賞廣告，其種類並無限制，只須不違背公序良俗即可；惟在優等懸賞廣告，性質須限於多數人可完成，適於競賽並可評定優劣之行為始可。又此一定行為，有須於通知廣告人之前完成者，例如論文、作品、設計圖樣；亦有通知廣告人後，於廣告人指定之地點依指定方式完成者，例如歌唱、技術、運動、演講、書法、寫生、表演等是。所謂評定，指依一定方式顯示優劣而言，例如打分數、打等第、排名次、比快慢、舉牌淘汰等。所謂優等，以廣告人聲明之優勝範圍為準，可僅取最優一名給獎，亦可分等級分名次給獎，亦可聲明未達一定標準時將從缺。從缺之標準應確定或可得確定。

　　於此有一問題，如廣告人未事先聲明從缺之標準，或聲明之標準不確定，竟而評定從缺，應徵人認為其權利受損害時，學者有認為可依民法第100條規定而為主張[17]，亦有認為廣告人即屬債務不履行（不完全給付），應徵人得請求強制執行或不履行之損害賠償（民227）[18]。本書以為，於評定從缺之情形，廣告人並未對任何應徵人為承諾之意思表示，優等懸賞契約並未成立，應徵人似應依民法第148條第2項規定，主張廣告人違反誠實信用原則，如認有故意排斥其個人得獎之嫌，則可依民法第148條第1項規定，主張廣告人權利濫用，分別依民法第184條第2項或第1項規定，請求廣告人另為有得獎之評定或賠償其損害。

17　黃立，民法債編總論，119頁。
18　邱聰智，新訂民法債編通則（上），61頁。

（二）須定有一定期間應徵人並應於該一定期間內為通知

所謂一定期間，即應徵期間（俗稱報名期間），其長短雖無限制，惟廣告人於定期間時，應考慮該行為之難易程度、所需準備時間、期待報名人數多寡及其他因素，酌定之。規定現場報名亦可。期間之截止應規定明確，例如規定以郵戳為憑，或訂明現場報名截止之日時分是。所謂通知，指應徵之通知，亦即應徵人對廣告人表示欲參加一定行為之完成之意思表示。俗稱為報名。通知之方式如何，廣告中亦應訂明，例如僅接受現場報名或通信報名或網路報名。因優等懸賞廣告，係以評定優等為給獎標準，故須本於公開、公平、公正之原則，訂定有一定之通知期間，應徵人並應於該一定期間內為通知，逾期之通知，應不予接受。若因報名人數過少，欲延長應徵期間，應以相同廣告方式聲明之。

三、優等懸賞契約之成立

依民法第165條之1後段規定：「廣告人於評定完成時，負給付報酬之義務。」可知，優等懸賞契約係於廣告人評定完成時成立。所謂評定完成，具體上應指評定結果之公布，若僅為個別通知而未公布時則指評定結果之送達。**從而優等懸賞廣告，性質上僅為要約之引誘，行為人應徵之通知為要約，評定結果之公布或送達為承諾。**此與一般懸賞契約之成立方式，有所不同。

四、優等之評定

優等懸賞廣告之特徵在於優等之評定。分言之：

（一）評定人及評定方法

依民法第165條之2第1項規定：「前條優等之評定，由廣告中指定之人為之。廣告中未指定者，由廣告人決定方法評定之。」

於廣告中指定評定人，有時可以增加號召力，有時則會增加困擾甚至發生舞弊情事，廣告人應斟酌具體情況決之。廣告中指定有評定人時，優等之評定由廣告中指定之人為之，乃為當然。廣告中未指定評定人時，廣告人應於進行評定之前指定評定人，廣告人亦得自任評定人。是否公布評定人姓名亦由廣告人決定。至於評定方法，因涉及公平性並使應徵人知所準備，應於廣告中訂明為宜，若未訂明，亦應於進行評定前相當期間公布，以杜爭議。

（二）評定之效力

依民法第165條之2第2項規定：「依前項規定所為之評定，對於廣告人及應徵人有拘束力。」所謂對於廣告人及應徵人有拘束力，指廣告人及應徵人不論有無獲獎或等第如何，均應遵從評定結果，不得不服，亦不得訴請法院裁判，以代評定[19]。蓋評定乃專業性主觀價值之評價比較，評定結果應具有權威性也。

五、優等懸賞契約之效力

可分三點述之：

（一）應徵人取得報酬請求權

完成之行為，如經評定選入優等範圍，則於評定結果公布或送達時，應徵人即與廣告人成立優等懸賞契約，應徵人取得報酬請求權，廣告人則負給付報酬之義務。

（二）被評定為優等之人有數人同等時

「被評定為優等之人有數人同等時，除廣告另有聲明外，共同取得報酬請求權。」（民165-3）

---

[19] 民法第165條之2修正說明：「三、評定乃主觀價值之比較，故依第1項規定所為評定之結果，廣告人及應徵人均應受其拘束，不得以評定不公，而訴請法院裁判，以代評定。」

（三）可取得之權利之歸屬

因完成優等懸賞廣告所定之行為而可取得一定權利者，其權利屬於行為人。但廣告另有聲明者，不在此限。（民165-4準用民164-1）

六、優等懸賞廣告與懸賞廣告之比較

優等懸賞廣告與一般之懸賞廣告，有下列各點之不同：

（一）須否定應徵期間不同

優等懸賞廣告須定應徵期間；懸賞廣告無須為之。

（二）須否為應徵通知不同

優等懸賞廣告之行為人應於應徵期間內為應徵之通知；懸賞廣告無此規定。

（三）須否為優等評定不同

優等懸賞廣告須為優等之評定；懸賞廣告無此規定。

（四）契約成立方式不同

優等懸賞廣告，性質上為要約之引誘，行為人應徵之通知為要約，評定結果之公布或送達為承諾，因評定結果之公布或送達而成立優等懸賞契約；懸賞廣告為要約性質，一定行為之完成為意思實現，因意思實現而成立懸賞契約。

（五）有無給付報酬於最先通知人之問題不同

優等懸賞廣告無給付報酬於最先通知人之問題；懸賞廣告則有之。

第二節　無因管理

一、無因管理之意義

無因管理者，未受委任，並無義務而為他人管理事務之行為也。（民172）管理他人事務之人謂之管理人，被管理事務之人謂之本人。

二、無因管理之要件

無因管理之成立，須具備下列要件：

（一）須無義務

所謂無義務，指對本人無義務而言，若對本人無義務，雖對第三人有義務，例如連帶債務人間，對外雖各負全部清償之義務，惟對內則僅按比例分擔，並不互負代為清償之義務，是連帶債務人中之一人向債權人清償全部後，亦可基於無因管理之法律關係向其他連帶債務人求償其應分擔之數額。超越原有義務範圍之部分，仍為無義務。又雖無義務，但有權利者，與有義務同，例如父母對於未成年子女特有財產為使用收益（民1088 II）時，於父母與未成年子女間，以及債權人行使代位權（民242）時，於債權人與債務人間，均不成立無因管理是。有義務之情況，有由於法律規定者，如上述民法第1088條第2項之規定是；有由於契約而生者，例如因委任、僱傭等契約關係而生之義務是。民法第172條所謂「未受委任，並無義務」，兼指依法律規定或契約訂定而有義務，以外之無義務而言。

（二）須為他人管理事務

「管理」即處理之謂。以積極的作為為限，單純的不作為，不能成立無因管理。所謂「事務」，指適於為債之標的之人類生

活事項。故純粹宗教、道德、或違法之事項，例如為病人祈禱、代人報警、代管贓物等行為，不適於為債之標的，亦不能成立無因管理。所謂「為他人」，即管理人須有將因其行為所生利益歸屬於本人之意思。故誤信他人事務為自己事務而處理之，即所謂「誤信的管理」，無法成立無因管理，以其無「為他人」之意思也；又明知為他人之事務，惟為自己之利益而處理者，即所謂「不法管理」，亦無從成立無因管理，亦因其無「為他人」之意思也。例如為自己房屋之採光而拆去隔鄰之屋簷、竊賊修理竊來之物品、強行替車主洗車索取洗車費、油漆行因生意欠佳強行為他人房屋粉刷索取費用等情形是。但他人之事務，為圖自己之利益，若同時具有為他人利益之意思，仍不妨成立無因管理[20]。亦即為他人之意思與為自己之意思不妨併存。例如修理自己居住之公寓之公用大門，既為自己，亦為其他住戶是。如管理人有為他人之意思，則所謂「他人」，必須存在，但不以管理人確知為必要。故將自己事務誤為他人事務而處理之，即所謂「幻想的管理」，縱將為他人之意思表示於外部，亦不足成立無因管理，以「他人」並不存在故也。至誤甲之房屋為乙所有而代為修繕，對甲仍得成立無因管理。

三、無因管理之效力

　　管理人之行為如具備無因管理之成立要件，即產生阻卻違法性之效果，而與本人發生債之關係。茲分「及於管理人之效力」與「及於本人之效力」述之：

（一）及於管理人之效力

　　即管理人之義務，有四：

20　86台上1280判決。

1. 適當管理之義務

管理人「其管理應依本人明示或可得推知之意思，以有利於本人之方法為之。」（民172後段）所謂「**本人明示之意思**」，指本人曾明示欲為該行為之情形，並非本人明示請求管理人代為處理之謂。例如某甲曾表示欲購某廠牌某型號之錄音機，某乙適巧外出，雖未受託，乃代為購回是。所謂「**可得推知之意思**」，指斟酌本人之情況，而測知其有某種意思之謂。例如甲以送報維生，某日鄰人乙見甲臥病未起，乃代為分派完畢；又如甲中午外出，見室友乙仍在睡夢中，平日知悉乙喜吃牛肉麵，爰代為購回一碗等是。所謂「以有利於本人之方法為之」，指管理方法須對本人有利而言。例如收留迷路之他人養狗，應適時給以適當之餵食，並設法招領是。

2. 通知之義務

「管理人開始管理時，以能通知為限，應即通知本人。如無急迫之情事，應俟本人之指示。」（民173 I）可得說明者有四：（1）管理人之通知應於開始管理時為之；（2）以能通知為限，故如不能通知，則不負通知之義務。不能通知之情形，例如不知本人為誰，或不知本人所在，或因天災事變無法通知是；（3）通知本人後，除有急迫之情事外，應等待本人之指示。急迫之情事，例如收留之養狗突患重病，仍須予送醫是；（4）本人可能有指示，亦可能無指示。有指示時，或拒絕其管理，或同意其管理。於本人無指示或拒絕管理之情形下，管理人應不再繼續管理，否則應負民法第174條規定之責任。至在本人同意其管理之情形下，自可繼續管理，且適用關於委任之規定（民178）。有疑問者，此時管理人可否不繼續管理？我民法無明文，解釋上如停止管理，將較未開始管理為不利本人者，管理人應不得停止管理。

例如因代為修理屋頂而拆去屋瓦，如停止管理，將更不利於本人
是。如不得停止管理而停止，管理人應依民法第174條規定負其責
任。

3. 計算之義務

依民法第173條第2項準用第540條至第542條關於委任之規
定，管理人之計算義務有三：

（1）管理人應將管理事務進行之狀況，報告本人，管理關係
終止時，應明確報告其顛末（準用民540）。

（2）管理人因管理事務，所收取之金錢物品及孳息，應交付
本人；管理人以自己之名義，為本人取得之權利，應移轉於本人
（準用民541）。

（3）管理人為自己之利益，使用應交付於本人之金錢（例如
無因管理人代本人收取其得標之會款，原應交付於本人，而予挪
用），或使用應為本人利益而使用之金錢（例如無因管理人代本
人處理車損理賠及修車等事宜，收取之賠償金，原應使用於修理
本人之汽車，而予挪用）者，應自使用之日起，支付利息，如有
損害，並應賠償（準用民542）。

4. 賠償之義務

可分違反本人意思之賠償義務及欠缺注意之賠償義務二方面
言之：

（1）違反本人意思之賠償義務

「管理人違反本人明示或可得推知之意思，而為事務之管理
者，對於因其管理所生之損害，雖無過失，亦應負賠償之責。」
（民174Ⅰ）所謂「**雖無過失**」，**指管理方法**而言。蓋管理人違反

本人明示或可得推知之意思，而為事務之管理者，其管理行為已屬因故意或過失所為，如因而致生損害於本人，縱其各個管理方法並無過失，亦無妨於管理人賠償責任之成立也。又「前項之規定，如其管理係為本人盡公益上之義務，或為其履行法定扶養義務，或本人之意思違反公共秩序善良風俗者，不適用之。」（民174Ⅱ）是為例外。**為本人盡公益上之義務**，例如為本人繳納稅款是。**為本人履行法定扶養義務**，例如為本人扶養雙親是。**本人之意思違反公共秩序善良風俗**，例如對自殺者之救助、對放火者之滅火是。所謂不適用之，即違反本人明示或可得推知之意思，而為本人盡公益上之義務，或為其履行法定扶養義務，或本人之意思違反公共秩序善良風俗時，須各個管理方法有所過失，始應就其損害，對本人負責，非全然無庸負賠償責任之謂，此應注意。

（2）欠缺注意之賠償義務

　　管理人就事務之處理，究應負如何之注意義務？我民法無明文規定。依無因管理重在本人利益之保護之法理，以解為管理人應負善良管理人之注意義務為當。亦即管理人就事務之處理，應負抽象輕過失責任。故管理人雖依本人明示或可得推知之意思，以有利於本人之方法而為管理，惟欠缺善良管理人之注意，致本人受損害時，仍應負賠償之責。例如管理人將本人之金錢貸放生息，雖係依本人明示或可得推知之意思而為，且其管理方法（貸放生息）亦有利於本人，然因其欠缺善良管理人之注意，而貸放於支付不能之人，致本人受損害，仍應對本人負賠償責任是。惟此乃原則，我民法第175條設有：「管理人為免除本人之生命、身體或財產上之急迫危險，而為事務之管理者，對於因其管理所生之損害，除有**惡意**或重大過失者外，不負賠償之責。」之例外規定。所謂**惡意**，指**動機不良之故意**而言，若動機善良，雖出於故

意，亦不負賠償責任。**例如**因救助落水之人，而故意將其擊昏並撕壞其衣服綁成繩索而救起，對所受傷害，不負賠償之責是。所謂重大過失，即欠缺一般人之注意。是管理人為免除本人之生命、身體或財產上之急迫危險而為事務之管理者，須因「動機不良之故意」或「欠缺一般人之注意」，而致本人受有損害，始應負賠償責任。至於欠缺「與處理自己事務為同一之注意」或「善良管理人之注意」，則無庸負損害賠償責任。

（二）及於本人之效力

即本人之義務。按無因管理係屬民事行為，管理人對本人並無報酬請求權，因管理所得之利益，又歸屬於本人，是管理人如因管理事務而有所支出或發生債務，或受有損害時，自無令其負擔之理，故民法乃規定本人應負**償還**、**清償**或**賠償**之義務。惟本人之義務，因管理人之是否盡其「適當管理之義務」而有所不同。分述之：

1. 管理人已盡適當的管理義務時

「管理事務，利於本人，並不違反本人明示或可得推知之意思者，管理人為本人支出必要或有益之費用，或負擔債務，或受損害時，得請求本人償還其費用及自支出時之利息，或清償其所負擔之債務，或賠償其損害。」（民176 I）分言之：

（1）償還費用之義務

管理人為本人支出必要或有益之費用，本人應償還之，並自支出時起計付利息。例如甲於鄰居出國期間，代為僱工修繕鄰居受颱風損害之房屋，所支出之必要（屋瓦修繕）或有益（加設遮雨棚）之費用，該鄰居應償還於甲，並自甲支出時起計付利息是。所謂必要費用，指管理上必不可缺之費用。所謂有益費用，

指增加本人利益之費用。是否必要以及是否有益，應依支出時之情事，以客觀標準決定之。縱嗣後情事變更，本人仍負償還之義務。又利息應自支出時起至償還之時止，依法定利率計算。

（2）清償債務之義務

管理人為本人負擔債務，本人應清償之。例如甲於鄰居出國期間，代鄰居支付報費，因現金不足而向友人借款，該鄰居應清償該借款是。所謂本人清償，可直接對債權人（友人）清償，亦可對管理人（甲）清償。本人直接對債權人清償時，債權人不得拒絕（民311 II但書）。管理人為本人負擔之債務，解釋上亦以必要或有益者為限，本人始有清償之義務。至管理人係以自己名義，抑或以本人名義負擔債務，本人均應清償。

關於民法第176條第1項規定：「…得請求本人償還其費用及自支出時之利息，或清償其所負之債務，或賠償其損害。」尚須說明者有二：

其一，依其用語，似僅請求償還費用時，始能請求加給利息，惟事實上，請求清償債務或賠償損害時，亦均得依法請求加給利息，本項規定似非完整。

其二，管理人及債權人是否均得對本人請求清償債務，應依情形而論。通常管理人係以自己名義負擔債務，此時管理人得提出其為本人無因管理而負擔債務之證據，請求本人對自己為給付，亦得於訴訟外請求本人直接對債權人為清償，並無問題。至於債權人得否直接向本人請求對自己為清償？不無疑問。本書以為，於管理人以自己名義負擔債務之情形，可將其對本人之債權讓與債權人，由債權人直接向本人請求清償，乃為當然；至如管理人係以本人名義負擔債務之情形，原應屬無權代理，須經本人

之承認始對本人生效（民170），債權人始能直接向本人請求清償。惟本書以為，於具備無因管理要件之情形下，既應適用委任之規定（民178），自應解為管理人有為本人負擔債務之法定代理權限，而排除無權代理有關規定之適用，債權人只須證明其所請求者係管理人因無因管理而為本人負擔之債務，即可直接向本人請求清償。

（3）賠償損害之義務

管理人為本人受損害時，本人應賠償之。但以積極損害為限。例如因救火而燒毀身穿之西裝，本人應給予賠償是。至消極損害，例如因救火而未上工之工資損失，應認係管理人自始自願犧牲，本人不負賠償之義務。否則將形同報酬之給付，與無因管理之本質有違也。又管理人所受損害，須以「為本人」為條件，亦即其損害須以與管理事務有因果關係者為限，乃為當然。請求賠償損害時，亦得依法請求加給利息，亦不待言。

須注意者，本人所負前揭三項義務，不以其因無因管理所得之利益為限，無論數額多寡，均應悉數照付。

2. 管理人未盡適當的管理義務時

「管理事務不合於前條之規定，本人仍得享有因管理所得之利益，而本人所負前條第一項對於管理人之義務，以其所得之利益為限。」（民177 I）按所謂不合於前條之規定，原有三種情形，但因（1）管理事務不利於本人，且違反本人明示或可得推知之意思。此情形，應依民法第174條規定，定管理人之賠償責任；（2）管理事務不利於本人，但不違反本人明示或可得推知之意思。此情形，管理人應否對本人負損害賠償責任，須視其是否已盡善良管理人之注意義務（一般情形），或有無惡意或重大過失

（民法第175條之情形）為斷。已如前述。均無本條之適用。故**應解為僅指（3）管理事務利於本人，但違反本人明示或可得推知之意思之情形而言**。所謂「本人仍得享有因管理所得之利益」，意指本人可視其具體情形主張無因管理或侵權行為。如主張無因管理，管理人不得提出係屬侵權行為之抗辯。蓋在（3）之情形，如管理人無為本人利益之意，甚或係出於為自己利益之意，而為本人管理事務，本質上即係侵權行為，**如不賦予本人取捨之權，有時為侵權行為之「管理人」反將受益**。例如甲違反乙之明示或可得推知之意思，將乙寄託之金飾賣出，嗣後金價大跌。如乙僅得依侵權行為之規定對甲請求賠償其依時價計算之損害賠償，則甲將獲得當時賣價與時價間差額之不當利益也。

　　本人所負本條之義務，僅以其因無因管理所得之利益為限。管理人所支出之費用、負擔之債務、或所受之損害，其數額超過本人因無因管理所得之利益之部分，本人無庸償還、負擔或賠償。

　　須說明者，管理人明知為他人之事務，而為自己之利益管理之者，本質上為侵權行為，原亦包括在（3）之情形內，民國88年修正民法債編時，增訂第177條第2項規定：「前項規定，於管理人明知為他人之事務，而為自己之利益管理之者，準用之。」[21]似無必要。蓋對於性質不同之事項，欲使其發生相同之效果，始

21　民法第177條第2項修正說明：「…明知係他人事務，而為自己之利益管理時，管理人並無『為他人管理事務』之意思，原非無因管理。然而，本人依侵權行為或不當得利之規定請求損害賠償或返還利益時，其請求之範圍卻不及於管理人因管理行為所獲致之利益；如此不啻承認管理人得保有不法管理所得之利益，顯與正義有違。因此宜使不法之管理準用適法無因管理之規定，使不法管理所生之利益仍歸諸本人享有，俾能除去經濟上之誘因而減少不法管理之發生，爰增訂第2項（德國民法第684條第1項參照）。」

須另立一項「準用」之規定，茲民法第177條第2項規定之事項，與第1項規定之事項，既同為侵權行為之性質（修正說明稱其準用第1項規定，係「準用適法無因管理之規定」，似非正確），即無規定準用之必要也。

又在（1）之情形，即管理事務不利於本人，且違反本人明示或可得推知之意思時，管理人如係為本人盡公益上之義務，或為其履行法定扶養義務，或本人之意思違反公共秩序善良風俗者，非但依民法第174條第2項規定，須各個管理方法有所過失，始應就其損害，對本人負賠償之責，且依民法第176條第2項規定，所支出之必要或有益費用，或負擔債務，或受有損害，本人亦應償還、負擔或賠償之。

四、無因管理之承認

「管理事務經本人承認者，除當事人有特別意思表示外，溯及管理事務開始時，適用關於委任之規定。」（民178）蓋無因管理人與受任人同係為人處理事務，所不同者，乃一未受委任，一受委任。茲無因管理之本人對管理人之管理事務，既已承認，即與委任無異，故應適用關於委任之規定。又經承認之無因管理，依民法第115條規定，如無特別訂定，應溯及無因管理開始時，適用關於委任之規定，乃為當然。修正前民法第178條原規定：「管理事務經本人承認者，適用關於委任之規定。」並無缺漏，此次民法債編修正，加入「除當事人有特別意思表示外，溯及管理事務開始時」[22]等語，實非必要。

---

[22] 民法第178條修正說明：「管理事務經本人承認者，適用關於委任之規定，惟究自管理事務開始抑自承認時始適用關於委任之規定，法無明文，在實用上易滋疑義，爰予明確規定。」

五、無因管理之性質

無因管理足使管理人與本人發生債權債務關係，有如前述，故為債之發生原因；又其債權債務關係係因管理行為具備法定要件即發生，並非以當事人之意思表示為要素，故非法律行為。學說上稱為事實行為。因非法律行為，故管理人無須有行為能力。但因須有為他人利益之意思，故須有意思能力。

第三節　不當得利

一、不當得利之意義

不當得利者，無法律上之原因而受利益，致他人受損害（民179前段）之事件也。

二、不當得利之要件

不當得利之成立，須具備下列要件：

（一）一方受利益

所謂受利益，指財產總額增加或本應減少而未減少之情形。財產總額增加，謂之積極得利，例如非債權人而受償10萬元是。本應減少而未減少，謂之消極得利，例如他人錯誤代為清償自己所負債務8萬元，自己所受之利益是。

（二）他方受損害

所謂受損害，指財產總額減少或本應增加而未增加之情形。財產總額減少，謂之積極損害，例如前例之錯誤代為清償他人債務8萬元，代償人所受之損害是。本應增加而未增加，謂之消極損害，例如房屋被占住，所有權人未能出租所受相當於租金之損害是。

（三）受利益與受損害間須有因果關係

此所謂因果關係，與侵權行為之因果關係，係指行為（因）與損害（果）互為前因後果之情形有別，應係指原因事實（因），所致之一方受利益（果）與他方受損害（果），二個結果間具有牽連關係而言。不當得利之受利益與受損害間，須具有如何之牽連關係，始足當之？學者見解可分為二說：

1. 直接因果關係說

認為須基於「同一原因事實」，所造成之受利益與受損害，始具有牽連關係，而足成立不當得利。例如甲竊乙之現款，甲受利益，乙受損害，係基於同一竊盜事實所造成，甲乙間成立不當得利是（此情形，甲對乙亦成立侵權行為，乃另一問題）。惟僅須基於同一原因事實為已足，所受利益與損害之內容，非必限於相同。例如甲竊乙之現款並以之購買金塊，乙受損害之內容為現款，甲受利益之內容為金塊，存在形式雖有不同，但均係基於同一竊盜事實而生，甲乙間就現款或金塊，均可成立不當得利是。至若非基於同一原因事實，例如甲竊乙之現款，並錯誤代丙清償債務，乙之受損害，乃由於甲之竊盜行為（原因事實一），丙之受利益，則係由於甲之錯誤清償（原因事實二），乙之受損害與丙之受利益，二者間無牽連關係，不足成立不當得利是。

2. 非直接因果關係說

認為基於同一原因事實，所造成之受利益與受損害，固具有牽連關係，**然縱基於二個原因事實所造成，倘依社會觀念，認受益者應返還者，亦應認有牽連關係，均足成立不當得利。**例如前舉甲竊乙之現款，並錯誤代丙清償債務之例，乙之受損害與丙之受利益，雖係基於二個原因事實所造成，但依社會觀念，若乙只能對

竊賊甲為請求，不能請求丙為返還，實非合理，尤其於甲逃匿無蹤時，明知財產利益在丙處，卻無法為主張，更難謂平，故應認乙丙間仍成立不當得利是。

　　以上二說，我國學者採直接因果關係說或逕依直接因果關係說論述者有之[23]，採非直接因果關係說者有之[24]。實務上，53台上2661號判例謂：「執行法院拍賣查封之不動產，以其價金分配於各債權人者，縱該不動產嗣後經確定判決認為不屬於債務人所有，不能移轉與買受人，而買受人因此所受價金之損害，亦祇能向直接受其利益之債務人請求償還。各債權人所受清償之利益係另一原因事實，除有惡意外，不能認與買受人所受之損害有直接因果關係，自不負返還其利益之責任。」應係採直接因果關係說。惟最高法院已於90年2月9日公告，該院於90年1月9日舉行之90年度第1次民事庭會議決議不再援用此一判例[25]。本書以為，直接因果關係說，只能解決一事生二果之問題，苟另有介入，即阻卻不當得利之成立，實過於狹隘。惟非直接因果關係說，以「依社會觀念」為認定標準，亦欠明確。故雖贊同非直接因果關係說之結論，但認為只須具備：「（1）此方之受利益為無法律上之原因；（2）若無此方之受利益，則他人不致有受損害之結果；（3）此方所受之利益，實質上為他人受損害財產之移轉或轉換存在。」等三要件，不論其間是否另有介入，均足成立不當得利。

---

[23]　戴修瓚，民法債編總論（上），113頁；胡長清，中國民法債篇總論，98頁；王伯琦，民法債篇總論，55頁；洪文瀾，民法債編通則釋義，95頁；何孝元，民法債編總論，53頁。

[24]　史尚寬，債法總論，72頁；鄭玉波，民法債編總論，105頁；孫森焱，新版民法債編總論（上冊），144頁；曾隆興，修正民法債編總論，82頁；邱聰智，新訂民法債編通則（上），110～111頁。

[25]　司法周刊第1019期第1版，民國90年2月21日。

而因前二項要件，乃民法第179條所明定，從而非直接因果關係說所應強調者，不過「**此方所受之利益，實質上為他人受損害財產之移轉或轉換存在**」乙點而已。

（四）無法律上之原因

何謂無法律上之原因？向有統一說與非統一說之分：

1. 統一說

認為「無法律上之原因」一語，應就一切不當得利，求其統一之意義。主要又分為三說：

（1）公平說

此說以公平或正義，為法律上之原因。所謂無法律上之原因，即違反公平或正義也。

（2）債權說

此說以債權之存在為法律上之原因。所謂無法律上之原因，即無債權存在也。

（3）權利說

此說以權利之存在為法律上之原因。所謂無法律上之原因，即無受利益之權利也。

2. 非統一說

認為「無法律上之原因」一語，應就各種得利情形，分別定其意義。有將得利情形分為基於受損害者意思之得利（例如誤以自己之飼料餵養鄰人之馬），與非基於受損害者意思之得利（例如甲之養魚因水漲而游入鄰人之魚池），而加以說明者；有將得利情形分為本於給付之得利（例如錯誤付款），與本於給付以外

事由之得利（例如無權處分他人之物），而加以說明者。茲以後者情形說明之：

（1）本於給付而得利

凡給付行為，必有其給付之原因（或稱目的），如欠缺原因，即為「無法律之原因」。至其欠缺原因，係自始的或嗣後的，均無不可。自始欠缺原因，例如對非債權人之清償是。嗣後欠缺原因，例如因履行契約而給付，嗣後契約經撤銷，其給付成為欠缺原因，即屬「無法律上之原因」是。

（2）本於給付以外之事由而得利

所謂給付以外之事由，可大別為五：

①受益人之行為：例如無權處分他人之物而取得對價是。
②受損人之行為：例如誤以自己飼料餵養他人之馬是。
③第三人之行為：例如第三人丙以甲之飼料養乙之馬是。
④單純之事件：例如甲所有之養魚自然游入乙所有之魚池是。
⑤法律之規定：例如時效取得（民768～772）、附合（民811、812、815、816）、混合（民813、815、816）、加工（民814～816）等是。

以上五種事由，是否「無法律上之原因」？第①②③④之情形，均以受益人有無權利為斷。第⑤之情形，則應視各該法律立法之目的是否在使受益人終局的取得該利益為斷。如係在使受益人終局的取得該利益，即非「無法律上之原因」，無成立不當得利之可言。例如因時效而取得之利益是。

按我民法第179條係就不當得利為統一規定，而非就不同之情

形為各別之規定，解釋上應認係採統一說。至統一說中之公平說，過於空泛，不易捉摸；債權說則不能概括一切，均不足採。應認我民法係採統一說中之權利說為合適。

三、不當得利之效力

不當得利成立後，受益人（法條用語為受領人）應返還其利益於受損人。此即為不當得利之效力。其有關內容如次：

（一）返還之標的

「不當得利之受領人，除返還其所受之利益外，如本於該利益更有所取得者，並應返還。但依其利益之性質或其他情形不能返還者，應償還其價額。」（民181）按所受之利益，包括物或權利，可知返還之標的以原物或原權利為原則，以價額為例外。所謂「返還其所受之利益」，即移轉原物之占有或所有權，或依原權利之移轉方法為移轉，返還於受損人之謂。所謂「本於該利益更有所取得」，指由受領之原物或原權利所生之孳息及其他所得而言。孳息包括天然孳息（例如雞蛋）、法定孳息（例如利息）。至其他所得，例如愛國獎券、樂透彩券之中獎所得是。所謂「依其利益之性質」不能返還，例如受自勞務之利益，無法返還原勞務是。所謂依「其他情形」不能返還，例如原物已售出、毀損或滅失是。又償還價額，應以金錢計算之，自不待言。惟究應以何時之價額為準？我民法無其規定。解釋上應以所受利益成為不能返還時之價額為準。例如受領人因將物出賣而不能返還者，應以賣得之價金為其應償還之價額是[26]。

---

[26]　30渝上40。

（二）返還之範圍

視受領之人為善意抑為惡意而不同：

1.受領人為善意時

所謂善意，乃不知無法律上原因之意。「不當得利之受領人，不知無法律上之原因，而其所受之利益已不存在者，免負返還或償還價額之責任。」（民182 I）知不知，以事實為準，其不知有無過失，並非所問。所受利益是否存在，以受請求返還之時為準。所謂「已不存在」，指實質上不存在而言，若所受利益雖形式上不存在，但實際上所獲財產總額之增加或應減少而未減少之結果，現尚存在時，不得謂為利益已不存在[27]。例如受領之物被毀，惟曾受賠償金之給付；將便利商店送錯之啤酒喝光，如正式購買原應支付之價金之未支付等情形是。主張所受利益已不存在，對受領人有利，故受領人應就不存在之事實，負舉證責任（參照民訴277）。

2.受領人為惡意時

所謂惡意，乃知無法律上原因之意。「受領人於受領時，知無法律上之原因或其後知之者，應將受領時所得之利益，或知無法律上之原因時所現存之利益，附加利息，一併償還；如有損害，並應賠償。」（民182 II）分述其情形如次：

（1）自始惡意者

即受領人於**受領時知**無法律上之原因，則其返還之範圍包括：

---

[27]　41台上637。

①受領時所得之利益全部

不論受請求返還時存在與否，均應返還。如已不存在，則應返還其價額。

②附加利息

如其受領之利益為金錢，應附加依法定利率自受領時起算至返還時止之利息。如其受領之利益非為金錢，則應先依受領時之價額折算金錢，然後再附加依法定利率自受領時起算至返還時止之利息。

③損害賠償

除返還利益全部，並附加利息外，受損人如尚有損害，受領人並應賠償之。

（2）嗣後惡意者

即**受領時不知**無法律之原因，而**其後始知**之，則其返還之範圍包括：

①知無法律上之原因時所現存之利益

其前已消滅或減少之部分無庸返還，惟其後再消滅或減少之部分仍應返還。

②附加利息

如其受領之利益為金錢，應附加自知無法律上之原因時起算至返還時止之利息。如其受領之利益非為金錢，則應先依知無法律上之原因時之價額折算金錢，然後再附加依法定利率自知無法律上之原因時起算至返還時止之利息。

③損害賠償

除返還知無法律上之原因時所現存之利益，並附加利息外，受損人如尚有損害，受領人並應賠償之。

（三）例外不負返還義務之情形

雖具備不當得利之成立要件，但於下列情形，受領人不負返還所受利益之義務，亦即受損人不得請求返還（民180）：

1. 給付係履行道德上之義務者

所謂道德上之義務，即良心上或禮俗上之義務。例如對於無扶養義務之親人之給付；對友人婚喪所為之慶弔給付（例如紅包、白包）是。因履行道德上之義務而為給付，是為善舉，應予正面之協力，故規定受領人不負返還所受利益之義務。

2. 債務人於未到期之債務因清償而為給付者

債務之清償期尚未屆至，債務人原無清償之義務，其竟為清償，自與無法律上之原因相當。惟債務既非不存在，且又出於清償之意思，則終局言之，債務人並不因之而受損害，為免法律關係趨於無必要之複雜，我民法乃規定債務人不得請求返還。又此時債務人能否請求返還自實際給付日起至清償期屆至日止之期前利息？應解為否定，為免法律關係趨於無必要之複雜之法理，始能貫徹。

3. 因清償債務而為給付，於給付時明知無給付之義務者

此即所謂「非債清償」，例如明知對於消滅時效完成後之債務，已無給付之義務，仍為清償；拋棄繼承之兒子，明知無以自有財產清償父債之義務，仍為清償等是。此情形，形式上雖與不當得利之要件相當，惟法律如仍許其請求返還，顯然違反行為人

主觀意願，故規定受領人不負返還所受利益之義務。[28]

4.因不法之原因而為給付者，但不法之原因僅於受領人一方存在時，不在此限

所謂「不法原因」，指其原因違反法律之強行規定或公序良俗而言。因不法原因而為給付，例如因教唆殺人而給付酬金、因賭博而給付財物、因通姦而給付金錢是。此種給付原為無效，而得請求返還。惟其原因既屬不法，如許其請求返還，則請求人勢須主張其不法行為以為依據，實不應許可。故規定受領人不負返還所受利益之義務，以杜不法。但此乃指受損人自己或雙方均具有不法原因之情形。若不法之原因僅於受領人一方存在時，例如回贖綁票而為之給付，則因受損人非為違法行為之人，故得請求返還。

（四）轉得人之返還義務

「不當得利之受領人，以其所受者，無償讓與第三人，而受領人因此免返還義務者，第三人於其所免返還義務之限度內，負返還責任。」（民183）按第三人之受益，既係基於「無償讓與」而來，自非無法律上之原因，與不當得利之成立要件不相當，不負返還之義務。茲原受領人若屬善意並無償讓與第三人，致無現存利益，而同免負返還義務（參照民182 I）。則受損人即無請求返還利益之對象，且該第三人卻無償而取得利益，此種結果，實非公平。故規定該第三人於受領人所免返還義務之限度內對受損

---

[28] 明知對於消滅時效完成後之債務，已無給付之義務，仍為清償之情形，依民法第144條第2項規定，亦不得請求返還。又拋棄繼承之兒子，明知無以自有財產清償父債之義務，仍為清償之情形，屬第三人清償，依民法第311條規定，發生清償之效力，亦不得請求返還。惟此乃另外問題，本款乃不當得利不得請求返還之規定。

人負返還責任。至原受領人若為惡意並無償讓與第三人，則因受領人並不因之免負返還義務，故受損人不得直接向該第三人請求返還該利益（參照民182Ⅱ）。例如甲（善意）由乙受領金筆乙隻錄音機一台後，將金筆贈與丙，其後知其受益無法律上原因（嗣後惡意），更將錄音機又贈與丁。則乙能向丙請求返還金筆，而不得向丁請求返還錄音機是。

四、不當得利之性質

不當得利足使受損人與受益人發生債權債務關係，有如前述，故為債之發生原因。又不當得利之效力，並非基於當事人之意思表示而生，故「非法律行為」；且不當得利之成立，不以基於人之行為者為限，基於自然事實者亦甚平常，例如甲之養魚自然游入乙之魚池是。故不當得利應認係一種「事件」。

第四節　侵權行為

第一項　基本概念

壹、侵權行為之意義

侵權行為者，因故意或過失，不法侵害他人權利之行為也。侵權行為人，稱為加害人，權利被侵害者，稱為被害人。具備侵權行為之成立要件後，加害人應對被害人負損害賠償責任，被害人則得對加害人請求損害賠償，故為債之發生原因。

貳、民事責任與刑事責任

侵害他人權利之行為，非法所許，為違法行為之一種。違法行為，在法律上原可產生二種責任，即：一、國家為維持社會之

安寧秩序而令負之責任。二、被害人為填補所受損害而令負之責任。前者謂之刑事責任，後者謂之民事責任。此二種責任形態，在昔日羅馬法均認之為刑罰性質，混而不分。填補被害人損害之觀念未被強調。迨17、18世紀因受自然法學派倡議侵權行為人應獨立對被害人負填補損害責任之影響，所謂「民事責任」乃漸次確立。時至今日二者已完全分離獨立，其在法律上顯現之不同特徵有：

（一）目的不同

刑事責任以維持社會之安寧秩序為目的；民事責任則以填補被害人所受損害為目的。

（二）要件不同

刑事責任不以發生損害為要件，以處罰故意犯為原則，過失犯為例外，有時對於未遂犯亦處罰之。民事責任則以發生損害為要件，無論行為之出於故意或過失，均須賠償，有時雖無過失，亦應賠償。

同一違法行為，固以同時產生刑事責任與民事責任為常。惟亦有僅負刑事責任者，例如縱火燒毀自己房屋致生公共危險是。亦有僅負民事責任者，例如過失毀損他人財物是。民法所規定者僅係民事責任之部分。

參、過失責任與無過失責任

民事責任有過失責任與無過失責任之分。依前者，苟無過失，縱有損害亦不賠償；依後者，苟有損害，縱無過失，亦應賠償。我民法以過失責任為原則，無過失責任為例外。

昔日羅馬法民事責任及刑事責任不分，對違法行為之制裁，

端視有無損害為斷，學者稱之為結果責任。隨後民智漸開，道德觀念輸入法律體制，遂形成無過失則不負責之法則，過失責任，於焉樹立。迨至近世工商發達，危險事業激增，產生甚多企業主無過失之損害事件，過失責任又顯現不足以適應社會，無過失責任乃應運而興。

肆、侵權行為之態樣

侵權行為之態樣有三：（一）一般侵權行為，指因故意或過失不法侵害他人權利之行為。又稱直接侵權行為，或通常侵權行為。（二）共同侵權行為，指數人共同不法侵害他人權利之行為。（三）特殊侵權行為，指因特別情事而成立之侵權行為。特別情事者，因自己可歸責之原因致與其有特定關係之人或事物侵害他人權利，而令其負責之情事也。特殊侵權行為，又稱間接侵權行為。分別述之。

第二項　一般侵權行為

所謂一般侵權行為，指民法第184條所定之侵權行為，亦即：「因故意或過失，不法侵害他人權利者，負損害賠償責任。故意以背於善良風俗之方法，加損害於他人者亦同。」「違反保護他人之法律，**致生損害於他人者，負賠償責任**。但能證明其行為無過失者，不在此限。」

按民國88年修正前民法第184條原規定如下：「因故意或過失，不法侵害他人之權利者，負損害賠償責任。故意以背於善良風俗之方法加損害於他人者，亦同。」「違反保護他人之法律者，**推定其有過失**。」依此規定，我民法所定之一般侵權行為可分為「故意或過失侵害他人之權利」（簡稱侵害權利）與「故意

以背於善良風俗之方法加損害於他人」（簡稱損害利益）二種類型，第2項僅係過失推定之規定。

惟民國88年民法債編修正時，將民法第184條第2項修正為：「違反保護他人之法律，致生損害於他人者，負賠償責任。但能證明其行為無過失者，不在此限。」亦即將「違反保護他人之法律致生損害於他人」之情形修正為獨立之侵權行為類型[29]。因此，依修正後民法第184條規定，一般侵權行為可分為二種，共三個類型，即：（一）不涉及違反保護他人法律之侵權行為，即民法第184條第1項所定者，又可分為侵害權利（民184 I 前段）與損害利益（民184 I 後段）二類。（二）涉及違反保護他人法律之侵權行為，即民法第184條第2項所定者。

一般侵權行為之要件，可分為客觀要件與主觀要件，分述如次：

一、客觀要件

有五：

（一）須為自己之行為

即須出於自己有意識的身體動靜。包括作為及不作為。惟不作為侵權行為之成立，須以行為人有作為義務為前提。例如對於應扶養之人不予扶養是。又利用他人為工具而為侵權行為，應視為自己之行為。例如指揮無刑事責任能力人盜竊他人財物是。

---

[29] 民法第184條修正說明：「現行條文第2項究為舉證責任之規定，抑為獨立之侵權行為類型？尚有爭議，為明確計，爰將其修正為獨立之侵權行為類型，凡違反保護他人之法律，致生損害於他人者，即應負賠償責任。惟為避免對行為人課以過重之責任，增訂但書規定，俾資平衡。」

（二）須侵害他人權利或損害他人利益或違反保護他人之法律

侵害他人權利，即因故意或過失侵害他人權利也。例如竊盜或侵占他人財物、過失致人於死是。所謂權利，指一切私權而言。損害他人利益，即故意以背於善良風俗之方法加損害於他人之利益也。例如明知為有夫之婦而與之通姦，即係以背於善良風俗之方法加損害於其夫之利益是。違反保護他人之法律，即違反具有保護他人性質之法律致生損害於他人之權利或利益也。例如開車超速或違規左轉（違反交通法規）而撞傷行人、工廠安全設施不足（違反工廠法相關規定）致工人受傷是。

（三）須發生損害

民事責任，以填補損害為目的，如未有損害，雖有加害行為，亦不能成立侵權行為。所謂損害，指財產權或非財產法益，所受之不利益。非財產法益，指人格權（民18Ⅱ、19、192～195）、身分權（例如監護權、家長對於未滿20歲男女之監督權、繼承權）、其他非財產法益（例如夫妻間完整愛情之利益）而言。財產權所受之不利益，有積極損害（即所受損害）與消極損害（即所失利益）之別，其意義已見於本書不當得利乙節中。非財產法益所受之不利益，原則上不生消極損害之問題，但在經濟、文化發展快速之台灣，若干人格權（例如肖像權、姓名權）之受侵害，已不無發生消極損害之可能，例如某知名影星已與某大企業約定，以錄影及拍照（肖像權）出名（姓名權）製作文宣之方式，為其產品之代言人，酬勞百萬元，惟不及錄製即被撞重傷或死亡，以致未能取得代言酬勞之損失是。至於其他非財產法益所受之不利益，則尚未見可能發生消極損害之情形。[30]

30　陳猷龍，民法總則，70頁。

（四）須行為與損害間有因果關係

因果關係者，原因與結果之關係也。即損害之發生，必基於加害人之行為，若無加害人之行為，則無損害之發生，行為為因，損害為果之謂。確定因果關係之學說不一，主要有三：

1. 條件說

認為一切發生結果之條件，均為原因，均具有因果關係。範圍失之過寬，不足採取。

2. 原因說

認為發生結果之多數條件中之一為原因，其餘為條件，僅原因與結果間，具有因果關係。惟原因如何認定？產生多種區別原因與條件之學說，無一確切之標準，亦不足採取。

3. 相當因果關係說

認為在一般情形下，依社會通常經驗，均能發生同一結果之條件為原因，具有因果關係。例如甲為人毆傷，因失血過多而亡，在一般情形下，依通常經驗觀之均為可能，故毆傷與死亡間應具有因果關係；惟設若甲於赴醫途中，為流彈擊斃，因被人毆傷而送醫，在一般情形下，依通常經驗觀之，非必均被流彈擊斃，故毆傷與擊斃之間，無因果關係。此說為今日之通說。

須注意者，乃不作為之因果關係，須以有作為之義務為前提。所謂作為之義務，即防止結果發生之義務。應防止而不防止，以致發生可得預料之結果，則不作為與該結果之間，即具有因果關係。例如受僱代人看顧嬰兒應哺乳而不哺，致嬰兒餓斃，其不哺乳與嬰兒之死，為有因果關係是。

（五）須行為係不法

即行為無違法阻卻事由之謂。蓋加害行為，原屬不法，無待乎再明定不法之要件。惟若有違法阻卻事由存在時，即不成為不法。故此之所謂不法，應指行為無違法阻卻事由而言。違法阻卻事由如下：

1. 權利之行使

例如父母之懲戒子女，雖侵害子女之自由或身體，但並不違法是。惟權利之行使，如違反公共利益，或以損害他人為主要目的（民148 I），違背誠實及信用（民148 II），違背善良風俗（民 184 I 後段），或超越權利範圍（民765），則仍屬不法。

2. 被害人允諾

即被害人容許侵害其權利之謂。蓋權利人容許侵害，實與其自行處分權利無異，亦可認係免除責任之約定，違法性應已喪失，故不以之為不法。惟允諾係一種意思表示，故如違反法律之強行規定（民71），或公序良俗（民72），仍為無效，不成為違法阻卻之事由。違反強行規定者，例如允諾為私禁終生，違反民法第17條第1項自由不得拋棄之規定是。違反公序良俗者，例如允諾他人割取自己耳朵為戲是。

3. 正當防衛

即對於現時不法之侵害，為防衛自己或他人之權利，對侵害人所為之反擊而未逾越必要程度之行為。依我民法第149條規定，為違法阻卻事由，不成立侵權行為。

4. 緊急避難

即因避免自己或他人生命、身體、自由或財產上急迫之危

險，所為因避免危險所必要，且未逾越危險所能致之損害程度之
加害於第三人之行為。依我民法第150條規定，為違法阻卻事由，
不成立侵權行為。

5. 自助行為

即權利人為保護自己權利，於不及受法院或其他有關機關援
助之際，對於他人之自由或財產，施以拘束、押收或毀損之行
為。依我民法第151條規定，亦為違法阻卻事由，不成立侵權行
為。

6. 無因管理

即未受委任，並無義務而為他人管理事務之行為。其內容已
如本章第二節所述。無因管理，往往構成侵權行為，例如因救溺
而擊傷溺水人是。惟如係出於為本人利益之意思，即為違法阻卻
事由，而不成立侵權行為。

二、主觀要件

有二：

（一）須有責任能力

責任能力者，侵權行為人應負損害賠償責任之一種資格也。
責任能力之有無，以行為時有無「識別能力」為斷（參照民
187）。所謂識別能力，指足以認識自己行為為法所不許之精神狀
態。依我民法第187條第1項後段及第4項之規定可知，除（1）無
行為能力人或限制行為能力人，於行為時無識別能力者，及（2）
其他人，於行為時無意識或精神錯亂中者，無責任能力外，任何
人均有責任能力。故主張無責任能力者，應就行為時無識別能力
之精神狀態，負舉證之責。所謂無意識，乃全然無識別作用之精

神狀態，例如爛醉之時是。所謂精神錯亂，乃顯然欠缺識別作用
之精神狀態，例如受到極度驚嚇之時是。二者均係程度較深之無
識別能力精神狀態之一種。

（二）須有故意或過失

故意者，行為人對於自己之行為，明知並有意使其發生，或
預見其發生，而其發生並不違背其本意之心理狀態也。（參照刑
13）過失者，行為人對於自己之行為，按其情節應注意能注意而
不注意，或預見其發生而確信其不發生之心理狀態也。（參照刑
14）故意或過失，應由主張侵權行為成立之被害人，負舉證責
任。一般情形，加害人具有故意或過失即足，惟以背於善良風俗
之方法，加損害於他人者，須以故意為要件；至於違反保護他人
之法律致生損害於他人者，法律推定加害人有過失，被害人無庸
證明加害人之過失，加害人須證明其行為無過失，始可不負賠償
責任。所謂保護他人之法律，例如禁止違反公共利益、禁止權利
濫用（民148Ⅰ）、誠實信用原則（民148Ⅱ）、法人董事聲請破
產之義務（民35）、道路交通安全規則關於交通秩序之規定、工
廠法關於保護工人之規定、社會秩序維護法關於保護安寧秩序之
規定、消費者保護法關於保護消費者之規定等是。

第三項　共同侵權行為

共同侵權行為者，數人共同不法侵害他人權利之行為也。
「數人共同不法侵害他人之權利者，連帶負損害賠償責任。不能
知其中孰為加害人者亦同。」「造意人及幫助人，視為共同行為
人。」（民185）此為我民法對共同侵權行為之規定。依其內容，
可將共同侵權行為之態樣分為三：（1）真正共同侵權行為。
（2）準共同侵權行為。（3）造意及幫助。分言之：

一、真正共同侵權行為

即「數人共同不法侵害他人之權利者」是。質言之，即數人基於共同意思及／或共同行為而實施侵權行為，各具備侵權行為要件之情形。有問題者，乃此數人須有如何關係始足成立真正共同侵權行為？說者不一：

（一）客觀說

認為此數人間，只須行為同時，所致損害同一即足，不須有意思聯絡。

（二）主觀說

認為此數人間，不僅須有行為之分擔，且須有意思聯絡，至少限度，亦須有共同之認識。

我國法院實例早期採主觀說[31]。迨民國66年司法院以例變字第1號決議變更最高法院55台上1798號判例之見解後，已改採客觀說[32]。按依主觀說，在實務上實有其困難，例如甲乙二人互不相識，偶遇丙，各開一槍，均中丙而斃命，則甲乙二人不負共同侵權行為之責，而各自所致損害又非可分（無死亡一半或百分比之說法），且二彈槍擊部位明顯，亦非「不能知其中孰為加害人者」可比，被害人真不知如何求償？實則我民法第185條用語僅稱「共同」，並未限定須意思共同抑或行為共同，解釋應從寬，認為兼指意思共同及／或行為共同之情形，上述客觀說與主觀說互相為用，始能允當。是則，數人若有意思聯絡，且各本於共同意思而各自行為，即應就所致損害之總額，連帶負損害賠償責任，行為有無同時，非考慮之點；至若無意思聯絡，則必須行為同時

---

[31] 大理院5上1012、最高法院20上1960、55台上1798。
[32] 66台上2115、67台上1737。

（即行為共同），損害同一（不可分），始足成立共同侵權行為。

二、準共同侵權行為

即「不能知其中孰為加害人者」是。質言之，即數人無意思聯絡，共同為加害行為，惟僅其中一人或部分人造成損害，且不能知其中孰為加害人之情形。例如甲乙丙三人同時舉槍射丁，丁中一彈斃命，設若三槍均為同廠牌同型號，所用子彈亦相同，且無法鑑定出所中子彈為何槍所出，則甲乙丙三人成立準共同侵權行為是。須注意者，乃準共同侵權行為之成立，以數人間無意思聯絡為必要，蓋如有意思聯絡，已成立真正共同侵權行為，無此之適用也。又準共同侵權行為之成立，係以「不能知」加害人為要件，是縱此數人中，有能證明其非加害人者，仍不能免其責任，必須證明孰為加害人，始得免責，此乃當然之解釋。

三、造意及幫助

造意者，教唆也。造意人者，教唆他人，使之為侵權行為決意之人也。幫助者，予以助力也。幫助人者，對他人之侵權行為予以助力之人也。造意人及幫助人，均非自為加害行為，原與真正共同侵權行為之成立要件不相當，惟一則教人作惡，一則助人為虐，均有違社會正義，故我民法第185條第2項乃規定「視為共同行為人」，使之與被教唆人或被幫助人，成立共同侵權行為。惟須注意者，乃造意及幫助均有從屬性，被教唆人或被幫助人之行為如未構成侵權行為，無獨立負責之可言。

上述三種共同侵權行為，無論何者，一經成立，其行為人即應「連帶負損害賠償責任」。關於連帶債務，請見本書第四章多

數債務人及債權人中之說明，茲不贅。

又須說明者，上述三種共同侵權行為，不論何者，其共同侵權行為人均係對於自己所為之侵權行為負其責任，與特殊侵權行為人係對於與其有特定關係之人或事物侵害他人權利，而就自己可歸責之原因負責任之情形，性質不同，學者有將共同侵權行為列為一種特殊侵權行為者[33]，為本書所不採。

第四項　特殊侵權行為

特殊侵權行為者，因特別情事而成立之侵權行為也。特別情事者，因自己可歸責之原因致與其有特定關係之人或事物侵害他人權利，法律令其負責任之情事。依我民法規定，可分九種，即：（1）公務員之責任。（2）法定代理人之責任。（3）僱用人之責任。（4）定作人之責任。（5）動物占有人之責任。（6）工作物所有人之責任。（7）商品製造人之責任。（8）動力車輛駕駛人之責任。（9）危險事業經營人之責任。分述如次：

壹、公務員之責任

一、公務員責任之成立

「公務員因故意違背對於第三人應執行之職務，致第三人[34]受損害者，負賠償責任。其因過失者，以被害人不能依他項方法

---

[33] 孫森焱，新版民法債編總論（上冊），272頁；林誠二，債法總論新解（上），363頁以下。

[34] 民法第186條第1項原規定以第三人之「權利」受損害者，公務員始負賠償責任，民國88年修正時刪除「之權利」三字，修正說明：「現行條文第1項規定以第三人之『權利』受損害者，公務員始負賠償責任。範圍太過狹窄，無法周延保障第三人利益。為擴大保障範圍，且為配合第184條第2項之修正，爰仿德國民法第839條第1項規定，刪除第1項內『之權利』等字，使保護客體及於『利益』。」

受賠償時為限，負其責任。」（民186 I）其要件如次：

（一）須為公務員

　　關於本條所定之「公務員」，我民法未設定義規定，應解為一切具有公務員身分之人員而言。質言之，凡依法令規定或授權而具有公務員身分，或受委託行政之民間團體所屬從事受託公務之人員，或受委託行政之個人，均包括在內。不以特定法律所定公務員之範圍為限。例如受許可辦理教師升等自審案件之教職員和教師評審委員會委員，於辦理教師升等案件時（專科以上學校教師資格審定辦法29）；受委託執行違規車輛拖吊作業之民間拖吊業者，其所屬從事拖吊任務之職員[35]等，均有本條規定之適用是。

　　按我國相關法律涉及公務員者，對於其規範對象之公務員大抵均設有定義規定，例如刑法上稱公務員，指依法令從事於公務之人員（刑10 I）；國家賠償法上稱公務員，謂依法令從事於公務之人員（國賠2 I）；公務員服務法上稱公務員，指受有俸給之文武職公務員，及其他公營事業機關服務人員（公服24）；公務人員任用法上稱公務員，則僅指文職簡任、薦任、委任三等之事務官，政務官不包括在內（公任5、38）。其所定範圍廣狹不一，係因各個法律規範之對象不同所致，乃正常現象，並無問題。至於本條所稱公務員究係何所指？學者有認為是否違背職務，應以是否違反公務員服務法為準者[36]；有認為此之公務員，應與國家賠償法規定做同一解釋者[37]；有認為，國家賠償法所定之受託行

---

[35]　林誠二，債法總論新解（上），379頁。
[36]　孫森焱，新版民法債編總論（上冊），280頁。
[37]　鄭玉波著，陳榮隆修訂，民法債編總論，192頁；邱聰智，新訂民法債編通則（上），203頁。

政者僅限於團體（國賠4），與行政程序法規定得委託民間團體或個人（行政程序法16 I）辦理者不同，應解圍包括受託行政之個人在內者[38]。本書贊同最後之見解，蓋於我國民法本身對於公務員未設定義之情形下，不宜逕以規範目的及對象不同之其他法律所定之公務員為其範圍，而查民法第186條規定之重點，在於「違背對於第三人應執行之職務」，因此具有公務員身分之原因為何，並非所問，只需該人具有公務員身分，而違背對於第三人應執行之公務（公法上職務），均屬之。

（二）須違背對於第三人應執行之職務

所謂「違背」，乃應執行而不執行，或為違法或不當之執行之謂。例如對於土地登記之合法聲請，不予登記是。所謂「第三人」，指應對之執行職務之人，例如土地登記之聲請人是。所謂「應執行」，乃該公務員職掌之謂，例如土地登記人員之於登記是。所謂「職務」，指公法上之職務而言[39]。蓋如係私法上之職務，例如執行其服務機關採購物品之事宜，應視執行採購者係有代表權之職員，或無代表權之職員，分別適用民法第28條及第188條規定，定其侵權行為責任，而無本條之適用。

（三）須致第三人受損害

即第三人之權利或利益須受有損害，且其損害須與公務員違背應執行之職務有因果關係之謂。

（四）須因故意或過失

公務員如因「故意」違背對於第三人應執行之職務，致第三人受損害者，不論被害人能否依他項方法受賠償，均應負賠償之

---

[38] 林誠二，債法總論新解（上），379頁。
[39] 67台上1196。

責。惟如係因「過失」者，則以被害人不能依他項方法受賠償時為限，負其責任。例如銀行被搶鳴警，警察因過失而未進行追捕，致被搶成功，歹徒始終未捕獲，或雖捕獲但無資力償還，或向保險公司索賠敗訴之情形是。

二、公務員責任之免除

「前項情形，如被害人得依法律上之救濟方法，除去其損害，而因故意或過失不為之者，公務員不負賠償責任。」（民186 Ⅱ）是為公務員責任之免除。所謂「得依法律上之救濟方法除去其損害」，例如對於違法之裁判，得依民事訴訟法規定，提起抗告或上訴；對於違法之行政處分，得依訴願法及行政訴訟法規定，提起訴願、行政訴訟，以除去其損害是。所謂「因故意或過失不為之」，例如故意不提起抗告或上訴，或因過失遲誤抗告或上訴期間，而致違法之裁判確定是。

貳、法定代理人之責任
一、法定代理人責任之成立

「無行為能力人或限制行為能力人，不法侵害他人之權利者，以行為時有識別能力為限，與其法定代理人連帶負賠償責任。行為時無識別能力者，由其法定代理人負損害賠償責任。」（民187 Ⅰ）其要件如次：

（一）須為法定代理人

意定代理人無本條之適用。所謂法定代理人，指無行為能力人（未滿7歲及受監護人）或限制行為能力人（7歲以上18歲未滿而未結婚之人）之父母或監護人（民1086、1098、1110）。

（二）須因無行為能力人或限制行為能力人不法侵害他人之權利

即無行為能力人或限制行為能力人，須具備一般侵權行為之客觀要件。

（三）須無行為能力人或限制行為能力人行為時有識別能力或無識別能力

如無行為能力人或限制行為能力人於行為時有識別能力，則法定代理人應與該無行為能力人或限制行為能力人對被害人連帶負損害賠償責任。如無識別能力，則法定代理人應單獨對被害人負賠償責任。

有問題者，乃依民法第187條第1項前段規定，由無行為能力人或限制行為能力人與法定代理人，連帶負賠償責任時，於一方為賠償後，對他方有無求償權？求償比例為何？學者之解釋不一，有四說：

1.有認為依連帶債務之規定，雙方均有求償權，請求他方分擔二分之一。[40]

2.有認為依連帶債務之規定，僅法定代理人有求償權，請求無行為能力人或限制行為能力人償還全部。至於無行為能力人或限制行為能力人則無求償權。[41]

3.有認為現行民法未設規定，係屬法律漏洞，應類推適用民法第188條第3項規定，僅法定代理人有求償權，請求無行為能力人或限制行為能力人償還全部。至於無行為能力或限制行為能力

40　史尚寬，債法總論，179頁。

41　戴修瓚，民法債編總論（上），184頁；胡長清，中國民法債篇總論，166頁；鄭健才，債法通則，132頁；孫森焱，新版民法債編總論（上冊），292～293頁。

人則無求償權。[42]

4.亦有贊同第3說，但認為法定代理人有監督上之疏懈時，承認完全之求償權，亦有可議，而主張此時宜解為得同時依過失相抵之例，酌減其求償權。[43]

本書以為，民法第187條第1項前段僅言「連帶負賠償責任」，民法第187條又未就內部之分擔為特別規定，則無行為能力人或限制行為能力人與法定代理人間，當然應完全適用民法關於連帶債務之規定（民280～282），在法律之適用上，並無疑慮。亦即關於無行為能力人或限制行為能力人與法定代理人間之連帶債務關係，現行民法並非未設規定。第3說認為現行民法未設規定，係屬法律漏洞云云，並無可採。至於第4說主張於法定代理人有監督上之疏懈時，得依過失相抵之例，酌減其求償權云云，除其情形顯然不符合民法第217條所定過失相抵之要件，無法適用外，亦無必要。蓋法定代理人並未參與侵權行為之實施，至於其監督上之疏懈，法律已責其與無行為能力人或限制行為能力人連帶負賠償責任矣。此外，第1說雖注意及民法第187條對於內部之分擔未設規定，惟卻忽略民法第280條但書：「但因債務人中之一人應單獨負責之事由所致之損害，及支付之費用，由該債務人負擔。」之明文。是應以第2說為正確。

依民法第187條第1項後段規定，由法定代理人單獨負損害賠償責任，係以無行為能力人或限制行為能力人「行為時無識別能力」為要件，此時該無行為能力人或限制行為能力人並無責任能力，則法定代理人自不得向其求償，而不待言。

42　王澤鑑，民法學說與判例研究（3），145頁。
43　邱聰智，新訂民法債編通則（上），207頁。

二、法定代理人責任之免除

「前項情形，法定代理人如其監督並未疏懈，或縱加以相當之監督，而仍不免發生損害者，不負賠償責任。」（民187Ⅱ）是為法定代理人責任之免除，其要件有二：

（一）監督並未疏懈

監督之未疏懈，應由法定代理人負舉證之責。**可知，法律已先推定法定代理人監督有疏懈，故須證明其監督並未疏懈，始能免責。** 由於法律並未限定監督之範圍，故法定代理人須就全面之監督事項均能提出足以證明未疏懈之證據，始能免責，事實上極為困難。其證據資料，例如平時保護教養之方式，侵權行為前之管教情形，以及對受監督人之性格、嗜好、精神狀態之了解等是。法院應斟酌法定代理人之身分地位、職業、資力、學歷，及受監督人之性別、年齡、健康情形，及其他一切情狀，而為認定，並無固定之標準。

（二）縱加以相當之監督而仍不免發生損害

即假定法定代理人已盡其應盡之監督責任，但依其情形仍不免發生損害。亦即監督之疏懈與損害之發生並無因果關係之謂。法定代理人應就被害人之損害，與其對無行為能力人或限制行為能力人之監督無關，負舉證之責。例如小孩觀看球賽時，因裁判不公，發生暴動，混亂中被其他觀眾推倒而壓傷他人，其情形顯然與法定代理人之監督無關是。

須注意者，如上所述情形被害人向法定代理人請求損害賠償時，僅須證明無行為能力人或限制行為能力人之行為具備侵權行為之要件即足，就法定代理人之監督「有」疏懈，或加以相當之監督即「可免」發生損害等情，則無庸舉證，法律反將監督並未

疏懈及縱加以相當之監督而仍不免發生損害等情，委由法定代理人舉證，以求免責，此情形，稱為舉證責任之倒置或舉證責任之轉換。即於無行為能力人或限制行為能力人成立侵權行為時，法律即推定其法定代理人之監督有過失，並將原應由被害人證明之法定代理人之監督過失，轉換為法定代理人免責之證明事項是。

　　如上所述，依民法第187條第1項規定，法定代理人之負賠償責任，並不以故意過失為積極要件，近似無過失責任。但依同條第2項規定，法定代理人又可舉證其監督並未疏懈或監督之疏懈與損害之發生無因果關係，以求免責，則近似過失責任（因監督之疏懈致生損害，不能免責，亦即有過失不能免責）。此種責任之規範類型，學理上稱為「中間責任」，即介於無過失責任與過失責任間之一種責任類型也。

三、無行為能力人或限制行為能力人之單獨責任

　　無行為能力人或限制行為能力人，於行為時有識別能力，而其法定代理人已證明監督並未疏懈，或縱加以相當之監督，而仍不免發生損害時，應單獨對被害人負損害賠償責任。

四、無行為能力人或限制行為能力人或其法定代理人之衡平責任

　　無行為能力人或限制行為能力人，於行為時無識別能力，且法定代理人已證明監督並未疏懈，或縱加以相當之監督，而仍不免發生損害，被害人因之無法受損害賠償時，「法院因被害人之聲請，得斟酌行為人及其法定代理人與被害人之經濟狀況，令行為人或其法定代理人為全部或一部之損害賠償。」（民187Ⅲ）此種損害賠償責任，稱為行為人（即無行為能力人或限制行為能力人）或其法定代理人之「衡平責任」。

　　須附言者，乃有行為能力人，在無意識或精神錯亂中所為之行為致第三人受損害時，因無識別能力，本亦可不負賠償責任，惟民法為救濟被害人計，故於第187條第4項規定，準用前述關於無行為能力人或限制行為能力人「衡平責任」之規定，亦即法院因被害人之聲請，得斟酌該有行為能力人與被害人之經濟狀況，令該有行為能力人為全部或一部之損害賠償。

參、僱用人之責任

一、僱用人責任之成立

　　「受僱人因執行職務，不法侵害他人之權利者，由僱用人與行為人連帶負損害賠償責任。」（民188 I 前段）其要件如次：

（一）行為人須為受僱人

　　所謂受僱人，指客觀上被他人使用為之服勞務而受其監督之人[44]。是否為受僱人，以「選任監督關係」之有無為斷，有無訂立僱用契約、勞務之性質、時間之久暫、報酬之有無、以及是否授與代理權，皆所不問。

（二）受僱人須構成侵權行為

　　蓋受僱人若未構成侵權行為，即無損害賠償責任，自無由僱用人與之連帶負損害賠償責任之問題。且須注意者，受僱人侵權行為之對象如為僱用人時，則亦無由僱用人與之連帶對僱用人自己負損害賠償責任之可言，此為解釋上之所當然。

（三）須為受僱人因執行職務所為之侵權行為

　　所謂「執行職務」，指積極的實施受僱之工作而言。至受僱人之工作，在如何範圍內，始可謂為執行職務？言者雖均謂有三

---

[44] 57台上1663。

說，即：1.**僱用人意思說**：認為應依僱用人所命辦之事項為準；2.**受僱人意思說**：認為應視受僱人之工作，是否係為僱用人之利益而定；3.**客觀說**：認為應視其行為是否具備實施受僱工作之外觀為斷。然查我國學者似無主張第一說者；而主張第二說者，僅見胡長清先生一人[45]。另有戴修瓚先生則主張更加廣義解釋，即綜合第二說及第三說以為判斷，凡具備實施受僱工作之外觀，及受僱人擅自為僱用人之利益所為者，均為執行職務之行為[46]，可謂係第4說。其餘大抵或主張第3說或依第3說之觀念而為論述[47]。我國法院實例亦採第3說[48]。依第一說，受僱人如擅自為僱用人之利益而工作，並不能認為執行職務；依第二說，是否為僱用人之利益，求之於受僱人，實等於由受僱人決定職務之範圍，其非可採甚明；依第四說，亦存在有第二說之缺點。**比較上自應以第三說為是。是則，凡受僱人所為具備實施受僱工作之外觀者，不問僱用人與受僱人之意思如何，均為執行職務。**又所謂「因執行職務」，解釋上，自不以執行職務之行為為限，即與執行職務有關之行為亦應包括在內。故不僅受僱人執行職務之行為（例如司機開車撞傷行人是），即因執行職務之違法行為（例如守衛阻止生人入內而予毆打是），怠於執行職務之不作為（例如拆下之鷹架置於路中，不予搬離，致行人受傷是），以及其他在客觀上足認為與執行職務有關之行為（例如銀行員以銀行名義受款潛逃、司機私自

---

[45]　胡長清，中國民法債篇總論，171頁。

[46]　戴修瓚，民法債編總論（上），193頁。

[47]　史尚寬，債法總論，183頁；洪文瀾，民法債編總則釋義，148頁；王伯琦，民法債篇總論，93頁；何孝元，民法債編總論，81～82頁；鄭玉波，民法債編總論，184～185頁；孫森焱，新版民法債編總論（上冊），296～298頁；邱聰智，新訂民法債編通則（上），211頁；曾隆興，修正民法債編總論，175頁；鄭健才，債法通則，137頁；劉春堂，判解民法債編通則，56頁。

[48]　42台上1224。

駕車出外傷人、木工工作時吸煙所致的失火等是），僱用人均應依本項規定與受僱人連帶負損害賠償責任。

二、僱用人責任之免除

「但選任受僱人及監督其職務之執行，已盡相當之注意或縱加以相當之注意而仍不免發生損害者，僱用人不負賠償責任。」（民188 I 但書）是為僱用人責任之免除。要件有二：

（一）選任受僱人及監督其職務之執行已盡相當之注意

兼指選任受僱人及監督其職務之執行「均」已盡相當之注意而言，如二者中有一過失，即與免責要件不合[49]。所謂相當之注意，指選任及監督，均已盡善良管理人之注意而言。選任受僱人已盡相當之注意，例如對於受僱人適於工作之資格、技能、經驗及其性格[50]，已盡審核調查及考驗之能事，且證明適於工作是。監督其職務之執行已盡相當之注意，例如平時訂有工作守則，定期舉辦講習或訓練，遇特殊情形，則予以適當之事前提醒指示，並按時作檢討獎懲是。

（二）縱加以相當之注意而仍不免發生損害

即損害之發生，與僱用人對於選任受僱人或監督其職務之執行未盡相當之注意，無因果關係而言。例如司機開車在外，因路滑而撞傷行人是。

僱用人具備上揭二項要件之一者，即可不負責任，而由受僱人單獨負一般侵權行為之損害賠償責任。上揭二項要件應由僱用人負舉證之責[51]。又民法第188條第1項所定之僱用人責任，亦屬

---

[49]　22上3116。
[50]　18上2041、20上568。
[51]　19上3025。

「中間責任」之責任類型。

三、僱用人之衡平責任

「如被害人依前項但書之規定，不能受損害賠償時，法院因其聲請，得斟酌僱用人與被害人之經濟狀況，令僱用人為全部或一部之損害賠償。」（民188Ⅱ）是乃民法因社會政策上之理由，所課予僱用人之衡平責任，非因僱用人有何過失也。

四、僱用人之求償權

「僱用人賠償損害時，對於為侵權行為之受僱人，有求償權。」（民188Ⅲ）反之，如由受僱人先行賠償時，對僱用人則無求償權。從而可知，受僱人侵權責任之真正歸屬者，仍為受僱人，民法所以命僱用人連帶負損害賠償責任，不過係為便利被害人之求償而已。故僱用人行使本項求償權，自得請求賠償數額之全部，與受僱人間無內部分擔之問題。

於此有問題者，於僱用人連帶負損害賠償責任之情形下，法院對於被害人慰撫金之請求，自「應斟酌該受僱人及應負連帶賠償責任之僱用人，並被害人暨其父、母、子、女、及配偶之身分、地位及經濟狀況等關係定之，不得僅以被害人與實施侵權行為之受僱人之資力為衡量之標準」[52]，雖無問題。惟於僱用人全部向受僱人求償之情形下，勢將產生「斟酌富者之資力轉嫁貧者負擔之結果」，學者有認為：為兼顧受僱人之境況，在僱用人與受僱人內部求償關係上，宜加以限制。例如考慮企業之危險性如何、收入之利益如何、工資是否低廉、勞務是否過度、企業設施是否完備、有無適當之指示等，依過失相抵之法理或求償權之濫

---

[52]　76台上1908。

用，認為僱用人亦應負責，而限制僱用人之求償權[53]者。不無道理。惟本書以為，民法第188條第3項規定之僱用人對受僱人之內部求償關係，並非受僱人對僱用人為侵權行為之賠償關係，與民法第217條所定過失相抵之要件，似有未合。且其限制效果亦屬有限。此外，雖受僱人所執行者係僱用人之事務，所為侵權行為認為係僱用人自己之侵權行為，令僱用人對受僱人之侵權行為負全部責任，亦有其理由，惟恐造成受僱人執行職務更為大意之後果，亦非適宜。基於此，本書以為，不如將民法第188條第3項規定刪除，回歸民法第280條規定之適用，亦即以僱用人及受僱人平均分擔為原則，並輔以勞資雙方協商訂定其他分擔比例為例外，或許較為適中。

肆、定作人之責任

「承攬人因執行承攬事項，不法侵害他人之權利者，定作人不負損害賠償責任。但定作人於定作或指示有過失者，不在此限。」（民189）此為我民法關於定作人責任之規定。按所謂承攬人，依民法第490條規定，乃基於承攬契約，為定作人完成一定工作而受領報酬之人。其執行承攬事項，係獨立為之，並不受定作人之指揮及監督，此點與受僱人不同。故承攬人因執行承攬事項不法侵害他人之權利時，原則上應獨自負一般侵權行為責任（民184），無令定作人負損害賠償責任之理。惟如定作人於定作或指示有所過失，則損害之發生與定作人之過失不無因果關係，故例外，定作人亦應負損害賠償責任。茲依本條規定，將定作人責任之成立要件，分析如次：

53　劉春堂，判解民法債編通則，140頁。

（一）須為承攬人因執行承攬事項，不法侵害他人之權利

即承攬人須構成侵權行為，且其侵權行為須因執行承攬事項而生。如與執行承攬事項無關，自與定作人無涉，而不待言。

（二）須定作人於定作或指示有過失

所謂「定作」，係指工作本身而言。於定作有過失，指定作之工作本身具有特殊危險性質，或明知承攬人不能勝任工作，而仍予定作之情形。例如約定挖掘爆烈性物品之承攬，或故使無建造吊橋能力之人承攬吊橋之建造是。所謂「指示」，係指工作方法而言。於指示有過失，指對工作方法所為指示不當之情形。例如要求承攬人依其自定之順序施工建造房屋，因違反安全標準而倒塌傷人是。定作人於定作或指示有過失，應由被害人負舉證之責。

於此有問題者，乃定作人於定作或指示有過失時，承攬人可能「並無過失」或「亦有過失」。則定作人與承攬人應如何負責？學者對於其依據，說法不一：

1. 定作人有過失，承攬人無過失時

即定作人於定作或指示有過失，而承攬人之執行承攬事項並無過失時。此情形，應由定作人單獨負責，並無不同意見。惟關於負責之依據為何？則有二說：

（1）有認為定作人係依民法第184條規定負一般侵權行為責任。[54]

---

[54]　史尚寬，債法總論，187頁；王伯琦，民法債篇總論，96頁；戴修瓚，民法債編總論（上），197頁；何孝元，民法債編總論，84頁；鄭玉波，民法債編總論，188頁；鄭健才，債法通則，139頁；劉春堂，判解民法債編通則，58頁。

（2）有認為定作人係依民法第189條但書規定負特殊侵權行為責任。[55]

按第（2）說者之理由，似係將民法第189條但書，視為間接侵權行為之特別規定，定作人有過失而承攬人無過失之情形，固為定作人之間接侵權行為，即定作人有過失而承攬人亦有過失之情形，亦為定作人之間接侵權行為，故均有第189條但書規定之適用[56]。**惟查民法第189條所規範之定作人責任，係以承攬人之構成侵權行為為前提**，此觀其上段規定甚明，而侵權行為本即以故意或過失為要件，故應認第189條係專就定作人與承攬人均有過失時，定作人之責任，所為之規定。至於僅定作人有過失而承攬人無過失時，承攬人無異為定作人之工具，應視為定作人自為之侵權行為（間接侵權行為），屬民法第184條之適用問題，不在第189條所定定作人責任之規範範圍。應以第（1）說為可採。

2. 定作人有過失，承攬人亦有過失時

即定作人於定作或指示有過失，而承攬人之執行承攬事項亦有過失時。此情形，定作人與承攬人均應負責，亦無不同意見。惟關於應如何負責之依據，則有四說：

（1）有認為定作人與承攬人，係依民法第189條但書規定，負連帶責任。[57]

（2）有認為定作人與承攬人，係依民法第185條規定，負共

---

[55] 胡長清，中國民法債篇總論，175～176頁；曾隆興，修正民法債編總論，184～185頁；孫森焱，新版民法債編總論（上冊），303頁同旨。

[56] 胡長清，中國民法債篇總論，176頁。

[57] 鄭玉波，民法債編總論，188～189頁意旨。

同侵權行為責任。[58]

（3）有認為定作人與承攬人，係依民法第188條規定負連帶責任。[59]

（4）有認為定作人與承攬人，係由承攬人依民法第184條規定，定作人依民法第189條但書規定，負真正的連帶責任。[60]

按民法第189條，僅係定作人侵權責任之規定，並非承攬人侵權責任之規範依據，第（1）說認為定作人與承攬人，係依第189條但書規定，負連帶責任，顯非正確；又定作人與承攬人均有過失時，雖本質為共同侵權行為，惟民法第189條但書，既已對之為特別規定，則於具備該特別規定之要件後，第（2）說卻捨之而謂純係民法第185條之共同侵權行為，並非理由；此外，承攬人之執行承攬事項，係獨立為之，並不受定作人之指揮監督，與受僱人不同，第（3）說謂定作人係依第188條僱用人責任之規定，與承攬人負連帶責任云云，亦難接受。是應以第（4）說為可採。惟此情形之連帶責任，並非法律所明定，亦非當事人所明示約定（民272），而係因債務所由生之事實同一而發生，故應係「由承攬人依民法第184條規定，定作人依民法第189條但書規定，負**不真正連帶責任**」，始為正確。

（三）須損害之發生與定作人之過失有因果關係

即定作人於定作或指示有過失，且承攬人依照執行，而造成

---

[58] 胡長清，中國民法債篇總論，175頁；戴修瓚，民法債編總論（上），197頁；王伯琦，民法債篇總論，96頁；何孝元，民法債編總論，84頁；鄭健才，債法通則，139頁意旨；孫森焱，新版民法債編總論（上冊），303頁；曾隆興，修正民法債編總論，184、185頁。

[59] 史尚寬，債法總論，187頁。

[60] 錢國成，共同侵權行為與特殊侵權行為，載於「現代民法基本問題」，70頁。

損害之謂。如承攬人未依照執行，則損害之發生，顯與定作人於定作或指示之過失無關，無令定作人負責之理。承攬人依照執行，一般固可證明自己之無過失，而由定作人單獨負一般侵權行為責任，已如前項所述。惟實際上，承攬人依其技能及經驗，對於定作人於定作或指示之過失，通常甚難諉為不知，故於承攬人依照執行之情形，有時亦可能有本條之適用。

伍、動物占有人之責任

一、動物占有人責任之成立

「動物加損害於他人者，由其占有人負損害賠償責任。」（民190 I 前段）分析其要件如次：

（一）須為動物自由之行動

所謂動物，指一般社會通念上之動物，與動物學上之動物範圍未必一致。所謂動物自由之行動，指動物自身獨立而非出於人之強制或指使之行動。蓋如出於人之強制，則動物無行動自由，應視為工具；至如出於人之指使，則動物係受人之指揮控制，亦無行動自由，應由為強制之人或指使之人對被害人負一般侵權行為責任，非屬本條之範圍。惟指使之人如為動物之占有人，則應認亦有本條之適用，被害人得選擇主張民法第184條或本項之權利。

（二）須加損害於他人

所謂損害，其範圍並無限制。所謂他人，指占有人、強制或指使動物人以外之人。蓋占有人為被害人時，無本項之適用，乃當然；至強制或指使動物為不法之人為被害人時，應認與其自為侵害等值，無依本項規定請求動物占有人賠償其損害之餘地也。

（三）須由動物占有人負損害賠償責任

所謂「占有人」，指對於動物有事實上管領之力者，亦即直接占有人而言（民940），間接占有人（民941），例如動物之出租人，及幫助占有人（民942），例如受僱溜馬之人，不包括在內。學者雖有認為幫助占有人亦應包括在內者[61]，惟本書以為幫助占有人，僅係受直接占有人指示而代為管領動物之人，既非以動物供自己之利益而自主管領，宜認仍應由直接占有人對動物之加害行動負責，始得謂平。

二、動物占有人責任之免除

「但依動物之種類及性質已為相當注意之管束，或縱為相當注意之管束而仍不免發生損害者，不在此限。」（民190 I 但書）此為動物占有人責任之免除，其要件有二：

（一）依動物之種類及性質已為相當注意之管束

即對動物之管束已盡相當注意之義務，至注意之是否相當，則應依動物之種類及性質之不同，個案認定，未可一概而論。種類之不同，例如犬與虎是。性質之不同，例如狼犬與哈巴狗是。種類不同或性質不同，管束之注意程度亦有不同。

（二）縱為相當注意之管束而仍不免發生損害

即損害之發生與未為相當注意之管束之間，無因果關係也。例如老虎關在鐵籠內，路人伸手入內撫摸老虎腿部，被老虎咬掉手掌之情形，應認損害之發生與未為相當注意之管束之間無因果關係是。

以上二種責任免除之要件，亦即依動物之種類及性質已為相

61　孫森焱，新版民法債編總論（上冊），304頁。

當注意之管束，或縱為相當注意之管束而仍不免發生損害者，均應由動物占有人負舉證之責，惟僅須證明其一，即可不負損害賠償責任。我民法所定動物占有人之責任，亦屬「中間責任」之責任類型。

三、動物占有人之求償權

「動物係由第三人或他動物之挑動，致加損害於他人者，其占有人對於該第三人或該他動物之占有人，有求償權。」（民190Ⅱ）所謂「挑動」，指挑撥激動而言，與前述強制及指使之意義應加區別。在強制之情形，動物之行動即強制人之行為，動物無自由行動之可言；在指使之情形，指使人係以侵權行為之故意指揮動物行動，動物亦非自由行動；至在挑動之情形，則挑動人並非以侵權行為之故意出之，且挑動後未再加指揮，故動物之行動自由。第三人之挑動，例如路人以針刺栓於路旁之馬，致馬脫韁而奔，撞傷行人是。他動物之挑動，例如甲之溜狗，遇他人狂犬而吠，致激起狂犬野性大發，而咬傷路人是。又所謂他人，指加害之動物占有人、為挑動之人及為挑動之動物占有人（亦即直接占有人）以外之人而言。蓋如加害之動物占有人為被害人時，該為挑動之第三人或為挑動之動物占有人，應對之負一般侵權行為責任；至如為挑動之第三人或為挑動之動物占有人為被害人時，於其行使本條第1項損害賠償請求權時，加害之動物占有人，即可提出損害係由於挑動，其縱加以相當注意之管束而仍不免發生損害之抗辯，無復適用本項規定之餘地也。本項求償權，非損害賠償請求權，無民法第197條2年消滅時效規定之適用，其消滅時效應為15年，斯應注意。

陸、工作物所有人之責任

一、工作物所有人責任之成立

「土地上之建築物或其他工作物所致他人權利之損害，由工作物之所有人負賠償責任。」（民191 I 前段）其要件如次：

（一）須為土地上之工作物

按建築物原即係土地上工作物之一種，法條以「土地上之建築物或其他工作物」為文，實係「土地上之工作物」之意，建築物不過主要之例示耳。所謂土地上之工作物，指由人工作成而設置於土地之動產或不動產。不論設置於地上或地下，均屬之。設置於地上者，例如鐵路、廣告牌樓、圍牆、水塔、紀念碑、電視或電台之發射塔、行動電話之基地台等是；設置於地下者，例如隧道、地下停車場、自來水或電氣之地下管線等是。

（二）須致他人權利受損害

即須土地上之工作物致他人權利受損害，例如廣告招牌掉落打傷行人、停車塔輸送設備故障壓壞車輛、行動電話基地台電波傷人致癌等情形是。只須他人權利之損害係因土地上之工作物所致即足。

（三）須由工作物所有人負賠償責任

土地上之工作物所致他人權利之損害，應由工作物所有人對受害人負賠償責任。工作物所有人之故意或過失，為法律所推定，受害人於請求損賠償時，無庸證明工作物所有人之故意或過失。所謂工作物「所有人」，指對工作物擁有法律上所有權之人而言。只須係工作物所有人，是否現實占有該工作物，並非所問。未現實占有工作物之情形，例如出租房屋之房屋所有人是。

二、工作物所有人責任之免除

「但其對於設置或保管並無欠缺，或損害非因設置或保管有欠缺，或於防止損害之發生，已盡相當之注意者，不在此限。」（民191 I 但書）是為工作物所有人責任之免除。其要件有三：

（一）對於設置或保管並無欠缺

設置云者，建造也。所謂對於設置並無欠缺，乃指工作物在建造上並無瑕疵之謂。保管云者，保養管理也。所謂對於保管並無欠缺，乃指工作物建造後，在保養管理上並無瑕疵之謂。

（二）損害非因設置或保管有欠缺

所謂損害非因設置或保管有欠缺，指工作物之設置或保管縱有欠缺，但損害之發生非因設置或保管之欠缺所致，亦即設置或保管之欠缺與損害之發生之間，不具有因果關係也。

（三）於防止損害之發生已盡相當之注意

所謂於防止損害之發生，已盡相當之注意，指工作物所有人已盡相當注意防止損害之發生，則損害之發生可不歸責於工作物所有人而言。

以上三種責任免除之要件，亦即設置或保管並無欠缺，或損害非因設置或保管有欠缺所致，或於防止損害之發生已盡相當之注意者，均應由工作物所有人負舉證之責，不待言。惟僅須證明其一，即可不負損害賠償責任。修正後民法第191條所定之工作物所有人責任，亦屬「中間責任」之責任類型。

三、工作物所有人之求償權

「前項損害之發生，如別有應負責任之人時，賠償損害之所有人，對於該應負責者，有求償權。」（民191 II）所稱別有應負

責任之人，例如工作物之承造人偷工減料，或承租人故意或因過失不為保養管理是。工作物所有人須於賠償損害後，始得向應負責者求償。又此之求償權，非損害賠償請求權，故其消滅時效，應為15年。

柒、商品製造人之責任

一、商品製造人責任之成立

「商品製造人因其商品之通常使用或消費所致他人之損害，負賠償責任。」（民191-1 I 前段）其要件如次：

（一）須為商品製造人

所謂商品製造人，依民法第191條之1第2項規定：「前項所稱商品製造人，謂商品之生產、製造、加工業者。其在商品上附加標章或其他文字、符號，足以表彰係其自己所生產、製造、加工者，視為商品製造人。」所謂**商品**，指作為交易標的之物品，包括自然產物及工業產品。**自然產物**，指自然產出之物或其孳息，例如各種農作物、農產品、牲畜是；**工業產品**，指以科學方法造成之物，例如機器設備、藥品、電子程式是。所謂**生產**，指自然產物之生產，所謂**製造**，指工業產品之製造，所謂**加工**，則兼指自然產物及工業產品之加工，其真正從事生產、製造、加工者，固屬之，即在商品上附加標章或其他文字、符號，足以表彰係其自己所生產、製造、加工者，縱未實際從事生產、製造、加工，亦屬之。

須說明者，商品輸入業者，雖非從事商品之生產、製造、加工者，但鑑於國外輸入之商品，其真正之製造人遠在國外且有時難於追查，為保護國內消費者之權利，爰民法第191條之1第4項規定：「商品輸入業者，應與商品製造人負同一之責任。」所謂**商**

品輸入業者，包括在外國輸出商品至我國之出口商及在我國之進口商在內[62]。所謂應與商品製造人負同一之責任，即雖非真正商品製造人，但仍應負與商品製造人相同之責任。就國外輸入商品之使用或消費者而言，商品輸入業者，即商品製造人也。

此外，**不動產**亦為交易之標的，為商品之一種，因不動產之通常使用致他人受損害之情形，亦極平常，例如幅射屋致人病痛、海砂屋樓板塌陷致人死傷、建築物因偷工減料或設計上違反建築技術規則而倒塌致人死傷等情形。此時，被害人除係建造商之直接買受人可依買賣契約向建造商請求損害賠償外，並無不許依民法第191條之1規定向建造商請求侵權行為損害賠償之理。基於此，本書以為，民法第191條之1所稱「製造」，應擴張解釋包括「建造」在內。

（二）須因商品之通常使用或消費所致他人之損害

商品製造人責任之成立，以損害之發生係因商品之通常使用或消費所致者為限。所謂**商品之通常使用或消費**，指依該商品生產、製造、加工原來預定供使用或消費之方式及目的而為使用或消費而言。所謂**使用**，指非消費性商品之使用，例如小型自用小客車，原來預定供載客5人使用，則載客5人即屬通常使用，若於車頂上加載重貨，即非屬通常使用，若因而導致車軸斷裂肇事，即非屬商品製造人責任之範圍。所謂**消費**，指消費性商品之使用，例如強力膠，原來預定供物品接著之用，則用於接著物品即

---

62 民法第191條之1第4項修正說明：「按商品如係國外所輸入者，每因轉賣、運銷等原因致使該商品之製造人難於追查，應使該商品之輸入業者，對該商品之瑕疵，負與製造人同一責任，藉保護消費者之權益；爰增訂第4項規定。又本項之『輸入業』者，包括在外國輸出商品至我國之出口商及在我國之進口商在內。」

屬通常消費，若用於吸食，即非屬通常消費，若因而導致身體病痛，即非屬商品製造人責任之範圍是。所謂「致他人之損害」，指因商品之通常使用或消費致他人所受之損害而言。所謂他人，包括為使用或消費之人及其所及之其他人。所謂他人之損害，包括他人權利及利益之損害在內。只須他人之損害係由商品之通常使用或消費所致即足。

（三）須由商品製造人負賠償責任

商品之通常使用或消費所致他人之損害，應由商品製造人負賠償責任。商品製造人之故意或過失，為法律所推定，被害人於請求損賠償時，對於商品製造人之故意或過失，不負舉證責任。

二、商品製造人責任之免除

「但其對於商品之生產、製造或加工、設計並無欠缺或其損害非因該項欠缺所致或於防止損害之發生，已盡相當之注意者，不在此限。」（民191-1 I 但書）是為商品製造人責任之免除。其要件有三：

（一）對於商品之生產、製造或加工、設計並無欠缺

即商品製造人對於商品之生產上，或製造上，或加工上，或製造或加工之設計上，若無欠缺即可免責。所謂欠缺，指瑕疵而言。真正之瑕疵，固屬之，依民法第191條之1第3項規定：「商品之生產、製造或加工、設計，與其說明書或廣告內容不符者，視為有欠缺。」**商品生產上之欠缺**，指生產過程之瑕疵，例如所施肥料錯誤、所用飼料含毒是。**商品製造上之欠缺**，指製造過程之瑕疵，例如製造流程短缺、凝固時間不足是。**商品加工上之欠缺**，指加工過程之瑕疵，例如接合不固、發酵粉使用不當是。**製造或加工之設計上之欠缺**，指製造或加工所憑藉之設計，在設計上

之瑕疵，例如所設計之材料性質不合或厚度不足、電氣絕緣體無絕緣效用、銳利部位未有防護設備等是。

（二）其損害非因該項欠缺所致

所謂其損害非因該項欠缺所致，指商品之生產、製造、加工或設計上縱有欠缺，但損害之發生非因該項欠缺所致，亦即生產、製造、加工或設計上之欠缺與損害之發生之間，不具有因果關係也。

（三）於防止損害之發生已盡相當之注意

所謂於防止損害之發生，已盡相當之注意，指商品製造人已盡相當注意防止損害之發生，則損害之發生可不歸責於商品製造人而言。於防止損害之發生已盡相當之注意，**例如**對於危險商品設有醒目之警告標語、對於具有副作用之藥品附有詳細之使用說明書、對於易燃性或易爆性商品設有防燃或防爆之包裝並附有醒目之搬運堆置注意標示及詳細之使用說明書等是。商品經過品質管制或經政府機關檢驗合格，僅能說明商品符合一定之品質或成分，並不等於已盡防止損害發生之注意。

以上三種責任免除之要件，亦即對於商品之生產、製造、加工或設計並無欠缺，或其損害非因該項欠缺所致，或於防止損害之發生已盡相當之注意者，均應由商品製造人負舉證之責。惟僅須證明其一，即可不負損害賠償責任。我民法所定商品製造人之責任，亦屬「中間責任」之責任類型。

捌、動力車輛駕駛人之責任

一、動力車輛駕駛人責任之成立

「汽車、機車或其他非依軌道行駛之動力車輛，在使用中加

損害於他人者，駕駛人應賠償因此所生之損害。」（民191-2前段）其要件有三：

（一）須係非依軌道行駛之動力車輛

所謂非依軌道行駛之動力車輛，指無固定行使軌道之動力車輛。例如各種汽車、機車、曳引車、堆高車、消防車、垃圾車、拖吊車、救護車、捐血車等是。具有固定行駛軌道之動力車輛，例如火車、電力架線車、捷運電車等，在使用中加損害於他人者，應依民法第184條規定定其侵權行為責任，無民法第191條之2規定之適用。所謂動力車輛，指具有自行發動能力之車輛，因此腳踏車、三輪車、聯結車身、聯結車架等非動力車輛，在使用中加損害於他人者，亦應依民法第184條規定定其侵權行為責任，亦無民法第191條之2規定之適用。

（二）須在使用中加損害於他人

所謂在使用中，指車輛使用中，包括未發動使用中及發動使用中，發動使用中又包括停車中及行駛中。**未發動使用中**，例如停車熄火等人之間，突然開啟車門致傷及自後駛至之機車騎士是。**發動使用而停車中**，例如停車但引擎發動中，車頂貨載掉落傷及路過行人是。**發動使用而行駛中**，例如開車正常行駛中撞傷行人、壓彈地上石塊擊傷行人、輪胎脫落傷及行人或其他車輛、誤踩油門而衝撞前車、違規左轉致撞毀他人車輛是。須注意者，動力車輛使用中加損害於他人之情形，有不違反交通安全規則者（例如開車正常行駛中撞傷行人），亦有違反交通安全規則者（例如違規左轉致撞毀他人車輛），其中違反交通安全規則致生損害於他人之部分，雖亦符合民法第184條第2項所定侵權行為之要件，但應認本條為特別規定，而非請求權競合。

又須注意者，本條規定以動力車輛「在使用中」加損害於他人，以及由駕駛人負賠償責任為要件，故如動力車輛非在使用中加損害於他人，例如熄火停放於斜坡之車輛，因手煞車失靈，致滑行撞傷行人；熄火停放於露天停車場之車輛，因溫度過高起火爆炸灼傷路人等情形，應由該動力車輛之所有人對被害人負損害賠償責任，應予區別。

（三）須由駕駛人負賠償責任

只須非依軌道行駛之動力車輛，在使用中加損害於他人，駕駛人即應賠償因此所生之損害。亦即被害人只須證明其損害係駕駛人所駕駛之動力車輛在使用中所致即足[63]，駕駛人之過失為法律所推定，被害人請求損害賠償時，對於駕駛人之過失，不負證明責任。所謂駕駛人，指實際駕駛該車輛之人而言，是否車輛之所有人，以及有無駕駛權源，在所不問。又須注意者，只須動力車輛在使用中加損害於他人，即應由駕駛人負賠償責任，縱係因可歸責於乘客之原因所造成，亦無不同。至於駕駛人對該乘客有無請求償還之權，係屬另一問題。

二、動力車輛駕駛人責任之免除

「但於防止損害之發生，已盡相當之注意者，不在此限。」

---

[63] 關於民法第191條之2之規定並無因果關係推定之內容，孫森焱，新版民法債編總論（上冊），319～320頁謂：「被害人應證明其所受損害係駕駛人使用動力車輛所加，蓋被害人所受損害與駕駛人使用動力車輛之間有因果關係，未經民法第191條之2予以推定。故同條但書未如第191條之1第1項但書規定，設有『其損害非因該項欠缺所致』相類之文字為免責要件。」邱聰智，新訂民法債編通則（上），233頁亦謂：「本條責任類型之成立，以與商品責任相較，其主要不同在於，後者有欠缺推定及因果關係推定，而本條責任類型無之。因此，相當因果關係之存在，仍為本責任類型之重要成立要件之一，被害人於請求損害賠償時，應證明損害之發生與車輛使用間有相當因果關係。」

（民191-2但書）是為動力車輛駕駛人責任之免除。所謂於防止損害之發生，已盡相當之注意，指駕駛人已盡相當注意防止損害之發生，則損害之發生可不歸責於駕駛人而言。例如車輛拋錨，駕駛人已依規定打開雙黃燈不停閃爍、於適當位置放置故障標誌，並親自疏導來車，惟因天色昏暗，後方來車車速過快致撞成連環車禍是。

因被害人於請求損害賠償時，須證明其損害係駕駛人所駕駛之動力車輛在使用中所致，已如前述，故如被害人無法證明其損害係駕駛人所駕駛之動力車輛在使用中所致，駕駛人即無庸負賠償責任。此所以民法第191條之2但書，未設「其損害非因動力車輛在使用中所致」之責任免除要件之理由也。

於防止損害之發生已盡相當之注意，應由駕駛人負舉證之責。我民法所定動力車輛駕駛人之責任，亦屬「中間責任」之責任類型。

玖、從事危險工作或活動人之責任

一、從事危險工作或活動人責任之成立

「經營一定事業或從事其他工作或活動之人，其工作或活動之性質或其使用之工具或方法有生損害於他人之危險者，對他人之損害應負賠償責任。」（民191-3前段）其要件有四：

（一）須為經營一定事業或從事其他工作或活動之人

所謂**經營一定事業**，指經營一定經濟活動之業務，例如經營遊樂場、採礦場、建築房屋、瓦斯公司、加油站等是。經營一定事業，於實際作業上，亦有賴於工作或活動之實施。所謂**從事其他工作或活動**，指從事一次性或短暫非事業性之工作或活動而

言，例如為特定活動製造爆竹、舉辦選舉造勢晚會、舉辦籃球賽慶祝國慶是。有時工作即活動，有時活動中亦有工作，工作或活動無需嚴加區分，例如裝置焰火舉辦放焰火活動、裝置爆竹舉辦放烽炮活動、舉辦中元搶孤活動而設置高塔、舉辦露天演唱會而設置舞台等情形是。

（二）須其工作或活動之性質或其使用之工具或方法有生損害於他人之危險

所謂**其工作或活動之性質有生損害於他人之危險**，指一定事業所實施之工作或活動或其他工作或活動之性質，或其使用之工具或方法，有生損害於他人之危險而言。**例如**經營採礦事業，使用炸藥爆破，具有傷及他人之危險；經營娛樂事業，舉辦大型演唱會，具有發生群眾失序受傷之危險；從事填裝桶裝瓦斯工作，具有瓦斯爆炸傷人之危險；舉辦放烽炮活動，具有炸傷他人之危險；馬戲團以老虎表演，具有老虎失控咬傷觀眾之危險；魔術師表演綁人入水限時脫困之魔術，具有溺人死傷之危險等是。

（三）須他人在其工作或活動中發生損害

在危險工作或活動中發生損害之受害人，只須證明「其工作或活動之性質或其使用之工具或方法有生損害於他人之危險者」，即推定從事危險事業或工作或活動之人具有過失，且危險工作或活動與損害之間具有因果關係。關於有生損害於他人之危險之證明，只須依論理法則或經驗法則通常具有發生之可能性即足。

（四）須由從事危險工作或活動之人負賠償責任

從事危險工作或活動之人，所以須對他人之損害負賠償責任，主要理由係謂：從事危險工作或活動之人製造危險來源、僅從事危險工作或活動之人能於某程度控制危險、從事危險工作或

活動之人因危險工作或活動而獲取利益[64]。

二、從事危險工作或活動人責任之免除

「但損害非由於其工作或活動或其使用之工具或方法所致，或於防止損害之發生已盡相當之注意者，不在此限。」（民191-3但書）是為從事危險工作或活動人責任之免除。其要件有二：

（一）損害非由於其工作或活動或其使用之工具或方法所致

亦即受害人雖於危險工作或活動中發生損害，但其損害非由於危險工作或活動或其使用之工具或方法所致者，從事危險工作或活動之人，即不負賠償責任。例如雖於參加放烽炮活動時受傷，但係因與人鬥毆所致之情形是。

（二）於防止損害之發生已盡相當之注意

所謂於防止損害之發生，已盡相當之注意，指從事危險工作或活動之人已盡相當注意防止損害之發生，則損害之發生可不歸責於從事危險工作或活動之人而言。例如舉辦放烽炮活動之單位，已發給每位參加人一件防火石棉衣，並一再廣播提醒穿戴以策安全，但有人因嫌厚重而不予穿戴以致被炮火炸傷，應認從事危險工作或活動之人於防止損害之發生已盡相當之注意是。

以上二種責任免除之要件，亦即損害非由於其工作或活動或其使用之工具或方法所致，或於防止損害之發生已盡相當之注意者，均應由從事危險工作或活動之人負舉證之責。惟僅須證明其一，即可不負損害賠償責任。我民法所定從事危險工作或活動人之責任，亦屬「中間責任」之責任類型。

---

[64] 參照民法第191條之3修正說明二。

第五項　侵權行為之效力

侵權行為，一經成立，即發生損害賠償之效力，亦即被害人對於加害人取得損害賠償請求權，而加害人則對於被害人負有損害賠償之義務，侵權行為損害賠償之債於焉發生。惟須注意，發生損害賠償之債之原因，不限於侵權行為一種，關於損害賠償之債之一般規定，我民法設於「債之標的」節中第213條至第218條之1。茲僅就我民法第192條至第198條，關於侵權行為所生之損害賠償效力之特殊規定列述之。

一、損害賠償之當事人

侵權行為損害賠償之債務人，原則上為加害人，但在特殊侵權行為，法定代理人、僱用人、定作人、動物占有人、工作物所有人、商品製造人、動力車輛駕駛人、從事危險工作或活動人，亦得為債務人，已詳如前述。侵權行為損害賠償之債權人，原則上為直接被害人，但於下列情形之間接被害人，亦為債權人：

（一）為被害人支出醫療及增加生活上需要或殯葬費之人

「不法侵害他人致死者，對於支出醫療及增加生活上需要或殯葬費之人，亦應負損害賠償責任。」（民192Ⅰ）為被害人支出醫療及增加生活上需要或殯葬費之人，與被害人關係為何？有無支出義務？並非所問。

（二）被害人對之負有法定扶養義務之人

「被害人對於第三人負有法定扶養義務者，加害人對於該第三人亦應負損害賠償責任。」（民192Ⅱ）所謂法定扶養義務，應依民法第1114條至第1121條之規定而定，如依其規定對被害人有扶養請求權者，即得向加害人請求損害賠償。被害人死亡時尚未具備扶養能力（例如尚未成年或在學中），則應自具備扶養能力

時起計算賠償數額[65]，是否具備扶養能力，應斟酌被害人之特殊情況，依一般標準認定之，例如被害人係男性，死亡時係大學一年級學生，則一般應於大學畢業並服完兵役時起始認具備扶養能力是。又本項損害賠償，法院得因當事人之聲請，定為支付定期金。但須命加害人提出擔保（民192Ⅲ、193Ⅱ）。

至關於賠償數額之決定，可得言者如下：

（1）扶養時間之計算

以年為單位，應比較被害人可推知之生存年數（一般以政府最近公布之當地男女壽命統計表所列平均壽命減扣被害人死亡時年齡而得），及扶養權利人需要受扶養之年數（例如未成年人為至成年之年數，老人則為平均壽命減扣其於被害人死亡時年齡而得），以二者中較短者為扶養年數。

（2）扶養數額之計算

我國法院實例採霍夫曼（Hoffmann）式扣除期前利息之計算法，其公式為：$X=A/1+nr$，X代表某一年之現在應給付數額，A代表每年應給付數額，n代表該年之年數，r代表年利率（以週年利率百分之五為準）。依此公式，設如扶養年數為10年，則公式中之n應分別代入自1至10之數目，所得10個X數額之總和，即為請求一次賠償10年扶養費之現在應給付數額。餘此類推。至A所代表之每年應給付數額，應參酌被害人與扶養權利人之關係，被害人之收入或將來應得之收入，扶養權利人生活之需要並加害人之經濟能力及身分定之[66]，被害人將來應得之收入，應按其特殊

65　18上2041。
66　59台上1609。

情況依社會上一般標準認定之。此外，如同一順序之扶養義務人有數人，應依各具備扶養能力之先後，平均分擔扶養費，例如父母有子3人，1子被害致死，其父母可依其子3人具備扶養能力之時間先後，向加害人按時段請求賠償扶養費之全部或二分之一，或三分之一是。

（三）被害人之父母子女及配偶

「不法侵害他人致死者，被害人之父、母、子、女及配偶，雖非財產上之損害，亦得請求賠償相當之數額。」（民194）此為精神上損害之賠償，一般稱為慰撫金或慰藉金。

二、損害賠償之範圍與方法

民法關於侵權行為損害賠償之範圍與方法之特別規定，說明如次：

（一）受有財產損害時

其情形有三：

1. 侵害致死之財產損害

依民法第192條規定，侵害致死之財產損害有醫療費、增加生活上需要之費用、殯葬費及扶養費等四種。已如前述。此四種財產損害之賠償，法院得因當事人之聲請，定為支付定期金。但須命加害人提出擔保（民192Ⅲ）。

2. 侵害身體或健康之財產損害

依民法第193條第1項規定：「不法侵害他人之身體或健康者，對於被害人因此喪失或減少勞動能力或增加生活上之需要時，應負損害賠償責任。」可知侵害身體或健康之財產損害有：①喪失或減少勞動能力之損害及②增加生活上需要之損害二種。

所謂**侵害身體**，即損傷身體之組織，例如撞斷他人腿是。所謂**侵害健康**，即毀損人之生理機能，例如故使喝假酒，致雙目失明是。侵害身體或健康，常不可分。所謂**喪失或減少勞動能力**，即謀生的工作能力全部或一部的滅失之謂。例如因脊椎神經受傷而下半身失去知覺大小便失禁，無法工作，或工作機會減少是。所謂**增加生活上之需要**，即維持通常生活狀態必須增加之支出。例如因大小便失禁須僱工照料，因下半身失去知覺，須終生乘坐輪椅是。依本項規定請求之賠償數額，應以被害人喪失或減少勞動能力而不能取得之金額，或生活上需要之增加額為準。至賠償之方法，則以一次給付為原則。但因此二項金額，被害人原均非可一次取得或支出（例如薪水係按月領取，僱工支出一般亦係按月支出，輪椅亦係用壞後再買），故於請求一次給付時，應依可取得或應支出之年數，按前述霍夫曼式計算法扣除期前利息，受害人未扣除而為請求時，法院判決如命加害人為一次給付時，亦應予扣除。基於此一性質，故例外如當事人（即被害人）聲請命支付定期金時，法院亦得將此二項金額，定為支付定期金，命由加害人按期給付，但須命加害人提出擔保，以確保逐期之給付（民193 II）。至擔保之方法，法無限制，解釋上人的擔保及物的擔保均可。

3. 毀損物之財產損害

「不法毀損他人之物者，被害人**得**請求賠償其物因毀損所減少之價額。」（民196）所謂毀損，指一切客觀上足以減少物之價額之作為，不以變更物之形體為限。例如加污點於他人寶器上是。

於此須附言者，修正前民法第196條原規定：「不法毀損他人

之物者，**應**向被害人賠償其物因毀損所減少之價額。」形式上為
強制規定，屬於民法第213條所定之「法律另有訂定」之損害賠償
方法，因有本條規定，解釋上，物被毀損之損害，不得請求回復
原狀，而僅能請求賠償其物因毀損所減少之價額。果如此，必將
產生不符實際之現象，有如學者舉例所言：「將他人之旱地變更
為溜地，並未減少其土地之價額，若依民法第196條之規定，即無
從請求金錢賠償，然則請求加害人將溜地填土，回復原狀，是否
亦非法之所許？就物權之保護言，殊屬疑問。音響設備一套因被
毀損，致音響效果不彰，用以估定其減少之價額若干，實有困
難。蓋舊物商或有行無市，或有市無行，不足以言客觀價額，若
依修復費用估價，對於損害之範圍反較易確定也。屋頂之一角被
踩，致瓦碎漏雨，如就整幢房屋之減少價額估價，程序反較複
雜，究不如修復屋瓦之簡易也。」[67]因此，學者論及之者，均將
其解為任意規定，亦即關於物之毀損，受害人除可請求所減少之
價額外，亦可選擇請求回復原狀[68]。實務上，最高法院77年度第9
次民事庭會議決議[69]見解亦同。此次民法債編修正時，乃將民法
第196條修正為：「不法毀損他人之物者，被害人**得**請求賠償其物
因毀損所減少之價額。」[70]

---

[67]　孫森焱，民法債編總論，247頁。

[68]　孫森焱，民法債編總論，248頁；邱聰智，民法債編通則，218頁同旨。

[69]　最高法院77年度第9次民事庭會議決議：「物被毀損時，被害人除得依民法第
196條請求賠償外，並不排除民法第213條至第215條之適用。依民法第196條請
求賠償物被毀損所減少之價額，得以修復費用為估定之標準，但以必要者為限
（例如：修理材料以新品換舊品，應予折舊）。被害人如能證明其物因毀損所
減少之價額，超過必要之修復費用時，就其差額，仍得請求賠償。」

[70]　民法第196條修正說明：「物因毀損所減少之價額，有時難於估計，且被毀損
者有回復原狀之可能時，被害人有時較願請求回復原狀。為使被害人獲得周密
之保護，不宜剝奪被害人請求回復原狀之權利。爰參考德國民法第249條之立
法例，加以修正，賦予被害人選擇之自由，使被害人得向不法毀損其物者請求

（二）受有非財產損害時

其情形有三：

1. 侵害致死之非財產損害

「不法侵害他人致死者，被害人之父、母、子、女及配偶，雖非財產上之損害，亦得請求賠償相當之金額。」（民194）前已述及。所謂非財產上之損害，指精神上之痛苦。蓋父母子女及配偶與被害人關係密切，對於其被侵害致死，精神上必極為痛苦，此項痛苦亦應認係損害。所謂相當之金額，即與被害人精神痛苦程度相當之金錢數額，應斟酌被害人之身分地位，請求人與被害人之關係及所受痛苦之主觀程度，並加害人之經濟情況，由法院定之。

2. 侵害身體、健康、名譽、自由、信用、隱私、貞操或侵害其他人格法益情節重大者之非財產損害

「不法侵害人之身體、健康、名譽、自由、信用、隱私、貞操，或不法侵害其他人格法益而情節重大者，被害人雖非財產上之損害，亦得請求賠償相當之金額。其名譽被侵害者，並得請求為回復名譽之適當處分。」**「前項請求權，不得讓與或繼承。但以金額賠償之請求權已依契約承諾，或已起訴者，不在此限。」**（民195 I、II）依此規定，不法侵害身體、健康、名譽、自由、信用、隱私、貞操等七種人格權，不論情節是否重大，被害人均得就其所受精神痛苦請求賠償相當之金額。至於不法侵害此七種人格權以外之其他人格法益，則須情節重大者，被害人始得就其所受精神痛苦請求賠償相當之金額[71]。其名譽被侵害者[72]，並得請求

賠償其物因毀損所減少之價額，亦不排除其選擇請求回復原狀。」

[71]　92台上164：「於他人居住區域發出超過一般人社會生活所能容忍之噪音，應

回復名譽之適當處分。所謂回復名譽之適當處分，實即係民法第213條所定回復原狀之方法，亦即回復被侵害人格權（名譽權）之方法，例如登報澄清並道歉是。所謂情節重大，應依侵害之態樣及其人格法益所受損害程度大小之具體情況，個案認定。所謂前項請求權，指第1項之非財產損害賠償請求權。**此項請求權之所以規定不得讓與或繼承，係因其具有專屬性，行使與否，須專由被害人本人決定之故。**惟查其內容，以金錢賠償者有之，不以金錢賠償者有之，例如名譽被侵害者，既得請求金錢賠償，亦得請求為回復名譽之適當處分是。**不以金錢賠償之請求權，其專屬性甚強，不得讓與或繼承，固無問題。惟以金錢賠償之請求權，如已依契約承諾，即加害人已與被害人訂立契約承諾賠償，則原為以金錢賠償之非財產損害賠償請求權，業已轉換成契約上之一般金錢債權，專屬性已失；又其已經被害人起訴者，則以金錢賠償之非財產損害賠償請求權，業經被害人行使，而請求之標的又為單純之金錢給付，故此時將其請求之標的移轉，已無專屬性之考慮，故民法乃規定，於此二種情形，得讓與或繼承，**是為例外。

　　須說明者，我民法對於非財產損害之賠償請求權，並未全部訂有不得讓與或繼承之明文。例如第194條因侵害致死，所生被害人父母子女及配偶之非財產損害之賠償請求權，即未規定不得讓與或繼承是。惟本於相同法理，仍應作相同之解釋。

屬不法侵害他人居住安寧之人格法益，如其情節重大，被害人非不得依民法第195條規定請求賠償相當之金額。」

72　90台上646：「民法上名譽權之侵害非即與刑法之毀謗罪相同，名譽有無受損害，應以社會上對個人評價是否貶損作為判斷之依據，苟其行為足以使他人在社會上之評價受到貶損，不論其為故意或過失，均可構成侵權行為，其行為不以廣佈於社會為必要，僅使第三人知悉其事，亦足當之。」

3. 侵害基於父母子女或配偶關係之身分法益情節重大者之非財
　　產損害

　　「前二項規定，於不法侵害他人基於父、母、子、女或配偶
關係之身分法益而情節重大者，準用之。」（民195Ⅲ）所謂基於
父、母、子、女或配偶關係之身分法益，指基於父母子女相互間
或配偶相互間之身分關係所生之利益。此等法益被侵害時，如情節
重大，被害人雖非財產上之損害，亦得請求賠償相當之金額，且此
項請求權，不得讓與或繼承。但以金額賠償之請求權已依契約承
諾，或已起訴者，不在此限。侵害基於父、母、子、女或配偶關係
之身分法益之情形，例如誘拐他人子女離家出走、誘姦他人子
女、與他人配偶通姦、強姦他人配偶、妨害離婚配偶與子女之會
面交往、傷害他人父母子女或配偶致重傷或殘廢或不能人道或成
為植物人等是。情節是否重大，應依侵害之態樣及身分關係所受
影響之具體情況，個案認定。

三、損害賠償請求權之消滅時效

　　可分消滅時效之期間及時效完成後之效果二點說明之：

（一）消滅時效之期間

　　「因侵權行為所生之損害賠償請求權，自請求權人知有損害
及賠償義務人時起，二年間不行使而消滅。自有侵權行為時起，
逾十年者亦同。」（民197Ⅰ）2年之時效期間，自請求權人知有
損害「及」賠償義務人時起算，故僅知其一，無從起算。惟如長
久不知，則其損害賠償請求權將形同永不消滅，與短期時效之立
法意旨不合，故又有10年時效之附設。10年時效期間，自有侵權
行為時起算。是則，欲行使損害賠償請求權，須於有侵權行為時
起8年屆滿以前知有損害及賠償義務人，始有計算2年時效之餘

地，如逾8年以上始知有損害及賠償義務人，則時效期間僅餘10年與其減扣之期間，至如於逾10年以上始知有損害及賠償義務人，則已無計算2年時效期間之可能。所謂知有損害，依其連用「及賠償義務人」等語以觀，自指知有因侵權行為而生之損害，而不待言。所謂知賠償義務人，依民法第128條前段「消滅時效，自請求權可行使時起算」之規定，應解為係指知賠償義務人之姓名地址，而達於可行使請求權之地步而言。又所謂有侵權行為時，應以侵權行為實際發生之時為準。又於共同侵權行為之情形，被害人對各加害人之損害賠償請求權，應各別起算，如對其中一人之請求權因時效而消滅，其應分擔之部分，他共同加害人，亦免其責任（參照民276Ⅱ）。

（二）時效完成後之效果

可分二點述之：

1. 不當得利之返還

「損害賠償之義務人，因侵權行為受利益，致被害人受損害者，於前項時效完成後，仍應依關於不當得利之規定，返還其所受之利益於被害人。」（民197Ⅱ）例如竊取他人汽車零件，裝於自己車上之情形，被害人原可選擇依侵權行為之規定，向加害人請求損害賠償，或依不當得利之規定，請求返還其利益，發生請求權競合。因不當得利返還請求權之消滅時效期間為15年，而侵權行為損害賠償請求權之消滅時效期間則僅為2年或10年，故於後者時效完成後，前者請求權能否再行使，遂有疑問，本項規定賠償義務人，仍應依關於不當得利之規定，返還其所受之利益於被害人，即明認此兩種請求權之獨立併存也。

2. 債務履行之拒絕

「因侵權行為對於被害人取得債權者，被害人對該債權之廢止請求權，雖因時效而消滅，仍得拒絕履行。」（民198）例如因被脅迫而書立欠條之情形，被害人原可依民法第92條之規定撤銷其意思表示，亦可本於侵權行為損害賠償請求權，請求廢止該債權（廢止請求權為回復原狀之手段，而損害賠償以回復原狀為原則，故廢止請求權係損害賠償請求權之內容），而使該債權自始無效或消滅。惟撤銷權有除斥期間1年或10年之限制（民93），損害賠償請求權則有消滅時效期間2年或10年之限制（民197），是於除斥期間經過或消滅時效完成（前者必早於後者或同時）後，如認加害人所取得之債權已穩固，反成保障不法，而使原未發生之損害，竟然發生，自非所宜，本條又賦予被害人拒絕履行之權，乃為防止此種不合理之結果也。

第二章

債之標的

　　債之標的，即債之內容，亦即債務人應為之給付。我民法第199條第1項規定：「債權人基於債之關係，得向債務人請求給付。」即明示斯旨。債務人應為之給付，不以有財產價格者為限（民199Ⅱ），例如登報道歉是。又不以作為為限，不作為亦得為給付（民199Ⅲ），例如不於夜間10時後彈奏鋼琴是。

　　我國民法「債之標的」乙節，依給付內容之不同，分別為種類之債、貨幣之債、利息之債、選擇之債、損害賠償之債而為規定。依序述之。

第一節　種類之債

壹、種類之債之意義

　　種類之債，乃給付物僅以種類指示一定數量之債也。例如契約中僅約定買受白米10公斤是。分述其要件如次：

一、須以種類指示

　　所謂種類，指足以確定給付物之「物的屬性」而言。例如種

別（蒙古種白馬、西伯利亞種白馬）、出產地（台灣產、日本產）、商標型號（Iphone 10、Samsung SM-T295）、用途（家用、營業用）…等是。是否足以確定給付物，應依一般交易上之通念認定之。例如約定買受動物10匹，實不知所云，惟如約定買受蒙古種黑馬10匹，即足以確定給付物是。

二、須指示一定數量

即給付物須以數量表示始可。例如僅言蒙古種黑馬，而未表示數量，自為無意義，而不待言。所謂一定，不以確定為必要，可得確定之範圍亦可，例如言蓬萊米5公斤以上10公斤以下，或約8公斤，均無妨於債之成立是。

三、須為給付物

所謂給付物，指應給付之動產及不動產而言，權利或行為不包括在內。應給付權利者，例如專利權之讓與是。應給付行為者，例如歌者之演唱是。惟如性質許可，應認亦可類推適用種類之債之規定，例如約定演唱台灣現代民歌3首，實與種類之債之性質相當是。

貳、種類之債品質之確定

「給付物僅以種類指示者，依法律行為之性質或當事人之意思不能定其品質時，債務人應給以中等品質之物。」（民200 I）種類之債之給付物如有品質之差異者，例如上等油、中等油、下等油之類，於給付時，亦須確定。其確定之方法，依上開規定有三：

一、依法律行為之性質

　　例如於貨樣買賣之情形，應給付與貨樣同一品質之物是（民388）。又如於消費借貸之情形，應以與借用物品質相同之物返還之是（民474）。

二、依當事人之意思

　　即當事人於債之成立時或成立後，另有意思表示者，從其意思；其無意思表示者，則應探求其意思定之，例如給付與向來所購者同一品質之物是。

三、不能依以上二種方法定其品質時，債務人應給與中等品質之物

　　是否中等品質，應依給付時給付地之一般交易上通念決之。

參、種類之債之特定

　　「前項情形，債務人交付其物之必要行為完結後，或經債權人之同意指定其應交付之物時，其物即為特定給付物。」（民200Ⅱ）所謂前項情形，即於種類之債之情況下之意。所謂交付其物之必要行為完結，指給付已依法提出而言。是否完結，應依債務之性質定之。申言之，在1.赴償債務，即應至債權人住所地為清償之債務，則當債務人將給付物送至債權人之住所時，即為完結（民314②）。但債權人預示拒絕受領之意思者，則以準備給付之情事通知達到債權人為完結（民235但書）；2.往取債務，即應至債務人住所地領取給付物之債務，則以債務人準備給付之情事通知達到債權人為完結（民235但書）；3.送付債務，即將給付物送往清償地以外處所之債務，如債務人有送付之義務，則與赴償債務無異，如債務人無送付之義務，則給付物一經發送，即為完

結。所謂經債權人之同意指定其應交付之物,即由債務人指定,而經債權人同意,亦即雙方合意指定也。於此兩種情形下,原僅以種類指示一定數量之給付物,即局限於該已提出或被指定之部分,亦即該已提出或被指定之部分,即成為特定,債務人應負交付該特定給付物之義務,不得任意變更。

按民法第200條第2項前段規定,以「債務人交付其物之必要行為完結後」為種類之債之特定方法,將特定之權利全歸屬於債務人,對於債權人顯然不利,徒增商業交易上之爭議。亦非商業交易上慣行之方式。事實上,對於種類之債,商業交易上通常均係以雙方商議指定其應交付之物之方式為之。是則,本書以為上開前段規定似宜刪除,保留:「前項情形,債務人經債權人之同意指定其應交付之物時,其物即為特定給付物。」之規定即可。

第二節　貨幣之債

壹、貨幣之債之意義

貨幣之債者,以給付一定數額之貨幣為標的之債也。貨幣亦稱金錢,故貨幣之債亦稱金錢之債,舉凡以金錢為給付之債均屬之。

貳、貨幣之債之種類

貨幣之債,可分三種:

一、金額貨幣之債

即以一定金額之通用貨幣(包括我國通用貨幣或外國通用貨幣)為給付標的之債,而不限定實際給付之通用貨幣種類。此種

之債，祇注重給付該一定之金額。性質上為種類之債，債務人得自由選擇以等值之各種通用貨幣為給付，不生給付不能之問題。例如不論約定給付新臺幣5萬元，或約定給付美金5萬元，債務人均得以等值之我國或外國各種通用貨幣為給付是。金額貨幣之債，如約定以我國通用貨幣為給付者，債務人得以等值之我國或外國各種通用貨幣為給付，並無問題；至如約定以外國通用貨幣為給付者，依我民法第202條規定：「以外國通用貨幣定給付額者，債務人得按給付時給付地之市價，以中華民國通用貨幣給付之。但訂明應以外國通用貨幣為給付者，不在此限。」惟不論約定以我國或外國通用貨幣為給付，如給付地在我國國內，須以在我國亦可流通之通用貨幣為限，若約定給付之外國通用貨幣為我國政府禁止流通，則唯有改以他種通用貨幣為給付，自不待言。

二、特定貨幣之債

即以業經特定之我國或外國貨幣為給付標的之債。例如將若干貨幣封袋以為寄託，或約定買受某號碼之鈔票是。此種之債，貨幣特質已失，與特定物之債無異，應適用特定物之債之規定。若該特定貨幣滅失，即成為給付不能。

三、特種貨幣之債

可分二種：

（一）絕對特種貨幣之債

即非給付特種貨幣之一定數量不能達其目的之債也。例如約定給付美國開國200年紀念金幣1元10枚、或民初袁大頭銀元1元100枚、或中華民國建國100年50元紀念幣5枚等是。此種之債，性質上為特定種類之債，債權人只能請求給付該特定種類之貨幣，

但如存在多數同一特定種類之貨幣時，尚有選擇之餘地，與特定貨幣之債不同，至如該種貨幣全部客觀的失其存在或禁止流通，則應依給付不能之規定處理。

（二）相對特種貨幣之債

即以特種通用貨幣之一定金額為給付標的（例如約定給付美金10萬元），且為確保貨幣之購買力，並附帶約明不得以他種貨幣為給付是。（此種附約，外國文獻上有稱為金約款Goldklausel者）約定者如係外國通用貨幣時，債務人即不得「按給付時，給付地之市價，以中華民國通用貨幣給付之」（民202但書）；至若該外國通用貨幣在該外國喪失通用效力時，應如何為給付？我民法未設明文，應類推適用民法第201條規定，以該外國之他種通用貨幣給付之[73]。

上述情形，債務人如不以約定之特種通用貨幣為給付，即構成債務不履行，並無疑問。惟如清償期屆至時，該約定之特種通用貨幣竟而喪失通用效力，則無法以之為給付，顯非可歸責於債務人，故我民法第201條乃規定：「以特種通用貨幣之給付為債之標的者，如其貨幣至給付期失通用效力時，應給以他種通用貨幣。」亦即恢復為金額貨幣之債。名為相對特種貨幣之債，即此之故。

於此須附言者，乃前述民法第202條但書所定者，究屬絕對特種外國貨幣之債？抑兼指相對特種外國通用貨幣之債？學者一般均解為係屬絕對特種外國貨幣之債[74]。本書以為，民法第202條但

---

[73] 孫森焱，新版民法債編總論（上冊），390頁。
[74] 胡長清，中國民法債篇總論，220頁；戴修瓚，民法債編總論（下），46頁；史尚寬，債法總論，242頁；何孝元，民法債編總論，117頁；鄭玉波，民法債編總論，220頁；劉春堂，判解民法債編通則，86頁。

書所謂：「但訂明應以外國通用貨幣給付者，不在此限。」應解為包括訂明應以絕對特種之外國通用貨幣為給付，以及訂明應以相對特種之外國通用貨幣為給付等二種情形在內。蓋於後者情形，依民法第201條之規定，必須其約定之外國通用貨幣至給付期失通用效力時，始給以他種通用貨幣（包括我國之通用貨幣），此不當然得以中華民國通用貨幣為給付，亦為「不在此限」之一種也。

第三節　利息之債

壹、利息之債之意義

利息之債者，以利息為給付標的之債也。所謂利息，乃使用他人原本而依一定比率及使用期間支付之對價。故利息之債係從屬於原本之債而存在，具有從屬性。所謂一定比率，即原本之百分比，稱為利率。

貳、利息之債之發生

依我民法規定，利息之債之發生，有由於法律行為者，亦有由於法律規定者。前者稱為約定利息，後者稱為法定利息。分述之：

一、約定利息

可分為：

（一）由於契約而生者

例如金錢借貸契約所約定給付之利息是。

（二）由於單獨行為而生者

例如遺囑人於遺囑內，定明遺囑執行終了前，遺贈義務人應向受贈人支付利息是。

二、法定利息

民法上所定之法定利息，可歸納為四種：

（一）遲延利息

即因遲延給付所生之利息，例如民法第233條第1項規定：「遲延之債務，以支付金錢為標的者，債權人得請求依法定利率計算之遲延利息。但約定利率較高者，仍從其約定利率。」是。

（二）墊費利息

即為他人支出費用所得請求之利息，例如民法第176條第1項規定：「管理事務，利於本人，並不違反本人明示或可得推知之意思者，**管理人為本人支出必要或有益之費用**，或負擔債務，或受損害時，**得請求本人償還其費用及自支出時起之利息**，或清償其所負擔之債務，或賠償其損害。」第281條第1項規定：「連帶債務人中之一人，因清償、代物清償、提存、抵銷或混同，致他債務人同免責任者，得向他債務人請求償還各自分擔之部分，**並自免責時起之利息。**」第546條第1項規定：「受任人因處理委任事務，支出之必要費用，委任人應償還之，**並付自支出時起之利息。**」等是。

（三）擬制利息

即使用持有之他人金錢，所應支付之利息。例如民法第542條規定：「受任人為自己之利益，使用應交付於委任人之金錢或使用應為委任人之利益而使用之金錢者，應自使用之日起，支付利息。如有損害，並應賠償。」（民法第173條，關於無因管理人為

自己之利益，使用應交付於本人或使用應為本人之利益而使用之
金錢者，準用民法第542條規定，自亦屬擬制利息。）

（四）附加利息

即對於他人負有返還財產義務者，所應附加之利息。例如民
法第182條第2項規定：「受領人於受領時，知無法律上之原因或
其後知之者，應將受領時所得之利益，或知無法律上之原因時所
現存之利益，**附加利息**，一併償還；如有損害，並應賠償。」民
法第259條第2款規定：「契約解除時，當事人雙方回復原狀之義
務，除法律另有規定或契約另有訂定外，依左列之規定：…二、
受領之給付為金錢者，應**附加自受領時起之利息**償還之。」民法
第404條第1項規定：「記入交互計算之項目，得約定自記入之時
起，附加利息。」等是。

參、利息之債之計算

可分單利計算法及複利計算法二種：

一、單利計算法

即不將利息滾入原本再生利息之計算法。我民法以單利計算
法為原則。

二、複利計算法

即將已生之利息滾入原本再生利息之計算法。我民法第207條
規定：「利息不得滾入原本再生利息。但當事人以書面約定，利
息遲付逾一年後，經催告而不償還時，債權人得將遲付之利息滾
入原本者，依其約定。」「前項規定，如商業上另有習慣者，不
適用之。」顯係以禁止複利為原則，以允許複利為例外。所謂**商
業上另有習慣**，指商業上慣行而具有法的效力之複利計算法，**例**

如銀行活期存款,均定期於每年6月21日及12月21日分別計算複利一次是。須說明者,乃本條旨在限制滾利作本之預約,及防止債權人一方的將遲付之利息滾入原本,故如於遲付後,再約定將已遲付之利息滾入原本,應非屬本條禁止之範圍。但得滾入之利息,仍以未超過法定限制部分(即週年百分之十六以下)為限,違法滾利應非所許(民205)[75]。

肆、利率

利率之高低,原則上可自由約定,但法律設有限制。無約定者,以法律之規定為準。前者稱為約定利率,後者稱為法定利率。分述民法有關規定如下:

一、約定利率

指當事人自由訂定之利率。法律所設之限制有三:

(一)較高利率之限制

「約定利率逾週年百分之十二者,經一年後,債務人得隨時清償原本。但須於一個月前預告債權人。」「前項清償之權利,不得以契約除去或限制之。」(民204)蓋定有清償期之債務,依民法第316條規定,須無反對之意思表示時,始得於期前清償。法律以約定利率逾週年百分之十二者,已屬較高,為保護債務人免長期遭受高利之苦,故明定得期前還本,排除第316條之適用。但須經1年後,且須於1個月前預告債權人。1年期間,自原本之債發生時起算;1個月前預告則係予債權人以另籌用途之時間也。所謂不得以契約除去,即不得為排除本條之適用之約定。所謂不得以契約限制之,即不得為變更本條所定1年及1個月之期間之約定。

---

[75] 41台上1105、43台上645。

違反之者，其約定無效，仍依本條之規定。

（二）最高利率之限制

「約定利率，超過週年百分之十六者，超過部分之約定，無效。」（民205）本條係民國110年1月20日修正，自公布6個月後施行，亦即自110年7月20日生效。按民國18年民法制定時，本條原規定為：「約定利率，超過週年百分之二十者，債權人對於高過部分之利息，無請求權。」[76]當時係因銀行利率大抵在週年利率百分之十二以上，為保護經濟弱者，故規定以週年利率百分之二十為最高利率之限制，惟時至今日，銀行利率已降至週年利率百分之一左右，爰各界要求降低最高利率限制標準之要求日增，有主張降為週年利率百分之十者，有主張降為百分之十五者，亦有主張維持百分之二十，但應包含利息、約定違約金及各種名義之費用總額者。最後經朝野立法委員協商取得共識，同意修正為上開現行條文。

（三）巧取利益之禁止

「債權人除前條限定之利息外，不得以折扣或其他方法，巧取利益。」（民206）所謂折扣，例如借萬元，僅付8,000元，而仍以萬元為原本計息是。所謂其他方法，例如將超過部分之利息，名為禮金是。

二、法定利率

即法律所規定之利率。例如票據法第97條第2項規定之年利六

---

[76] 對於舊民法第205條所謂無請求權之意義，當時有解為無效者，故如已為給付，債務人得依不當得利之規定請求返還。有解為自然債務者，亦即如債權人為請求，債務人對於超過部分得拒絕給付，但已為給付後，即不得請求返還。參見35院解3162、33上764。

釐是。我民法第203條規定：「應付利息之債務，其利率未經約定，亦無法律可據者，週年利率為百分之五。」亦為法定利率。又民國74年11月29日，「利率管理條例」因廢止而失效以前，該條例第6條所定：「應付利息之金錢債務，其利率未經約定者，債權人得請求按照當地中央銀行核定之放款日拆二分之一計算。」亦屬法定利率。吾人觀諸該日期以前，關於給付金錢債務之法院判決，均適用該條規定，以定利息請求之利率，即此之故。須注意者，乃法定利率，不論法定利息，抑約定利息，凡屬應付利息之債務，均可適用；而約定利率，固以約定利息之適用為多，但有時對法定利息亦有其適用。例如票據法第97條第1項第2款規定：「執票人向匯票債務人行駛追索權時，得要求左列金額：…二、自到期日起如無約定利率者，依年利六釐計算之利息。」或第2項規定：「於到期日前付款者，自付款日至到期日前之利息，應由匯票金額內扣除。無約定利率者，依年利六釐計算。」之情形是。

第四節　選擇之債

壹、選擇之債之意義

選擇之債者，於數宗給付中，得選定其一為給付標的之債也。亦即於債成立之初，即預定數宗給付內容（例如字畫一幅或美金千元是），但嗣後僅由選擇權人選擇其一，以為履行之一個債也。預定數個給付之時、地或方法，而得選擇者，通說亦認為選擇之債。

貳、選擇之債之特定

　　所謂選擇之債之特定，即於數宗給付中，確定其一以為給付之謂。特定之方法有三：

一、契約

　　即當事人於選擇之債成立後，另以契約訂明應為之一宗給付為何也。關於此，雖法無明文，惟仍為可能之特定方法。

二、選擇

　　即選擇權人行使選擇權，以選定應為之一宗給付為何也。茲分別就選擇權、選擇權人、選擇權之行使、及選擇權之移屬述之：

（一）選擇權

　　選擇權者，得為選擇的意思表示之權利也。為形成權之性質，一經行使，即使選擇之債，變為單純之債。

（二）選擇權人

　　選擇之債，有依法律規定而生者，是為法定選擇之債；有依法律行為而生者，是為約定選擇之債。法定選擇之債，其選擇權人亦依法律之規定，例如民法第430條規定：「租賃關係存續中，租賃物如有修繕之必要，應由出租人負擔者，承租人得定相當期限，催告出租人修繕，如出租人於其期限內不為修繕者，**承租人得終止契約或自行修繕而請求出租人償還其費用或於租金中扣除之。**」其後段所定三種方式之選擇權人為承租人是。約定選擇之債，其選擇權人則依當事人之約定，或定為債務人，或債權人，甚或為第三人，均無不可。如法律並無規定，或契約亦無約定時，則依民法第208條規定，其選擇權屬於債務人。

（三）選擇權之行使

選擇權之行使，應以意思表示為之。「債權人或債務人有選擇權者，應向他方當事人以意思表示為之。」「由第三人為選擇者，應向債權人及債務人以意思表示為之。」（民209）

（四）選擇權之移屬

「選擇權定有行使期間者，如於該期間內不行使時，其選擇權，移屬於他方當事人。」「選擇權未定有行使期間者，債權至清償期時，無選擇權之當事人，得定相當期限催告他方當事人行使其選擇權，如他方當事人不於所定期限內行使選擇權者，其選擇權移屬於為催告之當事人。」「由第三人為選擇者，如第三人不能或不欲選擇時，選擇權屬於債務人。」（民210）所謂不能選擇，指因疾病、旅行或其他障礙，而無法行使其選擇權。所謂不欲選擇，指無不能行使其選擇權之情形，而不願行使。

三、給付不能

民法第211條規定：「數宗給付中，有自始不能或嗣後不能給付者，債之關係僅存在於餘存之給付。但其不能之事由，應由無選擇權之當事人負責者，不在此限。」依其前段規定，如餘存之給付，僅存一宗時，即為特定，故亦為選擇之債之特定方法。依本條規定可得之結論有二：

其一，給付不能係因可歸責於選擇權人之事由，或不可歸責於雙方當事人之事由而致者，債之關係僅存於餘存之給付，餘存之給付如尚有數宗，則仍為選擇之債，僅範圍縮小，必也祇存一宗時，始生特定。

其二，給付不能係因可歸責於無選擇權人之事由而致者，債之關係不僅存於餘存之給付，即有選擇權人仍得選擇給付不能之

一宗，而免給付義務（選擇權人為債務人時，民225Ⅰ），或請求損害賠償（選擇權人為債權人時，民226Ⅰ）。

參、選擇之債特定之效力

選擇之債，一經特定，即變為單純之債，亦即其標的僅為一宗給付。此一宗給付，如為特定物，則變為特定物之債，如為不特定物，則變為種類之債，分別適用其規定。惟此種效力，應始於何時？則視特定方法之不同而異。依民法第212條規定：「選擇之效力，溯及於債之發生時。」因以契約特定，可解為合意的選擇，故選擇之債以契約及選擇而特定者，其特定之效力，均自債之發生時開始。至因給付不能而特定者，是否應作同一解釋？法無明文。雖於其給付因自始不能而僅餘一宗給付之情形，應於債之發生時，即已形成，非特定之效力使然。但於給付係因嗣後不能而僅餘一宗時，仍不妨與依選擇而特定作相同之解釋，認為亦溯及於債之發生時，發生特定之效力。

第五節　損害賠償之債

壹、損害賠償之債意義

損害賠償之債者，以賠償損害為標的之債也。所謂損害，指財產、人身或身分關係上權利或利益之原來狀態遭受破壞而言，例如燒毀他人財物、殺傷或殺死他人、毀謗他人名譽、破壞他人夫妻關係等是。所謂賠償，即回復原狀或填補損害之謂。

貳、損害賠償之債之成立

損害賠償之債，其一般成立要件有四：

（一）須賠償義務人有過失

此為原則，然例外雖無過失，亦應負責者亦有之。例如民法第187條第3項規定：「如不能依前二項規定受損害賠償時，法院因被害人之聲請，得斟酌行為人及其法定代理人與被害人之經濟狀況，令行為人或其法定代理人為全部或一部之損害賠償。」之情形是。

（二）須有發生損害之原因事實

此原因事實，在侵權行為（民184），為權利或利益之侵害；在債務不履行（民226、227、232、233），為義務之違反；在其他法律規定之損害賠償（例如民91、110、113、114 II、173 II、174～177、182 II、245-1、247、336、397 II），為各該法定事實之成就；在約定之損害賠償（例如保險金之給付），則為約定事實之成就。

（三）須有損害之發生

損害賠償之債，以回復原狀或填補損害為目的，自應以實際發生損害為成立要件。

（四）須損害與原因事實間有因果關係

即損害之發生，必基於原因事實，若無原因事實，則無損害之發生，原因事實為因，損害為果是也。

參、損害賠償之方法

可分積極損害之賠償方法、消極損害之賠償方法二方面述之：

一、積極損害之賠償方法

關於積極損害（所受損害）之賠償方法，有回復原狀（如奪錢

還錢、毀物還物或修復、侵害名譽則澄清道歉）及**金錢賠償**（計算損害額以金錢給付之）二種。各國立法例，有以回復原狀為原則，金錢賠償為例外者，例如德國民法、奧國民法是；有以金錢賠償為原則，回復原狀為例外者，例如法國民法、日本民法是；亦有由法院就個案裁量決定回復原狀或以金錢賠償者，例如瑞士債務法是。我民法仿德國民法之立法例，規定以回復原狀為原則，金錢賠償為例外。此或係因回復原狀較符合賠償之目的，但如遇本質不能回復原狀（如侵害貞操、毀損古董、侵害債權），或回復顯有重大困難（如撈起沉入海中之球棒、換修百年之原廠舊零件），或債務人不為回復時，唯有計算其損害額以金錢給付，差可填補，又最為便利也。

依民法第213條第1項規定：「負損害賠償責任者，除法律另有規定或契約另有訂定外，應回復他方損害發生前之原狀。」又同條第3項規定：「第一項情形，債權人得請求支付回復原狀所必要之費用，以代回復原狀。」至於第1項所謂法律另有規定或契約另有訂定，指法律規定或契約訂定以金錢為賠償方法之情形而言。可知我民法所定損害賠償之方法有**回復原狀、支付費用替代回復原狀、金錢賠償**等三種：

（一）回復原狀

回復原狀，乃法文「回復他方損害發生前之原狀」之簡稱。其方法應視所受損害情況之不同而異，主要者有：

1.占有物或金錢者，應返還之：例如因竊盜、強盜、搶奪、詐欺、侵占等犯罪行為，而占有動產或金錢者，應原物或如數返還；無權占有房屋者，應遷讓之；竊占土地建屋者，應予拆屋還地；其物有登記制度者，應為移轉登記，有孳息或收益者，應一

併返還是。

其中，以返還金錢為回復原狀之方法者，民法第213條第2項對之復規定曰：「**因回復原狀而應給付金錢者**，自損害發生時起，加給利息。」其目的在保護債權人（即被害人）之利益。**此之利息**，屬法定利息，其利率，應依民法第203條關於法定利率之規定定之，亦即：「應付利息之債務，其利率未經約定，亦無法律可據者，週年利率為百分之五。」至於其性質為何？學者有謂係使用原本之代價，非屬損害賠償[77]，有謂係損害賠償[78]。本書以為，自占有金錢之人方面言，非不可謂之使用原本應給付之代價，而自被害人方面言，又為不能利用金錢之損害賠償，均言之有理。惟自本項之立法目的在保護債權人（即被害人）之利益觀之，似應認屬損害賠償性質。蓋占有被害人之金錢，必致被害人無法利用該筆金錢，僅返還原本數額，尚有未足，而須加給利息，以為賠償也。

　　2.**滅失或毀損物者，應換新或修理之**：例如打破玻璃，應予重新裝配；污損房屋，應予粉刷或修繕；損壞桌椅，應加修復是。

須說明者，物之換新或修理（指純粹修理，若為換零件，應屬部分之換新），若依社會一般觀念，並無折舊差價之觀念者，則於換新或修理後，因價值不變，自無庸互為找補，例如打破玻璃、碗盤、毀損桌椅、污損牆壁等情形之換新或修理是。但若依社會一般觀念，認有折舊差價之問題者，則於換新後，價值若有增加（例如致電視機全毀，而購買同廠牌同型號之新電視機，以為賠償之情形是），或於修理後，價值若有減少（例如撞凹未掛

---

[77] 王伯琦，民法債篇總論，141頁。
[78] 孫森焱，新版民法債編總論（上冊），441頁。

牌之新汽車，予以板金修復之情形是），則自應計算其差價，由被害人找還債務人，或由債務人補足被害人，始符回復原狀之本旨，而不待言。

　　3.侵害人之身體或健康者，應醫療之；侵害人之自由者，應釋放之或解除自由之限制；侵害他人名譽者，應為回復名譽之適當處分（例如登報或以電視廣告或召開記者會或舉辦說明會，加以澄清並道歉是）。

　　4.因和誘或略誘未成年人離開家庭，而侵害其法定代理人之監護權者，應將未成年人送還其法定代理人。

（二）支付費用替代回復原狀

　　我民法所定損害賠償之方法，雖以回復原狀為原則，金錢賠償為例外。然回復原狀，若必由債務人為之，對被害人有時可能緩不濟急，或不能符合被害人之意願。為期合乎實際需要，並使被害人獲得更周密之保障，民國88年民法債編修正時，乃參考德國民法第249條後段之立法例，增設民法第213條第3項，使被害人得請求支付回復原狀所必要之費用，以代回復原狀[79]。此項規定，為通則性之規定，任何損害，債權人均得直接以之為損害賠償之方法，與回復原狀並無孰先請求之關係。惟既言「請求支付回復原狀所必要之費用」，則須以可能回復原狀之情形為限，始有其適用，自不待言。

（三）金錢賠償

　　依民法第213條第1項規定，包括「法律另有規定」及「契約另有訂定」以金錢賠償為方法等二種情形。前述新增民法第213條

---

[79]　民法第213條第3項修正說明。

第3項所定以支付費用替代回復原狀，雖仍屬金錢賠償之性質，惟因其屬回復原狀之範圍，且以可能回復原狀之情形為限，故應予除外，亦即民法第213條第1項所稱「法律另有規定」，應解為同條第3項以外之法律規定而言。分言之：

1. 法律另有規定者

按其規定之方式，可分概括的規定、列舉的規定二種：

（1）概括的規定

即民法第214條及第215條之規定，分述之：

①**逾期不回復原狀者**：民法第214條規定：「應回復原狀者，如經債權人定相當期限催告後，逾期不為回復時，債權人得請求以金錢賠償其損害。」亦即具備「經債權人定相當期限催告」及「債務人逾期不為回復」等二項要件時，債權人即可捨回復原狀之請求，而改請求以金錢賠償其損害。惟須注意，本條係規定，債權人「得」請求以金錢賠償其損害，故債權人並未因之喪失其請求回復原狀之權利，只是於具備上述二項要件後，債權人又可請求以金錢賠償其損害而已，不可誤解。此時回復原狀及金錢賠償，即屬「法定任意之債」性質。

須說明者，民法第214條規定，亦係以可能回復原狀之情形始有其適用，與民法第213條第3項規定同，惟其所定須經債權人定相當期限催告後，逾期不為回復時，債權人始得請求以金錢賠償其損害之要件，為民法第213條第3項規定所無，則債權人既可依民法第213條第3項規定，不經催告直接請求支付回復原狀所必要之費用，相較之下，民法第214條實已無適用之餘地。

②**不能回復原狀或回復顯有重大困難者**：民法第215條規定：

「不能回復原狀或回復顯有重大困難者，應以金錢賠償其損害。」所謂不能回復原狀，指其損害，在事實上或技術上或性質上無法復原如初之情形。**事實上不能回復原狀者**，例如毀損古董是；**技術上不能回復原狀者**，例如以硫酸或因火燒毀容，雖能治療，但技術上尚無法整容至原來面貌是。**性質上不能回復原狀者**，例如侵害貞操、侵害債權[80]是。所謂回復顯有重大困難，指其損害之回復原狀雖非不能，但需費過鉅，或需時過久之情形。需費過鉅者，例如撈起沈入海中之球棒是。需時過久者，例如損壞德國製出廠已30年之汽車門鎖，須向原廠特別訂製，並辦理進口手續，需時半年，應可認其回復顯有重大困難是。

　　損害是否不能回復原狀，或回復是否顯有重大困難？應由法院就個案具體情況認定之。被害人直接請求以金錢賠償時，應釋明不能回復原狀或回復顯有重大困難之旨，債務人（被告）得提出反對之抗辯，法院應自行認定，而為准駁之判決，並無問題。至於**被害人僅請求回復原狀時**，債務人亦得提出不能回復或回復顯有重大困難之抗辯，法院如認其抗辯理由成立，究應如何為判決？則有疑義。**學者有謂**：「此抗辯，非有變更請求權之效力，即法院不應因此而駁回原告之訴，**惟應為變更之判決。**」（**按即應依職權變更為金錢給付判決**）[81]。有謂：「法院認為抗辯理由成立時，即應駁回債權人回復原狀之請求，**不得逕行變更債權人之請求，命債務人為金錢之給付，否則即屬訴外裁判也。**」[82]本書以為，回復原狀與金錢賠償，固為不同之請求權，後說似非無理由。惟此情形應屬民事訴訟法第199條之1所定，審判長應曉諭被

80　孫森焱，新版民法債編總論（上冊），440頁。
81　史尚寬，債法總論，289頁。
82　孫森焱，新版民法債編總論（上冊），444頁。

害人敘明或補充請求金錢賠償之範圍，經曉諭後被害人如已敘明
或補充金錢賠償之請求，則法院自得依而為金錢賠償之判決，必
也經審判長曉諭後被害人仍不為金錢賠償之主張時，始得駁回被
害人回復原狀之請求。至於被害人於提起回復原狀之訴時，即以
備位之聲明求為金錢賠償之判決，更無不可。

　　被害人依民法第214條及第215條規定，因債務人逾期不回復
原狀或因不能回復原狀，或回復顯有重大困難，而請求以金錢賠
償損害時，有無第213條第2項規定之適用？亦即能否請求「自損
害發生時起，加給利息」？學者言及之者，均解為否定[83]。惟依民法
第214條之立法理由：「謹按賠償之方法，原則上應為回復原狀。
債權人對於負回復原狀之債務人如經催告其於一定期限內，履行
回復原狀之義務，債務人逾期而不為回復時，債權人得請求債務
人改以金錢賠償其損害，並得依前條第2項之規定，要求自損害發
生時起之利息，此本條所由設也。」第215條之立法理由：「謹按
債務人遇不能回復原狀，或原狀之回復顯有重大困難之情形時，
自不得不使其得以金錢賠償其損害，藉資救濟。此與前條之規定
相同，債權人亦得要求自損害發生時起之利息。故設本條以明示其
旨。」顯係肯定。果如是，則民法第213條第2項所謂「因回復原
狀而應給付金錢者」，應解為包括：（1）回復原狀本身即係給付
金錢，及（2）替代回復原狀而給付金錢（即民214、215規定之情
形）等二種情形在內。必也與回復原狀無涉，由法律規定或契約
訂定直接以金錢賠償為方法者，始無民法第213條第2項規定之適
用。

---

[83] 史尚寬，債法總論，286頁；鄭健才，債法通則，159頁；鄭玉波，民法債編總
論，247頁；孫森焱，新版民法債編總論（上冊），441頁。

（2）列舉的規定

民法上以金錢賠償為方法之列舉規定，例如民法第192條關於侵害生命權之醫療費、增加生活上需要之費用、殯葬費、扶養費；第193條關於侵害身體或健康所致喪失或減少勞動能力或增加生活上之需要；第194條關於侵害生命權，對於被害人之父、母、子、女及配偶之非財產上損害；第195條關於侵害身體、健康、名譽、自由、信用、隱私、貞操、或其他人格法益情節重大、侵害他人基於父母子女或配偶關係之身分法益情節重大時，被害人非財產上損害；第196條關於因侵權行為毀損他人之物所減少之價額；第638條關於運送物喪失、毀損、遲到所致之損害；第639條第2項關於運送人就報明價值之貴重物品之損害；第779條第2項關於高地所有人因過水所致低地之損害；第785條第1項關於設堰附著於對岸所致之損害；第786條第1項關於通過他人土地安設線管所致他人之損害；第787條關於袋地所有人通行他人土地所致他人之損害；第788條關於有通行權人開設道路所致通行地之損害；第792條關於使用鄰地所致鄰地之損害；第800條第2項關於使用他人正中宅門所致他人之損害；第977條第2項關於解除婚約所致無過失之一方之非財產上損害；第979條第1項關於違反婚約所致無過失之一方之非財產上損害；第999條第2項關於婚姻無效或撤銷所致無過失之一方之非財產上損害；第1056條第2項關於判決離婚所致無過失之一方之非財產上損害。以上各條項，除第195條第1項後段，同時設有回復原狀之規定外，均只規定以給付金錢為賠償方法。

2. 契約另有訂定者

指當事人預先以契約就將來可能發生之損害，約定以金錢為

賠償，或於損害既已發生之後，以契約約定以金錢為賠償而言。此時即無適用民法第213條規定，而請求回復原狀之餘地。

二、消極損害之賠償方法

關於消極損害（所失利益）之賠償方法，民法未設規定。惟所謂消極損害，既係指原可取得但未取得之利益，自唯能以金錢計算賠償，無回復原狀之適用，而不待言。

肆、損害賠償之範圍

「損害賠償，除法律另有規定或契約另有訂定外，應以填補債權人所受損害及所失利益為限。」（民216 I）所謂法律另有規定，指法律所定，不以債權人所受損害及所失利益為賠償範圍之規定。例如民法第216條之1損益相抵之規定，第217條過失相抵之規定，第218條因賠償義務人之生計有重大影響之酌減規定，第233條債權人得請求遲延利息之規定，第240條債務人請求必要費用之規定，第397條第2項賠償再行拍賣所減少差額之規定等是。所謂契約另有訂定，指當事人於損害發生前，預訂一定數額為賠償總額，或於損害發生後合意一定數額為賠償總額之情形。此二種情形，均無依本條定其賠償範圍之必要。至所謂「**所受損害**」，指積極的損害而言，亦即現存財產，因損害原因事實之發生，而減少之部分。所謂「**所失利益**」，指消極的損害而言，亦即原可取得之財產，因損害原因事實之發生，而未取得之部分。[84]依民法第216條第2項規定：「依通常情形，或依已定之計劃、設備或其他特別情事，可得預期之利益，視為所失利益。」所謂**依通常情形可得預期之利益**，例如房屋為人占用，依通常情

84　48台上1934、52台上2139。

形，本可自己使用或出租，茲竟不能自己使用亦無法出租，則可得預期之受益或租金之未能取得，視為所失利益是。所謂**依已定之計劃可得預期之利益**，例如擬以新屋開設餐廳，而因承攬人遲延交屋，致延期開張，則可得預期每日之利潤之未能取得，視為所失利益是。所謂**依已定之設備可得預期之利益**，例如擬開設冰店，因所訂製冰機未到，致遲延開張，則可得預期之營業利潤，視為所失利益是。已定之計劃與設備，常為不分。又所謂**依其他特別情事可得預期之利益**，例如與人訂立土地轉賣契約，轉手差價為10萬元，乃因原出賣人又將土地重賣他人，並辦妥移轉登記，致轉賣人無法履行契約，則可得預期之差價，視為所失利益是。

伍、損益相抵

損益相抵者，乃因同一賠償原因事實，使賠償請求權人受損害，且同時受有利益時，應將所受之損害，扣除所受利益，於損益相抵後，如尚有損害，始應由賠償義務人負賠償責任之法則也。關於此，我民法原未設明文，惟學說及實務上均認之，民國88年民法債編修正時爰增訂第216條之1規定曰：「基於同一原因事實受有損害並受有利益者，其請求之賠償金額，應扣除所受之利益。」[85]此即損益相抵也。蓋損害賠償之債之成立既係以實際損害之發生為要件，而損益相抵後始有實際損害之可言，乃無可

---

[85] 民法第216條之1修正說明：「按損益相抵，自羅馬法、德國普通法以來，即為損害賠償之一大法則。蓋損害賠償之目的，雖在排除損害，回復損害發生前之同一狀態，然非使被害人因此而受不當之利益。故如被害人基於同一原因事實受有損害並受有利益時，即應由損害額中扣除利益額，以其餘額為請求之賠償額。此項損益相抵之原則，早經我國最高法院肯認（最高法院22年上字第353號及27年滬上字第73號判例參考），且民法中亦不乏寓有此原則之規定，如第267條但書、第638條第2項等，惟尚無專條規定，爰增訂本條，俾利適用。」

否認，是損益相抵應為法理所當然。我民法第267條但書、第487條但書、第638條第2項等規定中亦明示有此項法則。損益相抵之情形，例如出賣人交馬遲延，買受人雖受有損害，但同時亦受有節省飼料之利益，此項飼料之節省支出，應自損害額中扣除是。

陸、損害賠償之減免

於下列情形下，法院得減輕或免除賠償義務人之賠償金額：

一、被害人與有過失時

「損害之發生或擴大，被害人與有過失者，法院得減輕賠償金額，或免除之。」（民217Ⅰ）所謂與有過失，指被害人對於其行為有過失，且其行為與賠償義務人之行為，為損害發生或擴大之共同原因而言。依民法第217條第2項規定：「重大之損害原因，為債務人所不及知，而被害人不預促其注意或怠於避免或減少者，為與有過失。」**所謂重大之損害原因為債務人所不及知，而被害人不預促其注意**，例如以鉅額支票裝入紙袋，託人保管，惟未向保管人聲明內情，致為遺失是。**所謂怠於避免損害**，例如賠償義務人交付病豬，被害人竟未予隔離，致其原有豬隻受傳染而死（損害發生）是。**所謂怠於減少損害**，例如被毆傷，惟竟不願就醫，致傷勢加重（損失擴大）是。

須說明者，乃被害人之代理人或使用人，於被害人損害之發生或擴大，如與有過失，則法院能否減輕賠償金額，或免除之？民法於此未如債務人之代理人或使用人之情形，設有民法第224條之規定，惟解釋上應得類推適用民法第224條之規定，認為被害人之代理人或使用人，於被害人損害之發生或擴大，如與有過失，

應視同被害人之與有過失。實務上亦認之[86]。民國88年民法債編修正時，爰增訂民法第217條第3項規定：「前二項之規定，於被害人之代理人或使用人與有過失者，準用之。」**惟依準用之方式細敲之，準用之結果似為：「被害人之代理人或使用人對於其自己之損害之發生或擴大與有過失者，法院得減輕賠償金額，或免除之。」**果如是，則適用民法第217條第1項規定即可得之，何須增訂第3項規定？足見以準用之方式為規定，並不適當，不如規定之曰：「被害人之代理人或使用人，於被害人損害之發生或擴大，與有過失者，視同被害人之與有過失。」[87]

二、義務人之生計有重大影響時

「損害非因故意或重大過失所致者，如其賠償致賠償義務人之生計有重大影響時，法院得減輕其賠償金額。」（民218）所謂損害非因故意或重大過失所致者，指損害僅因輕過失所致，或並無過失而依法律規定應負無過失責任之情形。僅因輕過失或無過失，及生計有重大影響之事實，應由賠償義務人負舉證之責。

柒、讓與請求權

讓與請求權者，「關於物或權利之喪失或損害，負賠償責任之人，得向損害賠償請求權人，請求讓與**基於其物之所有權或基於其權利對於第三人之請求權**。」（民218-1 I）之謂也。立法目的，在避免損害賠償請求權人享有雙重利益。本條原為第228條，

86　最高法院68.3.21.民庭會議決議。

87　民法第217條第3項「準用之」之規定，用語雖有不妥，惟其立法理由謂：「按學者通說及實務上之見解（最高法院68.3.21.民庭會議決議參考），均認為民法第224條之規定，於過失相抵之情形，被害人方面應有其類推適用。亦即第1項及第2項之規定，關於被害人之代理人或使用人之過失，應視同被害人之過失，方得其平。爰增訂第3項之規定。」則為正確。

規定於「債之效力」節中，惟事實上本條規定，對於損害賠償之債，均應有其適用，應屬於損害賠償之債的效力範圍內之規定，始為當然。民國88年民法債編修正時，爰將第228條規定刪除，改列為第218條之1第1項[88]，並增訂第2項規定。依此分述讓與請求權之成立要件如次：

（一）須係因物或權利之喪失或損害而負損害賠償責任之人

所謂「物或權利之喪失或損害」，包括：物之喪失、物之損害、權利之喪失、權利之損害等四種情形。享有讓與請求權者，須係因此四種情形，而負擔損害賠償責任之人，始足當之。

物之喪失，指物事實上之消滅或法律上之消滅或占有之消滅而言。**事實上之消滅**，例如甲寄託於乙處之西裝為丙失火燒成灰燼，乙於賠償甲時，得請求甲讓與其對丙之損害賠償請求權是。**法律上之消滅**，例如動產因附合而為不動產之重要成分者，依民法第811條規定，由不動產所有人取得動產所有權，該動產即在法律上消滅。設磁磚師傅甲誤將乙所有之磁磚貼於丙所有之房屋地板上，則甲於賠償乙時，得請求乙讓與其對丙之不當得利返還請求權是。**占有之消滅**，例如甲寄託於乙處之機車為丙所竊，乙於賠償甲時，得請求甲讓與其對丙之所有物返還請求權是。物之喪失，必須係第三人所致者，始有本條之適用。

物之損害，指物之分損及全損而言。**分損**，指物之部分受損

---

[88] 民法第218條之1修正說明二：「按第228條係規範關於負損害賠償責任之人於為損害賠償前之通則，應規定於本章第二節『債之標的』內損害賠償部分，始合本條立法之旨趣，且本條原仿德國民法第255條之立法例，該國民法第254條規定之共同過失，與本法第217條相當，而本法第218條，則同為減輕賠償義務之規定，爰將第228條移列第218條之後，列為第218條之1，並為本條之第1項。」

之情形。例如甲委託乙保管之汽車為丙破壞門鎖，乙於賠償甲時，得請求甲讓與其對丙之損害賠償請求權是。分損亦須係第三人所致者，負損害賠償責任之人，始得依本條規定主張讓與請求權；若非第三人所致，負損害賠償責任之人，只須加以修復（民213 I）或賠償修復所必要之費用（民213Ⅲ）或賠償減少之價額（民196），不生讓與請求權。**全損**，指物之生命或功能已喪失而尚有殘體之情形，例如甲開車壓死乙所有之牛或撞壞乙之機車至無法修復，甲於賠償乙時，得請求乙讓與牛或機車之殘體是。全損，不論係負損害賠償責任之人所致或第三人所致，均有本條規定之適用。

　　權利之喪失，指喪失權利或喪失權利行使之資格而言。**喪失權利之情形**，例如甲受乙之託保管票據，因票據為第三人所竊或其他原因票據喪失，未為止付通知及公示催告，致票據上之權利喪失，甲於賠償乙時，得請求乙讓與其對於第三人之損害賠償請求權或不當得利返還請求權，或票據法第22條第4條規定之利益償還請求權；**喪失權利行使之資格之情形**，例甲受乙委任代理申報破產債權，因未申報致喪失行使破產債權之資格，甲於賠償乙時，得請求乙讓與其債權是。

　　權利之損害，指權利之內容或價值減損而言。例如甲受乙委任代理向債務人丙求償債務，因坐讓時效消滅，債務人丙提出時效抗辯，而受敗訴之判決；或甲受乙委任代為向債務人丙收取債權，因怠行其受任義務，致債務人丙成為無支付能力。此等情形，甲於賠償乙時，得請求乙讓與其對於債務人丙之債權是。又如於侵害債權之情形，債之標的物為第三人所竊或毀損（侵害債權），致給付不能因而債務人免給付義務時（民225 I），受侵害之債權人，得請求債務人讓與其對於第三人之所有物返還請求權

（標的物未受損時）或損害賠償請求權（標的物毀損滅失時）或不當得利返還請求權（第三人處分標的物之所得或受償之賠償物）是（民225Ⅱ）。

須提醒者，乃依上舉各例，可知因物或權利之喪失或損害，而負之損害賠償責任，兼括侵權行為之損害賠償責任及債務不履行之損害賠償責任。應理解之。

（二）須向損害賠償請求權人請求讓與基於其物之所有權或基於其權利對於第三人之請求權

因物或權利之喪失或損害而負損害賠償責任之人，並不因物或權利之喪失或損害，而法定的當然取得「基於其物之所有權或基於其權利對於第三人之請求權」，必須經其向損害賠償請求權人為「請求」，並經損害賠償請求權人為「讓與」之後，始能取得此等權利。此依本條用語，乃當然之解釋。是我民法第218條之1規定，顯係採**債權主義**無疑，與日本民法第422條規定：「債權人因損害賠償而受領其債權之標的物或其權利價額之全部時，債務人就其物或權利上當然代位債權人。」係採物權主義者，並不相同。學者有稱我民法第218條之1（修正前為第228條）之規定為賠償代位者[89]，似較不適宜。

讓與請求權與損害賠償請求權之關係如何？依民法第218條之1第2項規定：「第二百六十四條之規定，於前項情形準用之。」[90]

---

[89] 胡長清，中國民法債篇總論，264頁；王伯琦，民法債篇總論，145頁；何孝元，民法債編總論，142頁。

[90] 民法第218條之1第2項修正說明：「按賠償義務人之權利讓與請求權，立法例有採當然代位主義者，如日本民法第422條之規定。有採請求讓與主義者，如德國民法第255條之規定。本法第228條係採德國立法例，其讓與請求權，應解為與損害賠償義務有對價關係。現今一般學者通說雖皆認為其間可類推適用關於同時履行抗辯之規定，究不若以明文規定準用，可免除適用上之疑義，爰增

亦即損害賠償請求權人，於未受全部賠償以前，得拒絕讓與，而負損害賠償責任之人，提出全部賠償之時，損害賠償請求權人如拒絕讓與，則亦可拒絕賠償。可知本條之讓與請求權，係於損害賠償之責任成立時發生，亦即係與損害賠償請求權同時發生，因此二者係處於同時履行之地位，雙方均得提出同時履行抗辯。[91]

負損害賠償責任之人，向損害賠償請求權人請求讓與者為：「基於其物之所有權或基於其權利對於第三人之請求權。」本段文字，因對「權利」之涵義見解不同，以及斷句之關係，主要可有三種解釋：

1.認為權利二字，包括物之所有權在內，故得請求讓與者，為：「基於其物之所有權，或基於其權利（物之所有權及其他權利）對於第三人之請求權。」

訂第2項，明定第264條之規定，於前項情形準用之。」

[91] 民國88年民法債編修正前，學者通說亦認為，民法第228條規定之讓與請求權，與損害賠償請求權，二者係處於同時履行之地位，得類推適用民法第264條規定，損害賠償請求權人，於未受全部賠償以前，得拒絕讓與，而負損害賠償責任之人，提出全部賠償之時，損害賠償請求權人如拒絕讓與，則亦可拒絕賠償。（洪文瀾，民法債編通則，240頁；王伯琦，民法債編總論，146頁；胡長清，民法債編總論，265頁；史尚寬，債法總論，339頁；何孝元，民法債編總論，143頁；鄭玉波，民法債編總論，300頁；孫森焱，民法債編總論，423頁；曾隆興，民法債編總論，375頁；鄭健才，債法通則，186頁）惟有學者認為，負損害賠償責任之人，須先為全部賠償後，始能取得讓與請求權。（戴修瓚，民法債編總論（下），106頁舉例說明部分）另有學者補充謂：「再者，讓與請求權之所謂請求，雖用語上稱之請求，但性質上具有類似形成權之作用，如債務人全部賠償後而請求讓與時，因賠償權利人已無拒絕讓與權利，該損害賠償請求權（按應係指「基於其物之所有權或基於其權利對於第三人之請求權」）即因債務人之請求而當然讓與，無庸權利人同意。惟其形成對象，尚非權利標的本身（權利標的之內容，並未發生變動），而係主體之間發生變動，堪稱其為主體間之形成權。」（邱聰智，新訂民法債編通則（上），390～391頁）。

2.認為權利二字，不包括物之所有權在內，故得請求讓與者，為：「基於其物之所有權，或基於其權利（物之所有權以外之權利）對於第三人之請求權。」

3.認為權利二字，不包括物之所有權在內，且「對於第三人之請求權」之權利本體（即其主詞），有「基於其物之所有權」與「基於其權利」二者，故得請求讓與者，為：「基於其物之所有權對於第三人之請求權，或基於其權利（物之所有權以外之權利）對於第三人之請求權。」

上述三種解釋，依學者之論述或舉例說明之內容觀之，採第1種見解者有之[92]，採第3種見解者有之[93]，採第2種見解者，似未見之。實則，第1種解釋及第3種解釋，兩相比較，只有能否請求讓與「物之所有權」乙點不同而已，亦即依第1種解釋，得請求讓與物之所有權，依第3種解釋，不得請求讓與物之所有權。至於在二種解釋之下，所謂「基於其物之所有權對於第三人之請求權」及「基於其權利對於第三人之請求權」，則無不同，均認為對於第三人之請求權，係包括各種請求權，例如所有物返還請求權、損害賠償請求權、不當得利返還請求權是[94]。

實務上，最高法院有判決認為，得請求讓與「基於其物之所

---

[92] 洪文瀾，民法債編通則釋義，239頁；王伯琦，民法債編總論，146頁；胡長清，中國民法債篇總論，266頁；何孝元，民法債編總論，142頁，孫森焱，新版民法債編總論（上冊），455頁以下。

[93] 戴修瓚，民法債編總論（下），106頁；史尚寬，債法總論，339頁；鄭玉波，民法債編總論，299頁；鄭健才，債法通則，186頁；王澤鑑，民法學說與判例研究（3），309頁。

[94] 邱聰智，新版民法債編總論（上），385～392頁，似採第3種解釋，但將對於第三人之請求權，均解為「對於第三人之損害賠償請求權」。

有權」[95]，似採第1種解釋之見解。

　　本書採第1種解釋。其主要理由有三：（1）如採第3種解釋，則本段在用詞及斷句上，似應規定為：「基於所有權或其他權利對於第三人之請求權」，或「基於所有權或其他權利，對於第三人之請求權」，方為正確。茲立法者，不此之為，而於上下文使用「基於其」二次，顯見有特加區隔之用意；（2）彼採第3種解釋者，既謂不得請求讓與物之所有權，惟卻又將「基於其物之所有權對於第三人之請求權」，解為包括所有物返還請求權，實相矛盾。蓋所有物返還請求權，乃本於所有權而生，實施所有物返還請求權，如有效果，豈非已取得物之所有權，若否，則讓與請求權何用？[96]（3）本段使用「**基於其物之所有權**」乙語，應有所指，其意乃：**物未受損時，與「物之所有權」無異，物如受損時，則指「隨物受損情形而不同內容之所有權」**，亦即指殘體之所有權。是則，本段規定適用之情形，具體言之如下：

　　1.**關於物之喪失之適用**：（1）事實上之消滅時，得請求讓與「基於其物之所有權對於第三人之請求權」（指損害賠償請求權）；（2）法律上之消滅時，得請求讓與「基於其物之所有權對於第三人之請求權」（指不當得利返還請求權）（民816）；（3）占有上之消滅時，得請求讓與「基於其物之所有權」（指物之所有權），或「基於其物之所有權對於第三人之請求權」（指所有物返還請求權，或損害賠償請求權，或不當得利返還請求權）。

---

[95]　64台上2295判決。

[96]　此或係邱聰智教授將「對於第三人之請求權」解為限於損害賠償請求權之原因。

2.關於物之損害之適用：（1）分損時，得請求讓與「基於其物之所有權對於第三人之請求權」（指損害賠償請求權）；（2）全損時，得請求讓與「基於其物之所有權」（指殘體所有權），或「基於其物之所有權對於第三人之請求權」（指損害賠償請求權）。

3.關於權利之喪失之適用：權利喪失之情形，得請求讓與「基於其權利對於第三人之請求權」（例如損害賠償請求權、不當得利返還請求權、票據法第22條第4項規定之「利益償還請求權」、又債權實等於請求權，故亦可解為得請求讓與各種「債權」，應無疑問）。

4.關於權利之損害之適用：權利損害之情形，得請求讓與「基於其權利對於第三人之請求權」（例如所有物返還請求權、損害賠償請求權、不當得利返還請求權，當然亦可解為包括各種「債權」在內，而不待言）。

第三章

債之效力

債之效力者，債之關係成立後，債權人與債務人相互間所受拘束之情形也。債之內容為給付，前已言之，故債之主要效力為債務人之「給付」義務。又債務人之給付，應於相當時間為之；債權人對於債務人之給付，亦應予以相當之助力，否則均應負「遲延」責任。此外，於債務人損害債權時，債權人可為相當之「保全」作為。此皆係隨給付而生之效果，稱為債之從屬的效力。我民法債之效力乙節，除給付、遲延、保全等規定外，並將契約之特別效力，一併規定在內。

第一節　給付

給付乙詞，以名詞解釋，指債之標的，亦即債務人所應為之行為。以動詞解釋，則指債之清償，亦即債務人履行債務之行為。此所謂給付，指後者而言。

壹、債務人對於故意過失之責任

「債務人就其故意或過失之行為，應負責任。」（民220 I）分述其有關問題如次：

一、故意過失之意義

故意者，行為人對於自己之行為，明知並有意使其發生，或預見其發生，而其發生並不違背其本意之心理狀態也。過失者，行為人對自己之行為，按其情節應注意能注意而不注意，或預見其發生而確信其不發生之心理狀態也。（已見前述一般侵權行為之主觀要件中之說明）又過失可分為三種：**1.重大過失**，即以一般人之注意程度為標準，顯然欠缺一般人之注意者為重大過失。**2.具體輕過失**，即以處理自己事務之注意程度為標準，欠缺與處理自己事務為同一之注意者為具體輕過失。**3.抽象輕過失**，即以善良管理人之注意程度為標準，欠缺善良管理人之注意者為抽象輕過失。負抽象輕過失責任者，注意程度高，稍不注意即須負責，責任重；負具體經過失責任者次之；負重大過失責任者，注意程度最低，須非常不注意始須負責，責任最輕。（已見總則編錯誤之效力中之說明）

二、過失責任之酌定

「過失之責任，依事件之特性而有輕重，如其事件非予債務人以利益者，應從輕酌定。」（民220 II）亦即過失之責任，依各個事件之特性不同，而有輕有重，惟法院於酌定債務人應負過失責任之輕重時，得以債務人於其事件是否受有利益為準，如其事件非予債務人以利益者，應從輕酌定。依本條規定意旨，參照我民法上有關債務人應盡之注意義務之規定，可歸納出如下之具體原則，於法律就該事件之注意義務未設明文時，可資比照。分析言之：

（一）該事件之性質，**重在債務人之受利益，或債務人受有報酬時**，應就抽象輕過失，負其責任。重在債務人受利益之情形，

例如承租人（債務人）應以善良管理人之注意，保管租賃物是
（民432Ⅰ前段）；債務人受有報酬之情形，例如受任人受有報酬
者，應以善良管理人之注意處理委任事務（民535後段）；受寄人
受有報酬者，應以善良管理人之注意保管寄託物（民590後段）
是。

（二）**如債權人及債務人雙方均受利益時**，應就具體輕過失，
負其責任。例如合夥人之執行合夥事務，應與處理自己事務為同
一注意是（民672前段）。

（三）**如僅債權人受利益**，而債務人未受利益時，則僅就故
意或重大過失，負其責任。例如贈與人僅就其故意或重大過失，
對於受贈人負給付不能之責任是（民410）。

三、故意過失責任預先免除之禁止

「故意或重大過失之責任，不得預先免除。」（民222）此為
禁止規定，蓋故意或重大過失之責任已輕，若可預先免除，則債
務人幾已無庸負其責任，顯非公平。因此事先約定就故意或重大
過失之行為無庸負損害賠償責任者，其約定無效。惟因輕過失不
在限制之列，故事先約定免除輕過失責任者，並無不可；事先約
定完全免除責任者，僅生免除輕過失責任之效力。至如事先未約
定免除責任，僅債權人事後拋棄其損害賠償請求權者，則無不
可。

四、具體經過失責任之高低限

「應與處理自己事務為同一注意者，如有重大過失，仍應負
責。」（民223）亦即負具體輕過失責任者，仍應就重大過失（注
意程度較低），負其責任。申言之，應負與處理自己事務同一注

意之人，其處理自己事務，如一向甚為疏忽，則處理他人事務，縱亦如此疏忽，雖可不負責。惟其疏忽之程度，仍不得低於一般人之注意，如低於一般人之注意，雖屬與處理自己事務為同一注意，仍不得免責，而應負重大過失（欠缺一般人之注意）之責任，蓋債務人之履行，最少須盡一般人之注意，始足保護交易之安全也。反面言之，如債務人向來之注意，超過善良管理人之標準時，則所謂「與處理自己事務為同一注意」，應僅提高為以善良管理人之注意為標準，如其履行債務已盡善良管理人之注意，雖實際未與處理自己事務為同一注意，亦應認為不負過失責任，蓋債務人對於具體輕過失所負之責任，不應高於抽象輕過失所負之責任也。可知「與處理自己事務為同一注意」之標準，雖隨人而異，惟至低不得低於一般人之注意程度，至高則以提高至善良管理人之注意程度為限。

貳、對於事變之責任

事變者，非因人之故意或過失致生損害之事件也。可分為二：

一、通常事變

指已盡應盡之注意義務，仍不免發生，惟若施予超過應盡之注意義務以上，而為更加嚴密之注意，或可避免發生之事件。亦即介於債務人無過失，與不可抗力之間，致生損害之事件也。例如旅客之行李在飯店被竊（非不可抗力），飯店已盡其應盡之注意義務（無過失），惟如飯店能施予超過其應盡之注意義務以上，而加設非常嚴密之防盜措施，或不致發生，此情形下致生損害之事件者是。

二、不可抗力

指與人之故意或過失無關，且任何人縱加以最高度之注意，亦不能抗拒其發生之事件。例如地震、颱風、海嘯是。

原則上，債務人僅就故意或過失負其責任，對於因事變所致之債務不履行，無庸負責，但下列情形則為例外：

（一）對於通常事變須負責者

情形有二：1.當事人約定須對通常事變負責者。2.法律規定須對通常事變負責者，例如民法第606條規定：「**旅店或其他供客人住宿為目的之場所主人，對於客人所攜帶物品之毀損、喪失，應負責任。但因不可抗力或因物之性質或因客人自己或其伴侶、隨從或來賓之故意或過失所致者，不在此限。**」以及第654條第1項規定：「**旅客運送人對於旅客因運送所受之傷害及運送之遲到應負責任。但因旅客之過失，或其傷害係因不可抗力所致者，不在此限。**」是。

（二）對於不可抗力須負責者

情形亦有二：1.當事人約定須對不可抗力負責者。2.法律規定須對不可抗力負責者，例如民法第525條第1項規定：「**著作物交付出版人後，因不可抗力致滅失者，出版人仍負給付報酬之義務。**」以及第837條規定：「**地上權人，縱因不可抗力，妨礙其土地之使用，不得請求免除或減少租金。**」是。

參、債務人為無行為能力人或限制行為能力人時之責任

「債務人為無行為能力人或限制行為能力人者，其責任依第一百八十七條之規定定之。」（民221）所謂「其責任依第一百八十七條之規定定之」，亦即：

（一）無行為能力人或限制行為能力人「不履行其債務者」，以行為時有識別能力為限，與其法定代理人連帶負損害賠償責任。行為時無識別能力者，由其法定代理人負損害賠償責任。

（二）前項情形，法定代理人如其監督並未疏懈，或縱加以相當之監督，而仍不免發生損害者，不負賠償責任。

（三）如不能依前二項規定受損害賠償時，法院因「債權人」之聲請，得斟酌行為人及其法定代理人與「債權人」之經濟狀況，令行為人或其法定代理人為全部或一部之損害賠償。

（四）前項規定，於其他之人，在無意識或精神錯亂中所為之行為致「債權人」受損害時，準用之。

須說明者，乃本條所謂「**其責任依第一百八十七條之規定定之**」，**究應如何解釋**？亦即第187條之4項規定應如何適用於本條？**雖立法理由說明甚為清楚**，謂：「謹按債務人為無行為能力人或限制行為能力人，其責任依第187條之規定者，即未成年或禁治產之債務人，應負賠償責任之情形有四：（1）債務人有識別能力者，使與法定代理人連帶負責，無識別能力者，使法定代理人負責。（2）法定代理人監督並未疏懈，或縱加監督，而其行為仍不能免者，不應使法定代理人負責。（3）不能依此種規定負責時，應斟酌債務人[97]與債權人之經濟狀況，令債務人負全部或一部之責。（4）於其他之人，在無意識或精神錯亂中所為之行為，致第三人受損害者，亦應斟酌債權人債務人雙方之經濟狀況，使負全

---

97 民法第187條第3項原僅規定「得斟酌行為人與被害人之經濟狀況」，「及其法定代理人」一語，為民國88年民法債編修正時增訂。故民法第221條之立法理由，就準用之結果，僅言「應斟酌債務人與債權人之經濟狀況」。

部或一部之責。均須明白規定，以杜無益之爭論也。故設本條以明示其旨。」**惟學者仍有紛歧之解釋：**

有認為民法第221條所謂「其責任」依第187條之規定定之，僅在決定無行為能力人或限制行為能力人，不履行債務之「責任能力」而已，不及其他。故僅第187條第1項前段關於無行為能力人或限制行為能力人之部分可適用，其結果為：「無行為能力人或限制行為能力人不履行其債務者，以行為時有識別能力為限，就故意或過失負其責任。」[98]

有認為債務人法定代理人之財產，並非債權人債權總擔保之範圍，且第221條規定僅及於債務人為無行為能力人或限制行為能力人者，其責任依第187條規定定之，對於法定代理人之責任既未規定，未宜擴張解釋。故第187條第1、2項中關於法定代理人之責任之規定，於無行為能力人或限制行為能力人不履行其債務時，不適用之。其結果僅餘三項，即：「無行為能力人或限制行為能力人不履行其債務者，以行為時有識別能力為限，負損害賠償責任。」「如不能依前項規定受損害賠償時，法院因債權人之聲請，得斟酌行為人與債權人之經濟狀況，令行為人為全部或一部之損害賠償。」「前項規定，於其他之人，在無意識或精神錯亂中所為之行為致債權人受損害時，準用之。」[99]

亦有認為債務人之財產，始可擔保債務之履行，是債務人為無行為能力人或限制行為能力人者，適用民法第187條第1、2項規

---

[98]　洪文瀾，民法債編通則釋義，223頁；戴修瓚，民法債編總論（下），124頁；何孝元，民法債編總論，152頁；曾隆興，修正民法債編總論，350～351頁；邱聰智，新訂民法債編通則（下），28頁。

[99]　王伯琦，民法債編總論，157～158頁；王澤鑑，民法學說與判例研究（3），168頁；鄭健才，債法通則，180頁。

定之結果，顯係將債權之效力擴張及於債務人以外之法定代理人，以法定代理人之財產為債權之總擔保，且民法第187條所以使法定代理人負損害賠償責任者，立法意旨在於保護侵權行為之被害人，蓋侵權行為之被害人係單純的毫無憑藉的遭受損害，法律即有特加保護之必要，此與債務不履行係以債之關係存在為前提，以特定人間的特定關係者，有所不同。此外，依民法第224條規定，債務人即使無責任能力，就法定代理人之有責行為亦應負絕對責任，倘謂準用民法第187條規定之結果，債務人於行為時若無識別能力，則不負債務不履責任，僅由其法定代理人獨負損害賠償責任，先後解釋顯然矛盾；又債務人應負債務不履行責任之主觀責任原因為「可歸責之事由」，通常係指故意或過失之行為而言，就事變或不可抗力亦應負責者有之，而無論故意或過失均以具有意思能力為要件，如無識別能力，即不能成立故意或過失，其因債務不履行致生損害，亦屬不可歸責之事由所致，若債務人就事變或不可抗力亦應負責者，既不以故意過失為要件，債務人縱無識別能力，對於債務不履行致生損害，亦不能免責，此際倘依民法第187條第3項規定，以債務人為無識別能力而不負債務不履行責任，法院得斟酌債務人與債權人之經濟狀況，令債務人為全部或一部之損害賠償，豈非變更債務人之主觀責任原因，令其負無過失責任？此外，同條第4項係就完全行為能力人在無意識或精神錯亂中所為之行為而為規定，關此民法第221條並未有準用之規定，法院即無從依上開規定命債務人為賠償。[100]

本書以為，上開三種解釋，均有誤會。主要理由如下：

（一）民法第187條共有4項規定，為立法者所明知，若第221

---

[100] 孫森焱，新版民法債編總論（下冊），490～492頁。

條之目的僅在決定無行為能力人或限制行為能力人之責任能力，而不及於法定代理人之責任，則根本無庸繞道於第187條全部，然後再透過解釋，截取其第1項前段之一部。立法者儘可於第221條直接規定為：「無行為能力人或限制行為能力人不履行其債務者，以行為時有識別能力為限，就故意或過失負其責任。」更合於一般立法技術。立法者不此之為，反明定曰：「其責任依第187條之規定定之。」即意在適用第187條之全部4項規定。

（二）債務人法定代理人之財產，雖非債權人債權總擔保之範圍，但非不得立法使之然，民法第187條即其著例，且債務不履行本質即係債權之侵害，亦屬侵權行為性質，原不待再事明文，應即適用第187條之全部4項規定。第221條不過為注意之規定而已。

（三）無行為能力人或限制行為能力人之侵權行為係由其自為；而有效之債的行為，則係由其法定代理人代為（民76）或經其同意（民77以下）而為。侵權行為之情形，其法定代理人既不能免其監督之責，於債的行為之情形，其法定代理人自更有負責之理由。是於民法第187條全部4項之立法無可議之情形下，第221條規定無行為能力人或限制行為能力不履行其債務時，其責任依第187條全部4項之規定定之，更屬應該。

（四）民法第221條所定「其責任」之「其」字，固可指「無行為能力人或限制行為能力人」，然亦可指「無行為能力人或限制行為能力人不履行其債務」之情形而言，而觀之第187條之內容，重點並不在無行為能力人或限制行為能力人之責任，而在其法定代理人之責任問題，顯見「其」字應係指「無行為能力人或限制行為能力人不履行其債務」之情形無疑。

是則，民法第221條所謂「其責任依第187條之規定定之」，應包括第187條全部4項均有其適用，並無何不妥之處。[101]

肆、對於代理人或使用人故意過失之責任

「債務人之代理人或使用人，關於債之履行有故意或過失時，債務人應與自己之故意或過失負同一責任。但當事人另有訂定者，不在此限。」（民224）分述其要件如下：

一、須為債務人之代理人或使用人

所謂代理人，包括意定代理人及法定代理人。所謂使用人，指一切基於債務人之意思用為履行債務之人。其與債務人間有無契約關係？是否有償？使用係一時的抑繼續的？均非所問。所謂基於債務人之意思，乃使用人係本於債務人之指示而參與債務之履行，且為債務人所能指揮干涉之意。故如非本於債務人之指示（例如民法第311條所定第三人清償之第三人），或為債務人所不能指揮干涉（例如遞送包裹之郵差），雖為債務人所用，均非此之謂使用人。

二、須代理人或使用人關於債之履行有故意或過失致生損害

亦即：1.須代理人或使用人參與債務之履行；2.須關於履行之行為有故意或過失；3.須因其故意過失致生損害。

三、須無免責之特約

若債務人與債權人約定對其代理人或使用人之故意或過失不負責任者，則依其約定。

---

[101] 同說：史尚寬，債法總論，345頁；胡長清，中國民法債篇總論，282頁；鄭玉波，民法債編總論，271～272頁；劉春堂，判解民法債編通則，111頁。

　　具備上述要件者，債務人即應與自己之故意或過失，負同一責任。亦即與債務人自己之故意或過失，生同等效果也。

伍、情事變更原則

一、情事變更原則之意義

　　「契約成立後，情事變更，非當時所得預料，而依其原有效果顯失公平者，當事人得聲請法院增、減其給付或變更其他原有之效果。」（民227-2Ⅰ）是為情事變更原則。

　　按法律關係發生後，因不可歸責於雙方當事人之事由，致其基本情事發生變更，若該法律關係之效力仍維持不變，對債務人顯非公平。雖決定原法律關係之效力應否為相當變更時，所資以衡量之標準，乃維持原效力，是否顯失公平而有違誠實信用，仍歸結於誠實信用原則之問題上，亦即適用誠實信用原則即可為增減給付或變更其他原有效果之判決，故我民法原僅就誠實信用為一般規定（民148Ⅱ、修正前民219），就情事變更原則未設一般規定，僅分別情形，將其精神規定於相關條文中，例如民法第265條、第418條、第442條、第457條、第472條、第489條等規定是。實務上，亦均基於誠實信用或公平原則，為增減給付或變更原有效果[102]。民國88年民法債編修正時，認為誠實信用為上位之規

---

[102] 最高法院44年11月27日民刑庭總會決議：「於復原後辦理民事訴訟補充條例期滿失效後起訴之事件，如法律行為成立後，因情事變更依原有效果顯失公平者，可適用民法第219條為增減給付或變更其他原有效果之判決。」

47台上1180：「日據時期之信用組合與戰後之信用合作社，固可經營存款、放款及票據承兌業務，與銀行業之性質頗相近，惟銀行業戰前存款、放款清償條例第1條第2項，既特別明定前項銀行業『包括中央儲蓄會及郵政儲金匯業局』字樣，可見信用合作社，非該條例所稱之銀行業，其在戰前貸放之款項不能依同條例第2條規定而為清償，祇能斟酌戰前戰後一切情形，秉誠實信用法則，以確定其應清償之數額。」

定，情事變更原則為其下位概念之一，仍以明定具體條文為宜，爰參考民事訴訟法第397條之內容，增訂民法第227條之2第1項規定。至於規定於債之效力第一款「給付」內，則係因適用情事變更原則所生之效果，乃給付內容之變更，與給付之方法相關故也。

二、情事變更原則之要件

依民法第227條之2規定，分述情事變更原則之要件如次：

（一）須有情事變更

所謂情事，指為契約成立基礎之一切客觀事實。至於客觀事實，則係指社會上存在之事實。例如通貨膨漲、能源危機、砂石禁採、禁止進口、開放進口、戰爭、政變、長期罷工、傳染病蔓延、天候異常變化、利率大幅下降、房價大幅上漲或下跌等是。因此，單純當事人個人之事實或想法，不足當之。所謂變更，指上開客觀事實之發生、變化或消滅而言。例如契約成立後發生戰爭致無法履行、工程承攬契約成立後政府公布全面禁採砂石致砂石價格上漲成本增加、房屋租賃契約成立後屋價大幅下跌致租金過高等情形是。情事是否為契約成立基礎，以及變更之有無，應就契約成立時個案具體情況認定之。

（二）須情事變更發生於契約成立後履行完畢前

發生於契約成立前之情事變更，變更後之事實即成為契約成立基礎，不發生情事變更之問題，必也情事變更發生於契約成立後履行完畢前者始可。

又47台上1771：「因情事變更，增加給付之法理，於適用時，應斟酌當事人因情事變更，一方所受不相當之損失，他方所得不預期之利益及彼此間關係，為公平之裁量。」

　　須說明者，契約履行完畢後，是否仍可適用情事變更原則請求法院增減其給付或變更其他原有之效果？學者言及之者，謂：「又契約之法律效力消滅後（如契約業已履行）所發生之情事變更，亦不發生情事變更問題，蓋情事變更問題所涉及者，乃契約之法律效力應否變更之問題，法律效力既已消滅，當不再發生法律效力變更問題。職是之故，於契約債務履行前，發生情事變更，而當事人不知其事由，或雖知其事由而不主張適用情事變更原則，仍依原契約之約定而完成債務之履行者，亦不發生情事變更原則之適用問題。」[103]本書以為，應分別情形而論：1.若「**情事變更發生於契約履行完畢前**」，則除當事人放棄其主張之權利外，縱於契約履行完畢後（包括契約效力消滅後，以下同），當事人仍得請求法院增減給付或變更其他原有效果，蓋民法第227條之2並無須於契約履行完畢前始得主張之限制，只須「契約成立後，**履行完畢前**，情勢變更，非當時所得預料，而依其原有效果顯失公平者」，縱於契約履行完畢後，當事人仍得為主張。至於法院為增減給付或變更其他原有效果之判決後，當事已履行而超過之部分，得依不當得利之規定請求返還，尚未履行之部分，則依判決內容為給付，自不待言。果如是，則我民法須另為規定者，乃此項請求法院增減給付或變更其他原有效果之權利之行使期限問題而已。2.至若「**情勢變更發生於契約履行完畢後**」，則當事人並未因情事變更而受不利益，不生依其原有效果顯失公平之情事，自無請求法院增減給付或變更其他原有效果之餘地，其無民法第227條之2規定之適用，乃為當然。

---

[103] 劉春堂，民法債編通則（一）契約法總論，153頁；林誠二，民法理論與問題研究，40～41頁。

（三）須非當時所得預料

　　情事變更須非當時所得預料者，始足當之。所謂當時，指契約成立時而言。所謂非當時所得預料，其**客觀上無法預料**，亦即性質上無法預料者（例如地震之發生、天候之異常變化）及事實上無法預料者（例如戰爭之爆發、砂石之禁採），固屬之。即**客觀上可得預料，但當事人未嘗列入斟酌者，亦應屬之**[104]。對於未嘗列入斟酌之事實，應由主張適用情事變更原則之當事人負舉證之責。若情事變更雖發生於契約成立之後，惟於契約成立時已加以斟酌者，則無情事變更原則之適用。對於已加以斟酌之事實，應由主張之當事人負舉證之責。

（四）須因不可歸責於當事人之事由

　　於情事變更之發生係客觀上無法預料之情形，無歸責於當事人之事由可言，並無問題[105]。惟於客觀上可得預料，但當事人未嘗列入斟酌之情形，則尚須具備情事變更之發生，係因不可歸責於當事人之事由所致之要件，始足當之。蓋情事變更既係客觀上可得預料，而當事人之未嘗列入斟酌，又係因可歸責於當事人一方或雙方之事由所致，自無再予增減給付或變更其他原有效果之必要。因可歸責於當事人雙方之事由所致者，雙方當事人均不得主張適用情事變更原則。至如係因可歸責於當事人一方之事由所致者，則僅該一方當事人不得主張適用情事變更原則。因此，於

---

[104] 劉春堂，民法債編通則（一）契約法總論，153頁謂：「若未為當事人所預料，但客觀上係可得預料者，則顯係該當事人有過失或有錯誤，其為有過失者，自應由其自行負責，其為錯誤者，則應適用錯誤之規定（民法第88條）加以解決，均無情事變更原則之適用。」

[105] 民法第227條之2立法說明二後段，謂：「又情事變更，純屬客觀之事實，當無因可歸責於當事人之事由所引起之事例，故民事訴訟法第397條規定『因不可歸責於當事人之事由致』等文字無贅列之必要，併予敘明。」顯係就客觀上無法預料之情形而言。

債務人給付遲延中，發生情事變更者，僅債權人得主張適用情事變更原則；反之，於債權人受領遲延中，發生情事變更者，僅債務人得主張適用情事變更原則。

（五）須依其原有效果顯失公平

情事雖然發生變更，但對於契約之效果並無重大影響，亦即維持原有之效果不致顯失公平者，尚無情事變更原則之適用，必也情事變更後，依其原有效果顯失公平者，當事人始得聲請法院增減其給付或變更其他原有之效果。

所謂**顯失公平**，指不公平之情況達於客觀上顯不合理而應予調整之地步而言。情事變更後依契約原有效果是否顯失公平，應由法院依個案具體情形，斟酌當時社會經濟狀況及價值標準定之。所謂當時，指債務人應履行債務之時，債務人得隨時為清償（民315）時或債務人為期前清償（民316）時，則指債務人現實提出給付之時。

三、情事變更原則之適用

具備情事變更要件時，經契約當事人之聲請，法院得適用情事變更原則，增減其給付或變更其他原有法律效果，固無問題。有疑問者，**法院得否依職權適用情事變更原則？**依民法第227條之2規定，**應為否定**。蓋情事雖有變更，依其原有效果亦顯失公平，但當事人另有考量而不請求法院為增減給付或變更其原有效果者，經常有之，當事人僅請求原約定之給付，法院若依職權進行情事變更與顯失公平之調查，並為超越當事人聲明範圍之判決，並不適當。因此，於原告未依情事變更之規定聲請法院增減其給付或變更其他原有效果之情形，法院未為有無情事變更顯失公平之調查，並不違法，不得為上訴第三審之理由。就此，最高法院

於修正前民事訴訟法第397條訂有「法院應依職權公平裁量」一語之情形下，尚且著有71年台上字第386號判例謂：「民事訴訟法第397條所謂依職權裁量，應在當事人訴之聲明增減之範圍內為之。上訴人未在事實審法院主張因情事變更而請求增減給付，原審未予審酌，並不違法，自不得以此作為上訴第三審之原因。」此一判例雖經最高法院公告自民國92年2月7日修正民事訴訟法施行日起不再援用，惟此係因民事訴訟法第397條修正為言詞辯論終結後發生情事變更，當事人得更行起訴，請求變更原確定判決之給付或其他原有效果之規定，與最高法院71年台上字第386號判例意旨已不相符合之故，並非否定該判例就修正前民事訴訟法第397條所為解釋之正當性。特予敘明。

又情事變更原則之適用，並非專屬法院之職權，仲裁事件之當事人亦得主張，仲裁庭自亦得予以適用[106]。最後，情事變更之認定，係屬法律問題，而非事實問題，得構成上訴第三審之理由，於民法增訂第227條之2以前，固應如此解釋[107]，於民法增訂第227條之2以後，自更不待言。

四、情事變更原則之效力

具備情事變更之要件時，經當事人之聲請，法院得「增、減其給付或變更其他原有之效果」，是為情事變更原則之效力。分言之：

---

[106] 81台上2196判決：「查情事變更原則為私法上之原則，此項原則之適用，旨在對於當事人不可預見之情事變更予以救濟，乃有關法律效力之問題，自不能因我國以明文規定在民事訴訟法中，即謂此項原則之適用，專屬法院之職權。因此仲裁人於仲裁判斷時，依情事變更原則解決當事人之爭議，應非法所不許。」

[107] 33院2759、34院解2987、37院解2829。

（一）增、減其給付

所謂增、減其給付，指不變更給付之種類，僅增加給付之數量或減少給付之數量而言。於雙務契約，不論有權主張適用情事變更原則之當事人為何，法院均得為減少一方之給付或增加一方之給付之判決。於片務契約，法院亦得增加或減少債務人一方之給付。

（二）變更其他原有之效果

所謂變更其他原有之效果，指增減其給付以外之變更原有之效果而言。例如判決准許一方當事人為分期或延期給付、就特定物之債變更給付物、同意一方之撤銷、終止或解除契約等是。

須注意者，法院於為增、減給付或變更其他原有之效果之裁量時，應就原有效果之雙方利益比例關係中，因情事變更致遭受破壞之各種實際情形，通盤斟酌，以回復原來之雙方利益比例關係。因此，增減給付之數量或變更其他原有之效果，**須以回復原來之雙方利益比例關係為標準，對於原來雙方利益比例關係之是否公平，並非法院所應考慮之事項**。法院於判決同意一方之撤銷、終止或解除契約時，本於回復原來之雙方利益比例關係之標準，自亦得命一方當事人對於因契約撤銷、終止或解除而遭受損害之他方當事人為相當補償之給付。此項補償之給付係適用情事變更原則所為之利益調整，與民法第260條及第263條所定者係契約解除或終止前已生之損害賠償請求，不可同日而語，不影響於當事人依民法第260條或第263條規定所生之請求。民法第260條或第263條規定所生之請求，並非法院適用情事變更原則所得調整之範圍。另此項賠償既係適用情事變更原則所為之利益調整，而非損害賠償，則自無庸考慮應賠償者究僅限於因終止或解除契約而現

受之積極損害[108]，抑或包括如果契約存續所應得之利益等問題，
自不待言。

五、情事變更原則之準用

「前項規定，於非因契約所發生之債，準用之。」（民227-2
Ⅱ）蓋因契約、無因管理、不當得利、侵權行為等四種債之發生
原因所生之債，於債成立後均有發生情事變更之可能，不以因契
約而發生之債為限。我民法增訂第227條之2時，考慮情事變更原
則適用於契約之情形最多，爰於第1項規定以契約為對象，另再於
第2項規定「前項規定，於非因契約所生之債，準用之。」以資適
用。

陸、債務不履行之責任

債務人履行給付之態樣，可分兩大類：一為「債務履行」，
即給付，亦即依債務本旨之給付。另一為「債務不履行」，其情
形有四：1.給付不能；2.給付拒絕；3.給付不完全；4.給付遲延。
於債務履行時，債之關係消滅，債務人之給付責任已了，無再設
規範之必要。至於債務不履行時，債務人之給付責任如何，則非
有明文規定不可。我民法將給付不能（民225、226）、給付不完
全（民227、227-1）等二種情形之債務人給付責任，規定於債之
通則第三節債之效力第一款給付之內。另將給付遲延（民229～
233）合併債權人之受領遲延，規定於第二款遲延之內。就此，於
民國88年民法債編修正前，學者之論述方式，約有五種：

---

108 史尚寬，債法總論，442頁，認為此賠償責任非基於信任損害之責任，乃直接
根據於情事變更原則之基本觀念，即誠信原則是也。故與其謂之損害賠償，不
若謂之損害之均分或補償。從而其範圍應以相對人現受積極的損害為限，無須
填補相對人就契約之存續所應得之利益。

　　（一）以「債務不履行」為標題，將給付遲延一併列入敘述，且認為修正前民法第227條前段「不為給付」（給付拒絕）之規定，亦屬給付遲延之問題，不為獨立類型者。[109]

　　（二）以「債務不履行」為標題，將給付遲延一併列入敘述，且承認給付拒絕為獨立類型者。[110]

　　（三）以「不給付」為標題，將給付遲延一併列入敘述，且承認給付拒絕為獨立類型者。[111]

　　（四）以「債務人不給付之責任」為標題，敘述給付不能、給付不完全，及不為給付（給付拒絕），但認為不為給付乃給付遲延之問題。至於給付遲延，則列入遲延項下與債權人之受領遲延一併說明者。[112]

　　（五）依民法所定款序，將給付不能、給付不完全列入「給付」之標題內敘述，給付遲延則列入「遲延」之標題內與債權人之受領遲延一併敘述，且將修正前民法第227條前段不為給付之規定，當然視為給付遲延規定之一部分者。[113]

　　本書採第（二）種方式，惟以「債務不履行之責任」為標題，敘述給付不能、給付拒絕、給付不完全，及給付遲延。此外，並將受領遲延列為本節「給付」之一部分，一併敘述。分

---

[109] 孫森焱，民法債編總論，346頁、355頁注一；劉春堂，判解民法債編通則，117頁；邱聰智，民法債編通則，262頁、另408－2頁更主張民法第227條不為給付宜改為預示拒絕給付並擬成修正條文。

[110] 鄭玉波，民法債編總論，265～296頁。

[111] 史尚寬，債法總論，356～405頁。

[112] 胡長清，中國民法債篇總論，284～312頁；王伯琦，民法債篇總論，159～171頁；何孝元，民法債編總論，153～168頁；曾隆興，修正民法債編總論，351～369頁，形式相同，但認給付拒絕為獨立類型。

[113] 戴修瓚，民法債編總論（下），131～160頁、155頁。

述之：

一、給付不能

（一）給付不能之意義

給付不能者，債務人無法為給付之謂也。此所謂「不能」，應依一般社會觀念認定之，雖非事實上之不能，如一般社會觀念認屬不能，亦係不能。例如一屋兩賣，且已登記予後訂約之買者，在事實上雖該屋尚存在，惟一般社會觀念認此情形債務人已無法向先訂約之買者為合於債務本旨之給付，故仍為給付不能。又此所謂「不能」，係指自始主觀不能及嗣後永久能而言。蓋給付自始客觀不能，乃債之標的不能，其債為無效。至嗣後一時不能，則僅生給付遲延之效果。二者均無給付不能之問題也。又不作為債務，亦有給付不能，例如負有不汲水之債務，惟因救火需水，不得不汲水以救火，是為不作為債務之給付不能。

（二）給付不能之效力

關於給付不能之效力，我民法分別於民法第225條、第226條、第266條、第267條設有規定，其中民法第266條及第267條，明顯係屬於雙務契約給付不能效力之規定，並無問題，惟因民法第225條及第226條，並未顯示僅適用於單務契約之意旨，以致常生適用上之疑義。本書以為，此種立法方式，並不妥適，宜將第266條及第267條併入第225條及第226條修正之。於此先就第225條及第226條之規定述之：

1.因不可歸責於債務人之事由致給付不能時

「因不可歸責於債務人之事由，致給付不能者，債務人免給付義務。」「債務人因前項給付不能之事由，對第三人有損害賠償請求權者，債權人得向債務人請求讓與其損害賠償請求權，或

交付其所受領之賠償物。」（民225）分言之：

（1）免給付義務

因不可歸責於債務人之事由，致債務人給付不能者，債務人免給付義務。所謂免給付義務（民225 I），如全部不能者，全部免給付義務；一部不能者，一部免給付義務，僅就其可能部分為給付。惟金錢債務無給付不能之問題，故無免給付義務可言。[114]

（2）代償請求權

債務人因前項給付不能之事由，對第三人有損害賠償請求權者，債權人得向債務人請求讓與其損害賠償請求權，或交付其所受領之賠償物（民225 II），是為「債權人代償請求權」。其成立要件有二：

①須因不可歸責於債務人之事由，至給付不能：例如郵寄之給付物為郵差遺失、給付物為第三人所竊或被第三人毀損等情形是。

②須債務人因該給付不能之事由，對第三人有損害賠償請求權：例如前例債務人對郵局及郵差、或對第三人有損害賠償請求權是。

具備此二項要件，則於給付不能之同時，即成立債權人代償請求權。至代償請求權之內容，則或向債務人請求讓與其對第三人之損害賠償請求權；或向債務人請求交付其所受領之賠償物。由債權人視情形實施。所謂債務人所受領之賠償物，例如前例郵局或郵差或第三人所賠償之金錢；又如空運之給付物，因空難而

---

[114]　20上233。

滅失，債務人受領之航空公司賠償金或保險公司給付之保險金
是。

2.因可歸責於債務人之事由致給付不能時

「因可歸責於債務人之事由，致給付不能者，債權人得請求
賠償損害。」「前項情形，給付一部不能者，若其他部分之履
行，於債權人無利益時，債權人得拒絕該部分之給付，請求全部
不履行之損害賠償。」（民226）申言之：

（1）全部不能者

因可歸責於債務人之事由，致全部不能者，債權人得請求賠
償全部之損害。

（2）一部不能者

因可歸責於債務人之事由，致一部不能者，債權人得請求賠
償該不能部分之損害賠償，並受領其餘可能部分之給付，**惟若其
餘可能部分之給付，於債權人無利益時，債權人得拒絕受領，而請
求賠償全部不能之損害賠償**。所謂其他部分之履行，於債權人無利
益，**例如**約定贈與挖土機一部，嗣因債務人（贈與人）之故意或
重大過失（民410），致挖土機車身損壞至無法修復，僅餘挖斗完
好，如僅交付該挖斗於受贈人，對受贈人（債權人）無利益，受
贈人得拒絕受領，而請求贈與人賠償全部不能之損害是。

須附言者有三：

①民法第226條之損害賠償請求權，係因債務不能履行（全部
或一部）轉換而成，性質上應認係原債權之繼續，故其消滅時效
仍依原債權計算，我民法未明訂其消滅時效，即此之故。

②給付不能（全部或一部）之事實，在因不可歸責於債務人

之事由而生之情形，應由債務人負舉證責任；在因可歸責於債務人之事由而生之情形，則應由債權人負舉證責任。

③由於我國民法第226條第1項，未明示其係關於單務契約之規定，以致於雙務契約之場合亦常有引用民法第226條之規定者，本書以為，依民法第226條第1項規定內容（欠缺債權人是否應為給付之內容）觀之，應係關於單務契約之規定無疑。其於此，民法第226條第2項規定，亦應認為僅係關於單務契約之規定。至於在雙務契約之情形，雖因民法第266條、第267條並未設如民法第226條第2項之規定（即：因可歸責於債務人之事由，致給付一部不能，而其他部分之履行，於債權人無利益時，債權人得拒絕受領，而請求全部不履行之損害賠償），惟仍可類推適用第226條第2項規定，得到相同之結果。**例如**歌廳與某經紀人簽約，約定某大牌歌星為主秀，並附帶其他小牌歌星一同演出，歌廳乃大作廣告，嗣因該經紀人與該大牌歌星不睦，該大牌歌星故意於檔期屆至前出國旅遊，不能演出，則其他小牌歌星之演出雖為可能，惟與演出本旨不符，對於債權人無利益，歌廳得拒絕小牌歌星之演出，而請求全部歌星均不演出之損害賠償是。其次，因可歸責於債務人之事由，致給付不能之情形，本屬債務人對於債權人債權之侵害，債務人原即應依法（民184）對債權人負損害賠償責任，民法第226條第1項不過係注意規定性質，在雙務契約未設如第226條第1項之規定，應屬無妨。若將其解為可類推適用民法第226條第1項規定，自亦無不可。

二、給付拒絕

（一）給付拒絕之意義

給付拒絕者，債務人能為給付而非法的表示不為給付也。民

國88年民法債編修正時，以民法第227條「不為給付」之涵義爭論紛紜，有主張屬於給付遲延範圍者，有主張係「給付拒絕」者，為免滋生爭議，爰予刪除，以致給付拒絕在現行民法上並無明文依據。

（二）給付拒絕之要件

有三：

1.須債務人積極表示不為給付

給付拒絕，以積極的表示不為給付為必要。表示之方法，可由債務人將不為給付之意思直接告知債權人，是為明示之表示，性質為**意思通知**，亦可由債務人將具有可認知拒絕給付之客觀價值之事實（例如已將應給付物為使用收益變更或處分、片面提高價格等）告知債權人，是為默示之表示，性質為**事實通知**。表示之時期，不論給付期屆至前或屆至時或屆滿後遲延中，均可為之。給付期前之給付拒絕，又稱為「預示之給付拒絕」或「預示拒絕給付」。**若未有積極之表示，僅於給付期限屆滿後，能給付而未給付，則為給付遲延之問題，非此之謂給付拒絕。**不為給付之原因如何，並非所問，基於真實之原因而表示者，固為給付拒絕，即基於錯誤之原因（例如因過失而不知債務之存在）而表示者，亦屬給付拒絕。又給付拒絕既須積極的表示不為給付，自均屬有意不為給付，當無不可歸責於債務人事由之可言，此與給付遲延，有因可歸責於債務人事由與因不可歸責於債務人事由之分者，亦顯不相同。

2.須債務人非法的表示不為給付

給付拒絕，須係非法的表示不為給付，始足當之。非法云者，無拒絕之權而拒絕之謂也。若債務人有拒絕之權，例如消滅

時效完成之抗辯權（民144）、同時履行抗辯權（民264）、不安抗辯權（民265）、運送人之留置權（民647）、保證人之拒絕清償權（民744）、保證人之先訴抗辯權（民745），以及契約所約定之拒絕權等，則其拒絕乃權利之行使，不為非法，無給付拒絕之適用。債務人負有於給付期為給付之義務，並無於給付期前拒絕之權，是給付期前之給付拒絕（預示拒絕給付），屬於非法，自不待言。

3.須債務人能為給付而非法的表示不為給付

給付拒絕，以給付可能為前提。若給付不能，則就該不能之部分（全部不能或可分之一部不能），應適用給付不能之規定（民225、226、266、267），不生給付拒絕之問題。至於可分之一部不能之情形下，其餘可能之部分，仍有成立給付拒絕之餘地，乃屬當然。

（二）給付拒絕之效力

可分履行期屆至前給付拒絕之效力與履行期屆至後給付拒絕之效力二方面述之：

1.履行期屆至前給付拒絕之效力

債務人預示拒絕給付者，債權人得依下列方式為之：

（1）拒絕自己之給付

於雙務契約，如債務人已為拒絕給付之表示，則雖債權人依法或依約有先為對待給付之義務，亦得拒絕自己之給付（參照民265）。[115]

---

[115]　史尚寬，債法總論，396頁；劉春堂，契約法總論，328頁。

（2）拒絕受領

給付期之利益，原則上屬於債務人（民316），故解釋上，債務人雖曾為預示拒絕給付，仍得於給付期屆至時為給付。但如因債務人之給付拒絕，致債權人已另行購入契約之標的物或已另僱他人時，債務人之再欲給付，應解為違反誠實信用原則（民148Ⅱ）而無效（民71），債權人得拒絕受領，並請求給付拒絕所生全部不履行之損害賠償（參照民232）。[116]

（3）提起將來給付之訴

債務定有清償期者，債權人不得於期前請求清償（民316前段），自亦不得於期前起訴。惟依民事訴訟法第246條規定，有預為請求之必要者，得提起將來給付之訴。債務人預示拒絕給付者，應認債權有預為請求之必要，債權人可立即對債務人提起將來給付之訴。

（4）解除契約

在預示拒絕給付之情形，學者有認為債權人得經催告而解除契約者[117]，亦有認為債權人得不經催告，逕行解除契約者[118]。本書以為，我民法關於解除契約之規定（民254、255），雖以遲延給付（即履行期屆至而未為給付）為要件，給付期前之給付拒絕，似無解除契約之問題，惟債務人既已表明不為給付，強令債權人須待履行期之屆至始能行使權利，並不合理，且此時債權人之催告債務人履行亦已成多餘，基於誠信原則，應解為債權人得於期前未經催告逕行解除契約。

---

[116] 史尚寬，債法總論，395頁；鄭玉波，民法債編總論，285頁。

[117] 戴修瓚，民法債編總論（下），241頁。

[118] 鄭玉波，民法債編總論，284頁。

2. 履行期屆至後給付拒絕之效力

債務人於履行期屆至後拒絕給付者，債權人得依下列方式為之：

（1）起訴

於給付期屆至後為給付拒絕者，債權人得依法起訴，於取得執行名義（強執4）後聲請強制執行。

（2）請求損害賠償

債務人給付拒絕者，債權人得請求其賠償因給付拒絕而生之損害。所謂因給付拒絕而生之損害，指原債務以外因給付拒絕所致債權人之損害而言。因於給付期屆至前，尚無致債權人產生損害之可言，故債權人所得請求者，唯有給付期屆滿後至強制執行有效果時，遲延期間所生之遲延損害，此應依債務人給付遲延之規定（民229～233）決之。

（3）解除契約

預示拒絕給付持續至履行期屆至後，以及給付期屆至後之給付拒絕，債務人係同時處於給付遲延之狀態，債權人自得依法（民254、255）解除契約，而請求回復原狀（民259）及損害賠償（民260）。惟給付期屆至後之給付拒絕，與前述預示拒絕給付所述者同，債務人既已表明不為給付，債權人之催告債務人履行亦已成多餘，基於誠信原則，應解為債權人亦得不經催告逕行解除契約。

三、給付不完全

（一）給付不完全之意義

給付不完全者，債務人雖為給付，但不完全之謂也。因債務

人係就給付不完全之結果負其責任，故學理上通稱為「不完全給付」，我民法第227條原稱「不為完全之給付」，民國88年民法債編修正時，認為不為完全之給付語意尚欠明白，爰修正為「不完全給付」。以下亦稱「不完全給付」。

（二）不完全給付之要件

有三：

1.須債務人已為給付

若未為給付，則無不合於債務本旨（不完全）之問題。

2.須其給付不完全

所謂不完全，即不合於債務本旨之謂。其情形可分為二類：

（1）瑕疵給付

即給付之內容有瑕疵之謂。例如品質不合（如約定上級品，給付下級品）、數量不足（如買受10公斤肉，給付9公斤）、效用不足（如冷氣不冷）、方法不當（如將給付物長途拖拉，而不交付運送）、地點不妥（如在運動場交付西裝）、時間不對（如深夜演唱）、附件不足（如未附使用說明或其他特約附件）等情形之給付是。瑕疵給付之瑕疵，不論係存在於給付之本身，或發生於附隨義務之上，均屬之。瑕疵給付所造成之損害，為該給付本身價值或效用之不足，即債務人如依債務本旨為給付時，債權人所能獲得之利益之未獲得，亦即履行利益之損害。

（2）加害給付

即給付之內容有瑕疵，且因其瑕疵致債權人遭受人身或財產損害之謂。例如給付帶傳染病菌之鰻魚苗，致債權人全池之鰻魚均受傳染而不能食用；出售新型機種，未告知操作上應避免之事

項，致機器爆破買受人受傷；出售人安裝冷氣時不慎損壞買主屋內裝潢等情形是。學理上，稱此為**債權之積極侵害**。加害給付，有由給付本身造成者，亦有因附隨義務（如附件之提供、使用方法之說明）或保護義務（如告知避免事項、協力、保密、安全措施）之違反所造成者。加害給付所造成之損害，為給付本身以外之其他權益損害，即履行利益以外之人身或財產方面之損害。

3. 須可歸責於債務人

如給付不完全係因不可歸責於債務人之事由而生，債務人不負債務不履行責任，亦即無庸為補正或更換，亦無損害賠償之可言。至應負瑕疵擔保責任（有償行為之情形，見民354以下），係屬另一問題。不可歸責於債務人之事由，應由債務人負舉證責任。

（三）不完全給付之效力

依民法第227條規定，因可歸責於債務人之事由，致為不完全給付者，「債權人得依關於給付遲延或給付不能之規定行使其權利。」是為不完全給付之效力。茲分瑕疵給付所生之效力與加害給付所生效力說明之：

1. 瑕疵給付所生之效力

瑕疵給付僅發生該給付本身價值或效用不足之問題，亦即僅發生原來債務不履行之損害，就不履行之不足部分，因其能否補正而效力又有不同：

（1）不完全給付尚能補正者

不完全給付尚能補正之情形，債權人如於給付時發現，因債務人無為一部給付之權利（民318 I 前段），故債權人得拒絕受

領，如於受領後發現，得請求補正（包括補充不足部分或更換），使合於債務本旨。惟如受領後始發現為給付不完全，但對於給付物已為相當之使用者，則依誠實信用原則，應解為僅得請求補充不足部分，不得請求更換。

又不完全給付時債務人已處於給付遲延之狀態，故債權人除可請求債務人為完全給付之履行或補正外，自可依給付遲延之規定（民231～233），行使其權利，乃屬當然。

其次，於契約所生之債，債權人得定期催告履行或補正，逾期不履行或補正，得解除契約（民254）；若依契約之性質或當事人之意思表示，非於一定時期為給付不能達其契約之目的者，則得不經定期催告履行或補正而逕行解除契約（民255），並請求損害賠償（民260）。

此外，於繼續性給付之契約，若債務人所為之給付一次或數次具有瑕疵，致債權人不能期待契約關係之繼續者，則債權人得以不完全給付為理由，終止契約。[119]

（2）不完全給付不能補正者

所謂不能補正，除事實上不能補正者外，雖非不能補正但補正於債權人無利益者，亦屬之（民226 II）。不完全給付而不能補正之情形，債權人如於給付時發現，得拒絕受領，如於受領後發現，則依民法第226條規定，除已給付之部分於債權人有利益時債權人得予以受領並請求一部不能之損害賠償外，債權人得退還該給付物，而請求全部不能之損害賠償。另於契約所生之債，債權人則得解除契約（民256），並請求損害賠償（民260）。

---

[119] 劉春堂，契約法總論，322頁。

2.加害給付所生之效力

加害給付所造成之損害，為給付本身以外之其他權益損害，亦即履行利益以外之人身或財產方面之損害。此情形，債權人即為被害人，自可依侵權行為之規定請求債務人為損害賠償，但債權人須就加害人（即債務人）之故意或過失負舉證責任，對債權人之保護稍嫌不周。而因加害給付所生之侵權行為係因債務人違反原有之債的關係所生之附隨義務或保護義務所致，故民法第227條第2項明定：「因不完全給付而生前項以外之損害者，債權人並得請求損害賠償。」亦即於加害給付之情形，除給付內容之瑕疵，債權人得依前述瑕疵給付之規定行使其權利並請求履行利益之損害賠償外，債權人所受履行利益以外之損害（即加害給付所生債權人之人身或財產損害），更得依民法第227條第2項規定請求損害賠償。債權人依此項規定請求損害賠償時，無庸證明債務人之故意過失。

四、給付遲延

（一）給付遲延之意義

給付遲延者，債務人之給付期限已屆滿，雖給付為可能，惟未為給付之謂也。又稱為債務人遲延或遲延給付。係一種**債權的消極侵害**。

（二）給付遲延之要件

有三：

1.須債務人之給付期限已屆滿

如給付期限尚未屆滿，則無遲延之問題。所謂給付期限，可分二種情形：

（1）給付有確定期限者

「給付有確定期限者，債務人自期限屆滿時起，負遲延責任。」（民229 I）給付有確定期限之情形，例如約定於民國75年2月2日交貨，或75年2月2日以前交貨完畢，或75年1月1日起至2月2日止為交貨期限是。

（2）給付無確定期限者

「**給付無確定期限者**，債務人於債權人得請求給付時，**經其催告**而未為給付，自受催告時起，負遲延責任。」（民229 II前段）「前項催告定有期限者，債務人自期限屆滿時起負遲延責任。」（民229 III）給付無確定期限之情形有二：①為未定期限；②為定有不確定期限。**未定期限者**，乃不能依當事人之意思，或給付之性質（如冷氣機給付之暑夏季節），或法律之特別規定（如民法第439條所定之租賃期滿時，或每期屆滿時，或收益季節終了時），而定履行期限之謂也。**定有不確定期限者**，乃所定給付期限之到來，雖屬確定，惟其到來之時，則不確定之謂也。例如以某人死亡時為履行期限是。所謂債權人得請求給付時，在①之情形，得隨時請求（民315）；在②之情形，則指期限到來之時。所謂催告，乃債權人向債務人請求給付之意思通知。催告之方法，並無限制，書面、口頭、電子郵件、以各種通訊平台傳達均可。「其經債權人起訴而送達訴狀，或依督促程序送達支付命令，或為其他相類之行為者，與催告有同一之效力。」（民229 II後段）所謂起訴，應以給付之訴為限，因確認之訴及形成之訴，均無請求給付之效果也。

因請求給付，以使債務人知悉為必要，故起訴須送達訴狀，督促程序須送達支付命令，至於其他相類之行為，自亦須送達聲

請狀或通知始可，而不待言。所謂**其他相類之行為**，例如依民事訴訟法（第403條至第405條）、鄉鎮市調解條例（第9條）、耕地三七五減租條例（第26條）、勞資爭議處理法（第9條）、仲裁法（第45條）等所為**調解之聲請**，或依仲裁法（第18條）、證券交易法（第166條）、勞資爭議處理法（第25條）等所為之**提付仲裁**等是。

2. 須給付為可能

如債務人之給付期限屆滿時，給付為不能，則應視其是否因可歸責於債務人之事由而生，分別依民法第225條及第226條規定，定其效果，不再為給付遲延。

3. 須未為給付

所謂未為給付，指因可歸責於債務人之事由，致未為給付之情形。若「因不可歸責於債務人之事由，致未為給付者，債務人不負遲延責任。」（民230）可歸責於債務人之事由，應由債權人舉證；不可歸責於債務人之事由，應由債務人舉證。

（三）給付遲延之效力

可分對於一般債務之效力與對於金錢債權之效力，二方面述之：

1. 對於一般債務之效力

有三：

（1）債務人應賠償因遲延而生之損害

「債務人遲延者，債權人得請求其賠償因遲延而生之損害。」（民231Ⅰ）此項遲延損害之賠償，稱為「**遲延賠償**」。遲延損害之賠償請求權與原債務之給付請求權，係屬並存，非為原

債務之給付請求權之代替。故債務人於受請求時，應將原債務之給付與遲延賠償一併提出，始合乎債務本旨。例如房屋承租人於租賃期限屆滿後，遲不遷讓房屋，致出租人蒙受相當於租金之損害，如受出租人請求，承租人除應返還房屋外，並應同時提出依租金計算之遲延賠償於出租人是。

（2）債務人應賠償因不可抗力而生之損害

「前項債務人，在遲延中，對於因不可抗力而生之損害，亦應負責。但債務人證明縱不遲延給付，而仍不免發生損害者，不在此限。」（民231Ⅱ）所謂前項債務人，在遲延中，對於因不可抗力而生之損害，亦應負責，乃遲延損害應包括因不可抗力所生者在內之謂。所謂但債務人證明縱不遲延給付，而仍不免發生損害者，不在此限，乃債務人遲延與不可抗力所生損害間須有因果關係之謂。可知，債務人在遲延中，原則上應對不可抗力損害負責，但如能證明其遲延與不可抗力損害間無因果關係者，則例外可不負責。因但書明定無因果關係之事實，須由債務人負舉證責任，故如債務人不為主張，則縱事實上為無因果關係，法院亦應為債務人應負責之認定。須注意之。**遲延與不可抗力損害間，無因果關係之情形**，例如遲延交屋期間，房屋因地震而毀損，債務人可證明其未為特別之使用，而依其建築結構，縱如期交屋，亦必被震毀是。此時，該房屋之損害，即不包括於遲延損害之內，而應適用給付不能之有關規定，以為解決。遲延與不可抗力損害間，具有因果關係，並非債權人須負舉證責任之事項，但不妨舉例說明之，以增進了解。**例如**花瓶出賣人，遲延交貨，並將花瓶置放於結構不佳之儲藏室內，因地震屋倒而壓碎，若如期交貨，置於買受人堅固之屋內，即不致受損，應認債務人遲延與不可抗力損害間，具有因果關係是。

（3）債務人應賠償因不履行而生之損害

「遲延後之給付，於債權人無利益者，債權人得拒絕其給付，並得請求賠償因不履行而生之損害。」（民232）此項賠償，稱為「**填補賠償**」或「**替補賠償**」。遲延後之給付，於債權人有無利益，應依誠實信用之原則決定之。例如結婚預訂喜筵，因餐廳疏忽，宴客日無準備，隔日再要求送菜，應可拒絕。所謂並得請求賠償因不履行而生之損害，即將債權人之拒絕受領給付，視為債務人之不履行，且如因此而生有損害，亦可以請求債務人賠償之謂。例如前例，結婚人不得不臨時僱車將賀客迎送其他餐廳，其所支出之車資，可請求原餐廳賠償是。

2. 對於金錢債務之效力

有二：

（1）債務人應支付遲延利息

「遲延之債務，以支付金錢為標的者，債權人得請求依法定利率計算之遲延利息。但約定利率較高者，仍從其約定利率。」「對於利息，無須支付遲延利息」（民233Ⅰ、Ⅱ）。按金錢債務，無「遲延後之給付，於債權人無利益」之可言，故無「填補賠償」之問題；亦無「在遲延中，因不可抗力而生損害」之可言，故亦無不可抗力賠償之問題。是則前述債務人遲延對於一般債務人之效力中，僅「遲延賠償」一項，在金錢債務有其發生。故民法第233條規定之「遲延利息」，應相等於「遲延賠償」，其利息應解為係法定之賠償最少額，與一般利息，在概念上有所區分。所謂**法定之賠償最少額**，乃兼指：①依法定利率計算；②約定利率較高者，從其約定利率計算（仍應受民法第205條最高週年百分之十六之限制）；③債務人不得證明實際損害額較少於遲延

利息，而請求減少支付之意。又所以**對於利息，無須支付遲延利息**，乃因原應支付之利息，已為遲延利息取代，而遲延損害係指不能利用原本之損害，利息不與焉，故民法明定對於利息，無須支付遲延利息，以明斯旨。此亦足資為遲延利息係法定賠償最少額之佐證，蓋如為利息性質，我民法第207條已有禁止複利之規定可資適用，第233條第2項無重複之必要也。

（2）債務人應賠償其他損害

「前二項情形，債權人證明有其他損害者，並得請求賠償。」（民233Ⅲ）所謂其他損害，指遲延利息以外之損害，例如在遲延中，因貨幣貶值所生之差價是。由法文「其他損害」四字，益證遲延利息係法定之賠償最少額性質。

（四）給付遲延之終了

債務人遲延，因下列原因而終了：

1. 提出給付

債務人於遲延中，將原給付及已生之損害賠償一併提出時，無論債權人已否受領（債權人如拒絕受領，即轉成為債權人遲延之問題），債務人遲延即告終了。

2. 約定延期

債務人於遲延中，經債權人同意而約定延期給付時，債務人遲延即告終了。至於已生之債務人遲延效力，是否消滅，應解釋當事人之意思定之。

3.給付不能

債務人於遲延中，給付成為不能時，債務人遲延即告終了，改適用給付不能之規定。成為給付不能前，所生之債務人遲延效

力，並不消滅。

4. 債務消滅

債務人於遲延中，債務全部或一部消滅時，債務人遲延即告全部或一部終了。惟已生之債務人遲延效力，並不消滅。

五、債務不履行侵害人格權之損害賠償

民法第227條之1規定：「債務人因債務不履行，致債權人之人格權受侵害者，準用第一百九十二條至第一百九十五條及第一百九十七條之規定，負損害賠償責任。」本條為民國88年修正民法債編時增訂，立法理由謂：「債權人因債務不履行致其財產權受侵害者，固得依債務不履行之有關規定求償。惟如同時侵害債權人之人格權致其受有非財產上之損害者，依現行規定，僅得依據侵權行為之規定求償。是同一事件所發生之損害竟應分別適用不同之規定解決，理論上尚有未妥，且因侵權行為之要件較之債務不履行規定嚴苛，如故意、過失等要件舉證困難，對債權人之保護亦嫌未周。為免法律割裂適用，並充分保障債權人之權益，爰增訂本條規定，俾求公允。」

所謂**債務不履行致債權人之人格權受侵害**，例如看護工未盡照顧義務致受照顧者死亡或身體受傷；電梯保養公司未盡義務致住戶受困電梯數小時，自由受損害；債務人不清償債務致債權人退票，信用受損害等是。此情形，於民法增訂第227條之1以前，須依民法第18條及第184條以下有關侵權行為損害賠償之規定請求損害賠償。惟查債權人依民法第18條第1項請求「除去其侵害」及「請求防止之」，雖無庸證明債務人之故意或過失，惟在債務不履行致債權人之人格權受侵害或有受侵害之虞之情形，所謂「除去其侵害」及「請求防止之」，仍不過係請求債務人履行債務而

已，故適用民法第18條第1項規定之結果，與債權之請求無異，並無意義。至於依民法第184條規定請求債務人為回復人格權原狀之措置時，則債權人須證明債務人具備民法第184條所定侵權行為之要件，依民法第184條及第213條至第215條等規定為請求；如欲請求為財產方面或精神方面損害之賠償，則除須證明債務人具備民法第184條所定侵權行為之要件外，依民法第18條第2項規定，尚須查法律就該具體人格權之受侵害設有特別明文規定允許者，始可據以請求。所謂法律設有特別規定，例如民法第19條（姓名權受侵害之損害賠償）、第192條（生命權受侵害之損害賠償）、第193條（身體、健康受侵害之損害賠償）、第194條（生命權受侵害之慰撫金）、第195條（身體、健康、名譽、自由、信用、隱私、貞操及其他人格法益受侵害之慰撫金）等是。[120]

依前揭立法理由所述，可知增訂民法第227條之1之目的，除就債務不履行侵害人格權之損害賠償建立債務不履行體系內之請求權基礎外，主要在免除債權人就債務人侵權行為之故意或過失所負之舉證責任。因此，依民法第227條之1規定，債務人因債務不履行致債權人之人格權受侵害時，債權人只須證明債務人之債務不履行與其人格權之受侵害間具有因果關係，即可準用民法第192條至第195條及第197條之規定，請求債務人負損害賠償責任，無庸就債務人侵害債權人人格權之故意或過失負舉證之責[121]，準用結果，民法第192條至第195條所定「不法侵害他人致…」等語，應一律解為「債務人因債務不履行致債權人…」。是則，增訂民法第227條之1後，債務人因債務不履行致債權人之人格侵受

---

[120] 陳猷龍，民法總則，68～75頁。
[121] 至於民法第220條所定之故意或過失，係債務不履行本身之成立要件，不可相混。

侵害時，已無民法第18條及第184條以下侵權行為有關規定之適用。

民法第192條至第195條及第197條之規定，準用於債務不履行侵害人格權之損害賠償之情形如下：

準用第192條　債務人因債務不履行致債權人於死者，對於支出醫療及增加生活上需要之費用或殯葬費之人，亦應負損害賠償責任。

債權人對於第三人負有法定扶養義務者，債務人對於該第三人亦應負損害賠償責任。

前項損害賠償，法院得因當事人之聲請，定為支付定期金。但須命債務人提出擔保。

準用第193條　債務人因債務不履行致債權人之身體或健康受侵害者，對於債權人因此喪失或減少勞動能力或增加生活上之需要時，應負損害賠償責任。

前項損害賠償，法院得因當事人之聲請，定為支付定期金。但須命債務人提出擔保。

準用第194條　債務人因債務不履行致債權人於死者，債權人之父、母、子、女及配偶，雖非財產上之損害，亦得請求賠償相當之金額。

準用第195條　債務人因債務不履行致債權人之身體、健康、名譽、自由、信用、隱私、貞操受侵害，或其他人格法益受侵害而情節重大者，債權人雖非財產上之損害，亦得請求賠償相當之金額。其名譽被侵害者，並得請求回復名譽之適當處分。

前項請求權，不得讓與或繼承。但以金錢賠償之請求權已

依契約承諾，或已起訴者，不在此限。

前二項規定，於債務人因債務不履行致他人基於父、母、子、女或配偶關係之身分法益受侵害而情節重大者，準用之。

準用第197條　因債務不履行侵害債權人人格權之損害賠償請求權，自債權人知有損害時起，二年間不行使而消滅。自人格權受侵害時起逾十年者亦同。

債務人因債務不履行受利益，致債權人人格權受侵害者，於前項時效完成後，仍應依關於不當得利之規定，返還其所受之利益於債權人。

柒、受領遲延

一、受領遲延之意義

受領遲延者，債權人對於已提出之給付，拒絕受領或不能受領之謂也（民234）。亦稱**遲延受領**，我民法稱**債權人遲延**（民237以下）。

二、受領遲延之要件

有二：

（一）須債務人已提出給付

即債務人已依債務本旨提出給付也。「債務人非依債務本旨實行提出給付者，不生提出之效力。」（民235前段）所謂提出，乃使債權人處於可得受領之狀態之謂。其方法，以現實提出為原則，言詞提出為例外：

1. 現實提出

即現實完成給付所必要之一切行為之謂。例如赴償債務，已將給付物送至債權人住所是。

2. 言詞提出

即僅將準備給付之事情，通知債權人，以代提出之謂。民法第235條但書規定：「但債權人預示拒絕受領之意思，或給付兼需債權人之行為者，債務人得以準備給付之事情，通知債權人，以代提出。」是為言詞提出之例外規定。所謂給付兼需債權人之行為，即債權人不為其行為，則給付無從提出之謂。例如選擇之債，債權人有選擇權時，其選擇權不行使，給付無從提出是。須說明者，言詞提出，應以債務人確有準備給付為前提，否則應解為不生提出之效力[122]。

（二）須債權人拒絕受領或不能受領

所謂拒絕受領，乃能受領而不肯受領之謂。依民法第235條規定內容，應解為兼指明示不肯受領及給付兼需債權人之行為而不為兩種情形。所謂不能受領，乃因債權人「主觀事由」而無法受領之謂。例如債權人因病住院或出國未歸是。

於此須附言者，乃債權人不能受領，固應負遲延責任，但如給付無確定期限，或債務人於清償期前得為給付者，債權人就「一時」不能受領之情事，除①債務人提出給付係由於債權人之催告，或②債務人已於相當期間前預告債權人，兩種情形外，不負遲延責任（民236），是為例外。

---

[122] 59台上172判決。

三、受領遲延之效力

受領係債權人之權利，而非義務，故債權人遲延，僅為權利之不行使，並無義務之違反。基此理由，我民法僅使生減免債務人責任之效力。分述之：

（一）債務人僅就故意或重大過失負責

「在債權人遲延中，債務人僅就故意或重大過失，負其責任。」（民237）蓋在債權人遲延中，仍令債務人負原來應負之注意義務，顯非公平也。

（二）債務人無須支付利息

「在債權人遲延中，債務人無須支付利息。」（民238）蓋在債權人遲延中，債權人仍得隨時請求清償原本，償務人須常為清償之準備，實際上無法利用原本，且為免債權人利用為強迫生息，故應停止支付利息。

（三）債務人僅就已收取之孳息負返還責任

「債務人應返還由標的物所生之孳息或償還其價金者，在債權人遲延中，以已收取之孳息為限，負返還責任。」（民239）蓋若無債權人遲延，債務人早已免其債務，而無注意代債權人收取孳息之義務，如在債權人遲延中，仍令債務人注意收取，實強人所難，亦顯失公平也。所謂債務人應返還由標的物所生之孳息或償還其價金者，**例如**民法第541條規定：「受任人因處理委任事務，所收取之金錢、物品及孳息，應交付於委任人。受任人以自己之名義，為委任人取得之權利，應移轉於委任人。」第599條規定：「受寄人返還寄託物時，應將該物之孳息，一併返還。」第958條規定：「惡意占有人，負返還孳息之義務。其孳息如已消費，或因其過失而毀損，或怠於收取者，負償還其孳息價金之義

務。」等情形是。所謂以已收取之孳息為限，負返還責任，即明示債務人不再負收取義務，故雖可收取，縱因債務人之故意或過失而未收取，債務人亦無何責任，但如已收取，即應返還債權人。

（四）債務人得請求債權人賠償提出或保管給付物之必要費用

「債權人遲延者，債務人得請求其賠償提出及保管給付物之必要費用。」（民240）蓋債權人拒絕受領或不能受領時，債務人須將給付物運回保管，此項費用，既係因可歸責於債權人之事由而生，自應由其賠償，始稱合理。惟須注意，嗣後由債權人受領之該次提出費用，係為「清償費用」，依民法第317條規定，本應由債務人負擔，非本條之範圍，不可誤解。

（五）債務人得拋棄不動產之占有

「有交付**不動產**義務之債務人，於債權人遲延後，得拋棄其占有。」「前項拋棄，應預先通知債權人。但不能通知者，不在此限。」（民241）此為債務人自行消滅債務之方法。至於有交付**動產**義務之債務人，於債權人遲延後，則須依民法第326條以下規定，將其給付物為債權人提存之，如不適於提存者，得聲請清償地之法院拍賣其給付物，而提存其價金，不得拋棄其占有。蓋動產之拋棄，易於毀損滅失，對債權人及社會經濟，均有損害故也。

四、受領遲延之終了

債權人受領遲延，因下列原因而終了：

（一）遲延滌除

於受領遲延中，債權人向債務人表示受領之意思，或完成給付兼需之債權人行為時，受領遲延即告終了，一般稱此種情形為

遲延之滌除。惟已生之受領遲延效力並不消滅。

（二）約定延期

於受領遲延中，經債務人同意，另定給付期限時，受領遲延即告終了。至於已生之受領遲延效力是否消滅，應解釋當事人之意思定之。

（三）給付不能

於受領遲延中，給付成為不能時，受領遲延即告終了，改適用給付不能之規定。但成為給付不能前，所生之受領遲延效力，並不消滅。

（四）債權消滅

債權人於遲延中，債權全部或一部消滅時，受領遲延即告全部或一部終了。但已生之受領遲延效力，亦不消滅。

第二節　保全

保全者，債權人為確保債權之獲償，而防止債務人財產減少之手段也。其方法有二，一為代位權，一為撤銷權。分述之：

第一項　代位權

壹、代位權之意義

代位權云者，「債務人怠於行使其權利時，債權人因保全債權，得以自己之名義，行使其權利。」（民242前段）之權利也。

貳、代位權之要件

代位權之成立，須具備下列要件：

一、須債務人怠於行使其權利

即債務人對於其權利，應行使，能行使，而不行使之謂。所謂權利，指債務人已取得之財產權而言，如僅係一種期待權，或僅為一種權能（如所有權之使用、收益、處分等權能）均不生代位權。又對於下列權益亦不生代位權：1.專屬於債務人之權利（民242但書）。即法律上或性質上不得讓與之權利。前者例如人格權被侵害者，對於加害人之除去侵害、防止侵害、損害賠償或慰撫金請求權（民18 I II、民195 II）是；後者例如給付勞務之請求權是。2.禁止扣押之權利（強執122）。例如養老金、退休金、扶養費等之請求權是。蓋此兩類權利，原即非債權之擔保，債務人行使與否，債權人不應干預也。

二、須因保全債權之必要

即債務人怠於行使其權利之結果，顯有使債權不能受清償之危險之謂。因法文僅規定「因保全債權」，而未限定所保全者必為行使代位權人自己之債權，故解釋上，所謂「因保全債權」，係指為保全體債權人之總債權而言。是自己之債權，縱有擔保，仍有行使代位權之資格。又不能因行使代位權而保全之債權，為無保全之必要，不足成立代位權，自不待言。例如不作為或給付勞務之債權是。

三、須債務人已負遲延責任

即債務人已處於給付遲延狀態之謂。依民法第243條規定：「前條債權人之權利，非於債務人負遲延責任時，不得行使。但專為保存債務人權利之行為，不在此限。」所謂前條債權人之權利，指民法第242條所定之代位權。可知債務人已負遲延責任，亦為代位權之成立要件。債務人對之已負遲延責任之債權人得行使

代位權,固無問題,即債務人對一債權人已負遲延責任,他債權人亦得行使代位權。又所謂專為保存債務人權利之行為,**例如聲**請登記、中斷時效、報明破產債權等是。此等行為對債務人有利無害,且不及時為之,日後無復代位之可能,為使債權人之代位權確實發生保全效果,爰法律特設為例外,縱債務人尚未負遲延責任,亦得代位行使之。

參、代位權之行使

一、行使之方法

債權人行使代位權,應以善良管理人之注意,且以自己名義,無論於訴訟上或訴訟外為之均可。但因所行使者係債務人之權利,故關於給付之請求,應聲明向債務人給付之旨,若同時主張代位受領[123],亦應聲明之。

二、行使之範圍

舉凡債務人行使其權利所得為之行為,債權人於行使代位權時均得為之。但不得超過必要之限度,如行使一個權利已足可保全債權,即不得再代位行使債務人之其他權利。且不得為減少債務人財產之處分行為,例如代位債務人而免除他人所欠債務人之債務是,以其有違代位權之本旨故也。

肆、代位權之效力

一、對於債務人之效力

債權人代位行使債務人之權利後,債務人對於該權利,應解為已喪失處分權,不得為任何足以消滅該被代位之權利之行為。

---

[123] 21上305。

二、對於第三人之效力

所謂第三人，指債權人代位行使債務人權利之相對人。第三人於代位權行使前所得對抗債務人之抗辯，均得以之對抗代位之債權人。至代位權行使後新生之抗辯，則應解為不得以之對抗代位之債權人。例如債務人於債權人行使代位權後，對該第三人為債務之免除，所生債權消滅之抗辯是。

三、對於債權人之效力

債權人代位行使債務人權利所得之效果，應歸屬於債務人，而為其總債權之共同擔保，代位之債權人縱代位受領，亦無優先受償之權。代位債權人欲就其代位受領之給付物受償時，須依強制執行之程序為之。於強制執行時，他債權人得依法（強執32）聲明參與分配，自不待言。

有疑問者，於代位債權人之債權標的物，與其代位受領之給付物種類相同時，是否得主張抵銷（民334）？學者言及之者，見解不一。**肯定說者**，謂：「但代位受領之給付物，如與債權人之債權標的物恰為同種物，而發生抵銷適狀時，自亦得主張抵銷，而與優先受償可生同一結果。」[124]**否定說者**，則謂：「如未經債務人同意，亦不得主張以其應返還之給付，與其原來之債權抵銷。蓋債權人代位受領之給付，原屬全體債權人之債權總擔保，如謂債權人主張抵銷，即可免其返還責任，即無從由全體債權人均沾之，其結果無異由行使代位權而受領給付之債權人，儘先獲得清償。」[125]「解釋上宜認為債權性質不許抵銷（334但書），而

---

[124] 鄭玉波，民法債編總論，319頁；曾隆興，修正民法債編總論，389頁同旨。
[125] 孫森焱，新版民法債編總論（下冊），622～623頁。

採否定見解。」[126]實則，代位債權人代位受領之給付物，名義上
雖為債務人所有，但因債務人對於該權利已喪失處分權，是代位
債權人對所代位受領之給付物，所負者應係**法定管理人之債務**，
與應返還於債務人之一般債務，不可同日而語。爰本書亦以為，
此情形，應解為係屬「依債務之性質不能抵銷」（民334但書），
而不得抵銷，從否定說。

其次，代位債權人之行使代位權，究與債務人發生何種法律
關係？**有認為係一種「法定的委任關係」**[127]，**有認為應類推適用
無因管理之關係**[128]。**惟查**無義務但有權利者，依法行使其權利
時，並不成立無因管理，代位權乃債權人依法得行使之權利，是
代位債權人與債務人間，根本無從成立無因管理，後說之見解並
不足採，**應認係法定的委任關係**。因此，代位債權人因代位所支
出之費用，應依委任關係，請求債務人償還（民546）。至於代位
債權人與其他債權人之間，則可解為**法定的委任關係與無因管理二
種關係併存**，故於債務人不為或無法為償還時，應解為亦有向其
他債權人請求償還之權。同時，因代位所支出之費用，若係債權
人就代位受領給付物之受領或保管上所支出者，則於非因強制執
行而由債務人或其他債權人請求給付物時，代位債權人得主張留
置權（民928），亦不待言。

第二項　撤銷權

壹、撤銷權之意義

撤銷權云者，債權人對於債務人所為有害債權之行為，得聲

---

[126] 邱聰智，新訂民法債編通則（下），97頁。
[127] 鄭玉波，民法債編總論，319頁。
[128] 邱聰智，新訂民法債編通則（下），97頁。

請法院予以撤銷之權利也。撤銷權雖又名廢罷訴權或撤銷訴權，但其乃民法上之私權，非訴訟法上之公權，不可誤解。名為「訴權」，或係因其行使，須向法院聲請以訴訟為之故也。

貳、撤銷權之性質

撤銷權之性質如何？有三說：

一、請求權說

認為撤銷權，係直接向債務人行為之相對人請求返還財產之權利，屬債權的請求權性質。

二、形成權說

認為撤銷權，僅係使債務人行為溯及的歸於無效之權利，屬物權的形成權性質。

三、折衷說

認為撤銷權，非但使債務人行為溯及的歸於無效，且因溯及力之反射效果，相對人更應負回復原狀之義務，故亦有請求返還財產之作用。兼含有形成權及請求權之性質。

以上三說，我國學者有從形成權說者[129]，亦有從折衷說者[130]。實務上似採折衷說[131]。本書以為，撤銷權僅係使詐害行為自始無效之權利，僅行使撤銷權並無法發生回復原狀或損害賠償之

---

[129] 胡長清，中國民法債篇總論，337頁；戴修瓚著，民法債編總論（下），191頁；何孝元，民法債編總論，188頁。

[130] 史尚寬，債法總論，460頁；王伯琦，民法債篇總論，192頁；鄭玉波，民法債編總論，320頁；孫森焱，新版民法債編總論（下冊），640頁。

[131] 大理院4上742、28院解1889。

效力。至如起訴時（行使撤銷權須以訴訟為之，詳如後述），同時行使代位權，聲明請求返還財產或賠償於債務人或更請求由其代位受領者，則係另一訴（返還所有物之訴，或不當得利之訴，或損害賠償之訴）之合併，該另一訴雖以撤銷權之行使為前提，但究非撤銷權行使之當然效力，故撤銷權應只認係形成權性質，方與訴訟實務相符。

參、撤銷權之要件

依民法第244條規定：「債務人所為之**無償行為**，有害及債權者，債權人得聲請法院撤銷之。」「債務人所為之**有償行為**，於行為時明知有損害於債權人之權利者，以受益人於受益時亦知其情事者為限，債權人得聲請法院撤銷之。」「債務人之行為非以財產為標的，或僅有害於以給付特定物為標的之債權者，不適用前二項之規定。」「債權人依第一項或第二項之規定聲請法院撤銷時，得並聲請命受益人或轉得人回復原狀。但轉得人於轉得時不知有撤銷原因者，不在此限。」可將撤銷權之成立要件分為：

一、一般成立要件

即無論債務人所為係無償行為或有償行為，其撤銷權均須具備之成立要件。有三：

（一）須債務人曾為行為

撤銷權行使之對象，乃債務人之無償行為或有償行為，固為法條所明定。惟所謂行為，究係何所指？學者解釋均認為不包括事實行為，蓋其性質上本無從撤銷也。但是否以私法上之法律行為（即一般所謂之法律為）為限？則解釋不一：

1. 狹義說

認為撤銷權行使之對象，以私法上之法律行為為限。至於公法上之行為，除兼具私法上行為之性質（例如訴訟上之和解、抵銷、捨棄、認諾等）者外，不得撤銷。[132]

2.廣義說

認為撤銷權行使之對象，只須債務人「法律上之行為」即足當之。包括法律行為、準法律行為、公法上之行為。公法上之行為，即訴訟行為（例如債務人之自認、和解、訴之撤回等）及登記是。[133]

本書以為，行使撤銷權之目的，在保全債權，因此凡債務人所為有害及債權之行為，除事實行為無從依撤銷以為保全外，均得撤銷。私法上之法律行為及具私法上行為性質之公法上之行為，固無論矣！即純粹公法上之行為，若有害及債權者，亦無不許撤銷之理。又私法上之法律行為，既得撤銷，則準用其規定之準法律行為，自亦得撤銷。應以廣義說為是。

所謂曾為行為，指債務人所為者，須係積極行為始可。若僅係消極的不作為，例如拒絕取得利益之行為（如贈與之拒絕、第三人承擔債務之拒絕），以及消極的不行使其權利之行為（如不為限定繼承），應視其是否具備代位權之要件，依代位權之規定為保全，非屬撤銷權之範圍。

（二）須債務人所為係以財產為標的之行為

依民法第244條第3項規定：「債務人之行為非以財產為標

---

132 孫森焱，新版民法債編總論（下冊），642頁。
133 戴修瓚，民法債編總論（下），192頁；史尚寬，債法總論，463頁；胡長清，中國民法債篇總論，345頁。

的…者，不適用前二項之規定。」可知，須債務人所為係以財產為標的之行為，始得撤銷之。債務人所為非以財產為標的之行為，例如純粹身分行為、以給付勞務或不作為為標的之行為是。又以不得扣押之財產為標的之行為，應與非以財產為標的之行為同視。此等行為，縱予撤銷，於債權之保全，並無實益，故不得撤銷。

債務人所為下列行為，雖以財產為標的，但是否得撤銷，頗有爭議：

1. 債務人拋棄繼承之行為

於被繼承人之財產多於債務，而繼承人拋棄繼承時，顯然對繼承人之債權人不利，而有害及債權，則繼承人之債權人得否撤銷其拋棄繼承之行為？有二說：

（1）否定說

認為「繼承之拋棄，係法定之權利，以人格為基礎，旨在拒絕單方面賦予之財產利益，債權人雖因債務人拋棄繼承之意思決定，『得而復失』，受有『損害』，亦屬間接、反射之結果。因此在解釋上應認為拋棄繼承具有身分性質，並屬拒絕受領利益之行為，非債權人所得撤銷。」[134]「債權人得依民法第二百四十四條規定行使撤銷權者，以債務人所為非以其人格上之法益為基礎之財產上之行為為限，若單純係財產利益之拒絕，如贈與要約之拒絕，繼承或遺贈之拋棄，自不許債權人撤銷之。」[135]又「此為

---

[134] 王澤鑑，民法學說與判例研究（4），324頁。

[135] 69台上1271判決；最高法院73年2月28日民事庭會議決議採甲說，謂：「債權人得依民法第244條規定行使撤銷訴權者，以債務人所為非以其人格上之法益為基礎之財產上之行為為限，繼承權係以人格上之法益為基礎，且拋棄之效

任債務人自由決定之行為，故不得撤銷。」[136]

（2）肯定說

認為繼承人自被繼承人死亡時，承受被繼承人財產上之一切權利義務（民1147、1148），故繼承人隨後所為拋棄繼承之行為，係處分原已取得之權利之行為，非消極的拒絕取得利益之行為可比，債權人自得予以撤銷。[137]又「所謂拒絕利得，應係指拒絕偶然的利得而言。蓋債務人無受偶然的利得，以增加其清償債務之能力之義務也。拒絕遺贈，屬於偶然利得之拒絕，固無疑義；但繼承財產，乃當然利得，並非偶然利得。拒絕繼承，自非拒絕偶然的利得可比。既屬有害於債權，應許撤銷為是。」[138]

實則，因人格或身分而生之**財產權**，僅有權利實施上之專屬性，並無歸屬上之專屬性（參見民195Ⅱ、977Ⅱ、979Ⅱ、999Ⅲ、1056Ⅲ），**而撤銷權之行使，係以債務人所為足使財產在歸屬上脫離債務人，致害及債權之行為為對象**，故於以人格為基礎或具有身分性質之財產權因實施而具備得讓與或繼承之要件後，若其讓與有害及債權，則債權人當然得聲請法院撤銷之。此外，其是否屬債務人自由決定之行為，於撤銷權之成立亦無影響。否定說者，以拋棄繼承係以人格為基礎或具有身分性質，或其係任債務人自由決定之行為，為不得撤銷之理由，並不足採。至於肯定說中，所謂偶然利得及當然利得，區別標準不明，亦非可採。應以

果，不特不承受被繼承人財產上權利，亦不承受被繼承人財產上之義務，故繼承權之拋棄，縱有害及債權，仍不許債權人撤銷之。」意旨相同。

[136] 史尚寬，債法總論，464頁；鄭玉波，民法債編總論，322頁亦持否定見解。

[137] 戴修瓚，民法債編總論（下），194頁；孫森焱，新版民法債編總論（下冊），644～645頁。

[138] 鄭健才，債法通則，199頁。

肯定說中之前說為是。

須說明者，遺贈之拋棄（民1199、1206），亦係處分原已取得之權利之行為，且非人格或身分所生之權利，債務人若為遺贈之拋棄，而有害及債權者，債權人得撤銷之，亦不待言。

2. 債務人指定他人為保險受益人之行為

債務人以自己之生命投保人壽保險，若指定他人為受益人時，其債權人得否撤銷該指定受益人之行為？就此，司法院司法業務研究會，曾予研討，有二說：

（1）否定說

謂「要保人指定他人為受益人雖有害及債權，但其指定行為與民法第244條撤銷權行使之規定不合，且人壽保險制度之主要目的，係要保人為安定自己老年之生活，或確保被扶養人或其他與自己有特殊關係之人得到保險金之制度。故究指定何人為受益人，應尊重要保人之意思，其性質係要保人之一身專屬權，故債權人不得以其指定行為，有害債權而行使撤銷權。」

（2）肯定說

謂「民法第244條所謂有害及債權是指現實有害及債權或有害及債權之虞。人壽保險要保人不指定受益人時，保險金額為其財產或遺產，但指定受益人時，即不得為其遺產，如此即有害及要保人之債權。另要保人保險費之支付亦有害及債權。且要保人指定受益人，其性質並非親屬法上之行為，而係債權法上之行為，且由此行為將使要保人之財產，發生增減之結果，故如要保人指定受益人之行為有害及債權，其債權人應可行使撤銷權。」

研討結論，多數採肯定說。司法院第一廳研究意見，亦採肯

定說，謂：「保險契約之要保人，得於保險契約訂定時或訂定後，指定受益人，經指定之受益人，得於保險事故發生時，直接對保險人請求保險金之給付。故要保人指定受益人，將使要保人財產發生增減之結果，如其指定受益人之行為，有害及要保人之債權時，應可依民法第244條之規定，撤銷要保人之指定行為，研討結論，多數採乙說（按即肯定說），並無不合。」[139]

本書亦採肯定說，但認為得撤銷之行為，與其是否為親屬法上之行為無關，肯定說所謂：「且要保人指定受益人，其性質並非親屬法上之行為，而係債權法上之行為…」等語，並無意義。此外，須加說明者，有二：

其一，債務人若係以他人之生命、身體、健康，或他人所有之財產上保險利益為他人之利益，而訂立各種人身保險契約或財產保險契約，則只有繳納保險費之義務，無權利之取得，應認為係債務人之無償行為，其**保險費之繳納**，若有害及債權，其債權人得依民法第244條第1項規定，撤銷該保險契約，乃為當然。至如債務人係以自己之生命、身體、健康或自己所有之財產上保險利益，而訂立各種人身保險契約或財產保險契約時，因債務人具有取得保險金額或處分受益權之對價，故應認為係債務人之有償行為，其債權人須依民法第244條第2項規定，以保險人於訂立保險契約時，亦知保險費之繳納有損害於債權人之權利者為限，始能撤銷該保險契約。吾人可想見，其情形頗難成立。

其二，撤銷指定他人為受益人之行為，與前項所述撤銷保險契約之情形，應予區別。按各種保險中，得指定他人為受益人者，僅有人壽、健康、傷害等保險之死亡險部分，實務上亦僅被

---

[139] 司法周刊雜誌社印行，民事法律專題研究（二），615～617頁。

保險人身故時之受益人乙欄，可指定他人任之。此種指定，性質
為債務人就受益權所為之處分，屬單方行為，因無對價之取得，
故為無償行為，若有害及債權，其債權人可逕予撤銷該指定受益
人之行為，此與保險費之繳納有害及債權時，債權人得撤銷者係
該保險契約本身者，不可同日而語。是前述肯定說中，「另要保
人保險費之支付亦有害及債權」等語，顯有混淆。應以司法院第
一廳研究意見所述之理由為是。

（三）須有害於債權人之總債權

即債務人所為之行為，或積極的減少財產，或消極的增加債
務，致債權人之總債權不能受償，或減少受償可能之謂。此種行
為通稱為**詐害行為**，是否有害於總債權，應比較債務人行為後之
財產總額及負債總額定之，必也發生負債總額大於財產總額之情
事，始足謂之。是債務人之行為，縱有積極的減少財產，或消極
的增加債務之效力，如行為後之財產總額乃大於負債總額，應認
對之無撤銷權之成立。所謂債務人之財產總額，應將債務人之信
用、勞力一併評價算入。又撤銷權固以債務人之行為有害於債權
人之總債權為成立要件，惟行使撤銷權之人，尚須其債權亦因債
務人之行為而在不能受償或減少受償可能之列，始足當之。故①
詐害行為發生後新生之債權，②附有十足物的擔保之債權，其債
權人均無撤銷權。又性質上不能因行使撤銷權而保全之債權，其
債權人亦無撤銷權。例如不作為或給付勞務之債權是。

有一問題，即以移轉特定物為標的之債權（即特定物債權或
特定債權），債務人如又將該標的物讓與第三人，且已完成登記
或交付，則原債權人得否撤銷後交易之行為（包括債權行為及物
權行為）？於民國88年民法債編修正前，學者間有肯定說與否定
說。肯定說者，認為在特定物債權，後交易之行為，即係屬詐害

行為，原債權人自得撤銷之，不以債務人因後交易之行為致無資力為限[140]。惟修正民法第244條於第3項已增訂：「…，或僅有害於以給付特定物為標的之債權者，不適用前二項之規定。」明示採否定說。惟須注意者，所謂僅有害於以給付特定物為標的之債權者，不適用前二項之規定，係指不得僅因有後交易行為，前交易之債權人即當然得撤銷後交易之行為而言。蓋後交易之行為，雖使前交易成為給付不能，但不過債務人須負損害賠償責任（民226）而已，就債權人之損害賠償請求權言，若債務人尚有資力，雖不足構成詐害行為，而不得撤銷。但如債務人因後交易之行為，而成為無資力時，前交易之債權人自無不得撤銷後交易行為之理。蓋所謂無資力，乃指債務人因後交易之行為致其負債總額大於財產總額之謂，而此乃詐害行為之要件，亦即行使撤銷權之要件也[141]。

二、特別成立要件

即僅債務人所為係**有償行為時**，其撤銷權須特別具備之成立要件。有二：

---

[140] 鄭健才，債法通則，199頁；李模，民法問題研究，40頁；另45台上1316謂：「債權人之債權，因債務人之行為，致有履行不能或困難之情形者，即應認為有損害於債權人之權利。故在特定債權，倘債務人所為之有償行為，於行為時明知有損害於債權人之權利，而受益人於受益時，亦知其情事者，債權人即得行使民法第244條第2項之撤銷權以保全其債權，並不以債務人因其行為致陷於無資力為限。」惟因民國88年修正民法債編時，民法第244條第3項已增訂不同規定，本則判例及爰經民國90年4月17日最高法院90年度第4次民事庭會議決議不再援用，並以90年5月8日（90）台資字第00300號公告在案。

[141] 史尚寬，債法總論，469〜470頁；洪文瀾，民法債編通則釋義，270頁；王伯琦，民法債篇總論，188頁；王澤鑑，民法學說與判例研究（4），156頁。

（一）須債務人於行為時明知有損害於債權人之權利

所謂「明知」，乃債務人對於其行為有害於債權人之權利有所認識之謂。是否認識，以行為時為準。苟行為時無認識，縱嗣後始認識，無論有無過失，均不生撤銷權。所謂「債權人」，指總債權人而言。故行使撤銷權之人，其特定債權之受害，債務人對之是否認識，應非所問。

（二）須受益人於受益時亦知有損害於債權人之權利

所謂「亦知」，乃受益人對於其受益有害於債權人之權利亦有認識之謂。是否認識，以受益時為準。苟受益時無認識，縱嗣後始認識，無論有無過失，均不生撤銷權。所謂「受益人」，指最初受益人而言，亦即直接與債務人為交易而受利益之人。

民法所以規定債務人所為係有償行為時，其撤銷權須具備前述二項特別成立要件，旨在保護善意之受益人。蓋有償行為，通常不致有害於債權人之權利，若不問債務人及受益人是否惡意，均許受害之債權人撤銷之，對善意之受益人，顯失公平也。因此，債務人「明知」及受益人「亦知」之事實，對於債權人為有利，應由債權人負舉證之責[142]。**在實務上**，由於債務人「明知」及受益人「亦知」等內心狀態，須仰賴外在之客觀情事，始能認定，亦即所謂主觀要件之客觀化，**故通常只能以其對價是否顯不相當為舉證方法，債務人及受益人對其對價顯不相當之事實，若無法提出可信之理由，即認定其為惡意，而得予以撤銷。**此為大陸法系著重在理論體系之建構及維護，以致有時有些規定顯得抽象不易理解，惟若就實際生活深入體驗，則會發現具體而易懂之情形之一。其實民法第244條第2項，如規定為：「債務人所為之有償行

---

[142] 44台上1032、53台上2350。

為，其對價顯不相當者，債權人得聲請法院撤銷之。」既不失其理論基礎又易於理解。至於何種情形為對價顯不相當，則有賴法院就個案所為認定之累積。

肆、撤銷權之行使

一、行使之方法

債權人行使民法第244條之撤銷權，須「聲請法院撤銷之」。所謂聲請法院撤銷之，即提起撤銷訴訟之謂。債權人起訴時，可僅聲明撤銷詐害行為，亦可同時行使代位權而聲明請求返還所有物或不當得利或損害賠償。在前者情形（即僅聲明撤銷詐害行為），僅係形成之訴性質，如撤銷者係債務人之單獨行為，僅以債務人為被告，如撤銷者係契約行為或已為物權移轉時之物權行為，則應以債務人及其相對人為共同被告[143]。嚴格言之，撤銷權之行使方法，僅止於此。在後者情形（即同時行使代位權而聲明請求返還所有物或不當得利或損害賠償），則為形成之訴與給付之訴之合併，應列債務人、相對人、受益人為共同被告，並於各項聲明中分別敘明其被告為何人。

二、行使之範圍

行使撤銷權之債權人，僅得於自己債權額範圍內撤銷詐害行為，惟如詐害行為之標的係不可分者，不在此限。

三、同時聲請命回復原狀

民國88年修正民法債編時，於第244條新增第4項規定曰：「債權人依第一項或第二項之規定聲請法院撤銷時，得並聲請命

---

[143] 28渝上978。

受益人或轉得人回復原狀。但轉得人於轉得時不知有撤銷原因者，不在此限。」修正說明謂：「債權人行使撤銷權，使債務人之行為溯及消滅其效力後，可能發生回復原狀返還給付物等問題。債權人可否於聲請撤銷時並為此聲請，抑須另依第242條代位權之規定代位行使，多數學者及實務上均採肯定說，認債權人行使撤銷權除聲請法院撤銷詐害行為外，如有必要，並得聲請命受益人返還財產權及其他財產狀態之復舊。又對轉得人可否聲請回復原狀？現行條文亦無規定，惟學者通說以為轉得人於轉得時知悉債務人與受益人間之行為有撤銷之原因者，債權人撤銷之效果，始及於該轉得人。如轉得人於轉得時不知有撤銷之原因，則應依物權法上善意受讓之規定，取得權利，不得令其回復原狀。如此，方足以維護交易安全並兼顧善意轉得人之利益，爰增訂第4項規定（日本民法第424條第1項但書參考）。」

　　本書以為，增訂民法第244條第4項規定以前，於詐害債權之情形，債權人除行使撤銷權外，若同時具備代位權之成立要件，自亦得併案行使代位權，請求受益人或非善意受讓之轉得人回復原狀（返還財產），惟是否得請求回復原狀仍應分別就是否具備代位權之成立要件，另行觀察，並非撤銷權內含之當然效力。在理論上及實務上均不生問題。茲**新增民法第244條第4項規定，使得撤銷權具有內含代位權之效力**，亦即於具備撤銷權成立要件之同時，即取得回復原狀之請求權，聲請法院撤銷詐害行為時，如同時聲請命受益人或非善意受讓之轉得人回復原狀，法院無庸審查是否同時具備代位權之成立要件。如此，**勢將導致撤銷權既係形成權又係請求權之結論，徒增不必要之理論爭議與習法者之困擾，對於民法理論之建構並無正面效果。**

伍、撤銷權之效力

一、對於債務人之效力

債務人之行為，一經撤銷，視為自始無效（民114 I）。其情形可得言者有二：

（一）債務人之行為僅發生債權關係，尚無物權之移轉者，其債權關係因撤銷而消滅，不生其他問題。

（二）債務人之行為，除發生債權關係外，復有物權之移轉者：1.若債權人一併聲明撤銷物權行為，則債務人得基於物上請求權，請求返還給付物或損害賠償，債權人得代位行使之；2.若債權人未聲明撤銷物權行為，則債務人得依不當得利之法律關係，請求返還給付物或損害賠償，債權人亦得代位行使之。一般似以第1.種方式為之為常。

二、對於債權人之效力

債權人於行使撤銷權後，更得行使代位權，請求受益人返還給付物於債務人，亦得請求直接交付自己代位受領。但受判決利益者，係總債權[144]，故起訴之債權人對取回之給付物，無優先受償之權，與代位權同。

三、對於受益人之效力

所謂受益人，指債務人所為行為之相對人。民國88年民法債編修正前，因民法第244條無「轉得人」之用語，故學者有將受益人解為兼指轉得人者，惟修正民法第244條新增第4項，已有轉得人之規定，故所謂受益人自不得再解為包括轉得人在內，不待

---

[144]　大理院4上72。

言。債務人之行為，一經撤銷，則自始無效，受益人應依前項對於債務人之效力所述（二）之情形，負返還給付物或為損害賠償之責。至受益人若受有損害，則僅得請求債務人賠償之。

有問題者，**乃受益人如已將其受益之標的移轉於轉得人，則債權人得否撤銷該部分交易之行為**？本書以為，民法第244條規範之對象，係債權人之「債務人」之行為，不及於受益人及轉得人之行為，亦即**債權人所得撤銷者，僅限於債務人與受益人間之行為**。而債務人之行為，不論係無償行為，抑有償行為，一經債權人撤銷，受益人即成為自始未取得其權利，其原所為之行為，如僅係債權行為，雖為有效，但如交易之標的已為債權人代位取回，則受益人勢須對轉得人負給付不能之責；至如已有物權之移轉者，則成為受益人之無權處分行為，債權人之撤銷不但使債務人（權利人）喪失承認權，且應解為發生債務人拒絕承認之效力，物權之移轉行為應為無效。此時，除交易之標的為動產，且轉得人為善意（不知有害及債權），得善意取得（民948、801）其所有權外，其餘標的，轉得人均應負返還（所有物之返還）之責。於該轉得人善意取得時，受益人應對債務人負返還不能之損害賠償責任（民226、267），而於該轉得人應負返還之責時，該轉得人，得依給付不能之規定（民226、267），或無效行為當事人之責任規定（民113），向受益人請求損害賠償，則不待言。

四、對於轉得人之效力

轉得人云者，受益人之後手也。債務人與受益人間之行為被債權人撤銷後，僅於交易標的為動產，而受益人已將物權移轉於轉得人，且轉得人為善意（不知有害及債權）等情形下，始能善意取得（民948、801）交易標的之所有權，此時轉得人之再轉讓

行為完全有效，不受債務人與受益人間之行為被債權人撤銷之影響，其後任一轉得人之取得權利，亦不受影響。此外其他情形下，轉得人均無法取得交易標的之所有權，轉得人之再轉讓行為將因債務人與受益人間之行為被債權人撤銷，而成為無權處分行為，債權人之撤銷不但使債務人（權利人）喪失承認權，且應解為發生債務人拒絕承認之效力，物權之移轉行為應為無效。此時其後手之轉得人均應負返還（所有物之返還）之責。於其後手之轉得人善意取得時，受益人應對債務人負返還不能之損害賠償責任（民226、267），而於其後手轉得人應負返還之責時，該後手轉得人，得依給付不能之規定（民226、267），或無效行為當事人之責任規定（民113），向受益人請求損害賠償，則不待言。至於此後之轉得人，與前手交易之行為，則亦視其前手是否取得交易之標的，依上述相同方式解決，均無民法第244條規定之適用，不再多述。

陸、撤銷權之消滅

　　民法第245條規定：「前條撤銷權，自債權人知有撤銷原因時起，一年間不行使，或自行為時起，經過十年而消滅。」此究為除斥期間之規定？抑為消滅時效期間之規定？學者見解不一。認係**除斥期間者**，以消滅時效以請求權為客體，撤銷權非請求權，故民法第245條非消滅時效期間之規定。認係**消滅時效者**，則以民法第244條之撤銷權，其行使既須聲請法院以訴訟方式為之，其聲請不失為撤銷權所生之請求權性質，與僅依意思表示行使之撤銷權（例如民法第92條規定是），顯屬有別，故民法第245條非除斥期間之規定。**實則**撤銷訴訟之起訴，係對法院請求為判決，並非對當事人財產上之請求，且撤銷權一經行使即發生效力，無中斷之可言，故民法第245條規定之期間，應認係除斥期間性質，方屬

正確[145]。

第三節　契約

契約之成立，已於債之發生中規定。此所謂契約，係指因契約所生債的效力而言。因契約所生債的效力，可分：1.締約上過失責任，2.契約之標的，3.定型化契約，4.契約之確保，5.契約之解除，6.契約之終止，7.雙務契約之效力，8.涉他契約之效力等八項述之。

第一項　締約上過失責任

壹、概說

所謂「締約上過失」（culpa in contrahendo）責任，乃於訂約過程，當事人之一方因過失或違反誠信而契約不成立、無效、撤銷，或未盡通知、保護義務，致他方當事人遭受損害時，應依契約法之原則，負損害賠償責任之謂。**契約不成立之情形**，例如甲已徵得乙同意，擬將其機車寄託於乙處，嗣乙竟遺忘交車日而出遊，甲不得不將機車暫放乙住處門口，致為盜所竊，乙應對甲負賠償責任。**契約無效之情形**，例如無權代理行為，因本人不承認而相對人受有損害時，依民法第110條規定：「無代理權人，以他人之代理人名義所為之法律行為，對於善意之相對人，負損害賠償之責。」又如民法第247條第1項規定：「契約因以不能之給付為標的而無效者，當事人於訂約時知其不能或可得而知者，對於非因過失而信契約為有效致受損害之他方當事人，負賠償責

---

[145] 50台上412。

任。」**契約撤銷之情形**，例如意思表示因錯誤或誤傳，而依民法第88條及第89條之規定撤銷時，依民法第91條規定：「…表意人對於信其意思表示為有效而受損害之相對人或第三人，應負賠償責任。但其撤銷之原因，受害人明知或可得而知者，不在此限。」**未盡通知義務之情形**，例如甲與乙商談購乙之屋，約定於某日看屋，嗣乙因遇出高價者，於數日前已將該屋售出，惟未及時通知甲取消看屋之行，致甲徒勞往返，遭受旅費之損失，乙應對甲負賠償責任。**未盡保護義務之情形**，例如顧客進入百貨公司，因電扶梯速度過快，致跌倒受傷，百貨公司應負賠償責任。

締約上過失責任，係基於先契約義務及誠信原則而建立之法則，乃介於侵權行為與契約間之一種責任型態，其理論內容，在德國學說及判例上討論較多，但德國民法並未採為一般原則，僅就若干情形，個別規定其賠償責任之要件，我民法仿之。民國88年民法債編修正前，依學者之見解，我民法第91條、第110條、第113條[146]、第114條第2項、第247條[147]，均屬締約上過失責任之個別規定，一般並認為第247條為最重要之規定。

關於民國88年民法債編修正時，增訂之第245條之1，究係締約上過失責任之一般原則，抑僅係契約不成立之締約上過失責任類型？依其修正之**立法說明**觀之，似為一般原則之規定[148]。學者

---

[146] 鄭玉波，民法債編總論，332頁；邱聰智，新訂民法債編通則（下），127～128頁謂：國內學者雖認我民法締約上過失責任之規範依據為第247條，惟就法律體系而言，無寧以第113條為較妥；惟王澤鑑，民法學說與判例研究（1），83頁註16，則認為第113條可否逕認為屬於締約上過失之類型，尚有疑問。

[147] 邱聰智，新訂民法債編通則（下），126頁，認為民法第631條亦屬締約上過失責任之類型。

[148] 民法第245條第1項規定之立法說明：「二、近日工商發達，交通進步，當事人在締約前接觸或磋商之機會大增。當事人為訂立契約而進行準備或商議，即處於相互信賴之特殊關係中，如一方未誠實提供資訊、嚴重違反保密義務或違反

有認為為保障雙方當事人間因準備或商議訂立契約而建立的特殊信賴關係，並維護交易安全，民法第245條之1所稱「契約未成立時」，應解為一方當事人違反誠實信用原則的情事係發生於契約成立前（訂約準備商議階段），非專指「致契約未成立」情形而言，其適用範圍包括「致契約未成立」以外的情形，並認為其為具有台灣特色的締約上過失制度，民法第245條之1第1項關於「契約未成立時」的規定，徒增困擾，應予刪除[149]者。**另有認為**增訂民法第245條之1之規範功能，並非在建立締約上過失責任之一般原則，僅在建立契約不成立類型之締約上過失責任而已，主要理由有四：1.就民法第245條之1第1項之文字觀之，應解為僅能適用於「致」契約未成立的情形，否則無法與該條項所稱「對於非因過失而信契約能成立致受損害之他方當事人」之要件相對應。2.民法第245條之1第1項所稱「當事人為準備或商議訂立契約而有左列情形之一者」，已足以表明一方當事人違反誠實信用原則的情事係發生於契約成立前（訂約準備商議階段），該條項所稱「契約未成立時」，當另有其意義及作用，即表明該條僅在建立契約不成立類型之締約上過失責任。3.民法第245條之1第1項係採列舉概括的立法方式，即區別為說明義務之違反（一款）、保密義務之違反（二款），及其他顯然違反誠實及信用方法（三款），且分別對之設不同的歸責事由，應有其特別之立法政策考量。由於其適用要件極為嚴格且有些不甚合理，如以之做為先契約義務發

進行締約時應遵守之誠信原則，致他方受損害，既非侵權行為，亦非債務不履行之範疇，現行法對此未設有賠償責任之規定，有失周延。而外國立法例，例如希臘1940年新民法第197條及第198條、義大利民法第1337條及第1338條，均有『締約過失責任』之規定。為保障締約前雙方當事人間因準備或商議訂立契約已建立之特殊信賴關係，並維護交易安全，我國實有規定之必要，爰增訂第1項規定。」

[149] 王澤鑑，債法原理（一），263～284頁。

生及締約上過失責任之一般規定，勢將使締約上過失責任制度適用範圍縮限至極少範圍，不僅無法達到保障雙方當事人間因準備或商議訂立契約而建立的特殊信賴關係，並維護交易安全之立法目的，甚至成為建立締約上過失責任制度之重大障礙，故對其適用範圍或規範功能不應加以擴張。4.民法第245條之1之立法方式，與民法第247條之立法方式相類似，後者係針對契約因以不能之給付為標的而無效（民法第246條）之情形，所設締約上過失責任規定，其基本架構為「契約無效」、「一方當事人違反先契約之附隨義務」、「他方當事人信契約為有效」。就民法第245條之1觀之，其基本架構為「契約不成立」、「一方當事人違反先契約之附隨義務」、「他方當事人信契約能成立」，應係針對契約不成立之情形，所設締約上過失責任規定[150]。本書贊同後說之見解，蓋締約上過失責任之態樣，不限於契約未成立一種，為一基本觀念，立法者不可能不知，且如立法者意在說明締約上過失之情事發生於契約成立前，則直言「當事人為準備或商議訂立契約而有左列情形之一者…」即可，此外如民法第245條之1係締約上過失責任之一般規定，則理應有足以包括各種締約上過失態樣之內容，且民法其他有關締約上過失責任之條文，亦應一併刪除，始足當之。茲民法第245條之1除明文限於「契約未成立時」外，所定範圍又極狹窄，又仍保留民法其他態樣之締約上過失責任之條文，如將其解為係締約上過失責任之一般規定，似嫌牽強。

　　我民法關於締約上過失責任，既採個別規定，則其成立要件，自應就其規定個別認定，且因其規定乃我民法損害賠償體系之一環，故有關損害賠償之方法（民213～215）、損害賠償之範

---

[150] 劉春堂，契約法總論，186～187頁。

圍（民216）、損益相抵（民216-1）、過失相抵（民217）、生計減免（民218）、讓與請求權（民218-1）等，均應一體適用，自為當然。

有疑問者，乃基於締約上過失而生之損害賠償請求權，其消滅時效期間如何？民國88年修正前民法未設規定，外國立法例有規定準用侵權行為之規定者[151]，德國學說及判例上，對此頗有爭議，但通說認為，除其締約情況符合特殊契約類型，應準用該當契約之特別時效，或同時構成侵權行為，得適用侵權行為之短期時效（我國民法第197條規定）外，原則上應適用一般消滅時效期間之規定（我國民法第125條規定為15年）。我國學者從之[152]。惟修正後民法，於第245條之1第2項規定：「前項損害賠償請求權，因二年間不行使而消滅。」以及第247條第3項規定：「前二項損害賠償請求權，因二年間不行使而滅。」可知在我國，基於締約上過失而生之損害賠償請求權，除第245條之1第1項（因契約未成立）、第247條第1項（因契約標的全部不能而無效）、第2項（因契約標的一部不能而一部無效）所生者，其消滅時效期間為2年外，因其他類型之締約上過失所生之損害賠償請求權，其消滅時效期間均為15年。

貳、契約未成立時之締約上過失責任

民法第245條之1第1項規定：「契約未成立時，當事人為準備或商議訂立契約而有左列情形之一者，對於非因過失而信契約能成立致受損害之他方當事人，負賠償責任：一、就訂約有重要關係之事項，對他方之詢問，惡意隱匿或為不實之說明者。二、知

---

[151] 例如希臘1940年民法第198條之規定。
[152] 王澤鑑，民法學說與判例研究（1），90頁。

悉或持有他方之秘密，經他方明示應予保密，而因故意或重大過失洩漏之者。三、其他顯然違反誠實及信用方法者。」是為契約未成立時之締約上過失責任。分述之。

一、成立要件

契約不成立之締約上過失責任之成立要件，有三：

（一）須契約不成立

所謂契約不成立，情形有二：1.當事人雖曾進行訂約之磋商，惟因可歸責於一方當事人之事由（例如賣給出價更高者、出賣人家人反對）終未達於訂立契約之階段；2.雖已達於訂立契約之階段，但因欠缺契約之一般成立要件（例如意思表示欠缺效果意思）或特別成立要件（例如約定之要式契約尚未踐行約定之方式、寄託契約尚未交付標的物）而不成立。

（二）須一方當事人為準備或商議訂立契約而有下列情形之一

1. 就訂約有重要關係之事項，對他方之詢問，惡意隱匿或為不實之說明者

所謂訂約有重要關係之事項，指契約成立所需之「必要之點」（民153 II），是否為重要關係之事項，應依個案之具體情況定之。所謂他方之詢問，指就訂約有重要關係之事項，**於他方有所詢問時**，應據實提供資訊，不得惡意隱匿或為不實之說明。所謂惡意，指動機不良之故意。所謂隱匿，指消極的不為說明。所謂為不實之說明，指積極的為說明而內容不實。他方提出詢問之事實，應由他方當事人負舉證責任；惡意，則須由主張締約上過失責任之一方當事人負舉證責任。

須說明者，就訂約有重要關係之事項，係契約成立之要件，

不論他方有無詢問,當事人雙方原即負有主動說明之義務,是於未經他方之詢問,而由一方當事人主動惡意隱匿或為不實之說明者,應適用第3款之規定,或類推適用本款之規定[153]。

2. 知悉或持有他方之秘密,經他方明示應予保密,而因故意或重大過失洩漏之者

所謂知悉或持有他方之秘密,指一方當事人因進行訂約之磋商而知悉或持有他方之秘密,例如知悉公司經營之策略、特殊之製造方法、資產之虛實[154]。所謂經他方明示應予保密,指一方當事人因進行訂約之磋商而知悉或持有他方之秘密,經他方明示應予保密者而言。所謂因故意或重大過失而洩漏之,指於他方明示應予保密之情形下,因故意或重大過失而洩漏該項秘密。明示應予保密,應由他方當事人負舉證責任;故意或重大過失,則應由主張締約上過失責任之一方當事人負舉證責任。知悉或持有他方之秘密,雖未經他方明示應予保密,而因故意或重大過失洩漏之者,應適用第3款之規定,或類推適用本款之規定。

3. 其他顯然違反誠實及信用方法者

所謂其他顯然違反誠實及信用方法者,指前述第1、2兩款所定以外,其他違反誠實及信用方法之行為而言。**例如**無故中止磋商或拒絕締約、提供不實之資料或說明致契約成立後為他方當事人以錯誤之理由撤銷、洩漏未經他方明示應予保密之他方秘密等情形是。本款之適用並不以當事人有故意或過失為要件,前述第1、2兩款之情形,如依本款為主張時,即無庸就「惡意」、「故意或重大過失」負舉證之責,**是本款規定終將成為契約不成立之締**

---

[153] 王澤鑑,債法原理(一),273頁;劉春堂,契約法總論,199頁。
[154] 劉春堂,契約法總論,199頁。

約上過失責任類型之主要依據。是否違反誠實及信用方法，須就各個行為為實質之認定，並無區別為「顯然」與「非顯然」之必要，本款「顯然」一語，顯屬多餘。

（三）須他方當事人非因過失而信契約能成立致受損害

他方當事人須非因過失而信契約能成立致受損害，始能請求損害賠償。**例如**一方當事人所陳述不實之事項，曾刊登於主要報紙，他方當事人因事忙未加注意而仍信契約能成立之情形，可能被認定因過失而信契約能成立而不能請求損害賠償是。他方當事人之過失，應由主張之一方當事人負舉證責任。因訂約之磋商，係就各種交易條件進行討價還價之過程，其所牽涉之內容錯綜複雜，自不得僅因他方當事人對其中之一二事項漏未注意，即認定其有過失，應就其信賴契約能成立的正當性為整體的綜合考量，斟酌訂約磋商過程及雙方的資訊、專業能力等因素，認定其有無過失[155]。

二、效力

具備上述要件時，違反各款規定之當事人，對於非因過失而信契約能成立致受損害之他方當事人，應負賠償責任。所謂**信賴契約能成立致受損害**，即所謂信賴之損害。亦即於相信契約終將成立之情形下，為準備締約而為各項必要支出，嗣後因契約不成立，而成為無法回收之損害。此項損害，包括所受損害及所失利益在內（民216）。依締約上過失責任，所得請求之賠償，以信賴之損害為限。至於因契約之履行所可獲得之利益之未獲得，即履行利益之損失，則不得請求賠償。蓋契約既不成立，無履行利益可獲得，自不得請求履行利益損失之賠償也。履行利益之損失，

---

[155] 劉春堂，契約法總論，201頁。

屬於「所失利益」之性質，不復有「所受損害」與「所失利益」之分。

　　有問題者，信賴之損害，其賠償數額，可否超過履行利益之損失額？因我國民法就信賴之損害，並未設有不得超過履行利益之損失之限制[156]，故解釋上，信賴之損害賠償額，可以超過履行利益之損失額[157]。**惟衡諸實際**，於所請求之損害屬於侵權行為性質之部分，其損害賠償額，不受履行利益之損失額限制，固無問題，惟於所請求之損害屬於準備締約之費用及所失利益之部分，如可超過履行利益之損失額，並不合理，蓋因契約成立並履行所可獲得之利益，不應低於準備締約之費用及所失利益也，故本書認為法院於衡量此部分之損害額時，仍應以履行利益之損失額為度。

三、消滅時效

　　契約未成立時，締約上過失之損害賠償請求權，因2年間不行使而消滅。（民245-1 II）[158]

第二項　契約之標的

　　法律行為之一般生效要件有：1.標的須合法，2.標的須確定，3.標的須可能，已於總則編述及。契約係法律行為之一種，其標的自須合法、確定及可能，始能生效。民法總則編之規定，於契

---

[156] 德國民法第122條第1項但書、第307條、第309條準用第307條，就信賴之損害，設有不得超過履行利益之損失之限制規定。

[157] 劉春堂，契約法總論，196、201頁。

[158] 民法第245條之1第2項之立法說明：「為早日確定權利之狀態，而維持社會之秩序，爰參考前述希臘新民法第198條規定，明定『前項損害賠償請求權，因2年間不行使而消滅』。」

約亦應適用，而不待言。民法債的效力節第四款中，僅就**契約標的不能之效力**，為特別規定。分述之：

壹、契約標的不能之效力

「以不能之給付為契約標的者，其契約為無效。」（民246 I 前段）所謂不能，指**自始、客觀、永久不能**而言。自始不能云者，契約成立之時即屬不能實現之謂也。客觀不能云者，任何人皆不能實現之謂也。永久不能云者，不能之情形永久繼續，無除去之時之謂也。下列兩種情形，尚非永久不能，故其契約非為無效：

（一）「**其不能情形可以除去，而當事人訂約時並預期於不能之情形除去後為給付者，其契約仍為有效。**」（民246 I 但書）

例如買賣黃金之契約，設訂約時黃金為禁止融通物，惟僅為一時現象，而當事人約定於解禁後再為給付是。

（二）「**附停止條件或始期之契約，於條件成就或期限屆至前，不能之情形已除去者，其契約為有效。**」（民246 II）

附停止條件之情形，例如贈與契約訂明「汝如任內政部長則贈黃金百兩」，訂約時黃金雖為禁止融通物，惟於解禁後，受贈人果真得任內政部長是。附始期之情形，例如海上運送契約，約定於明年2月2經麻六甲海峽運至基隆港，訂約時雖因戰爭麻六甲海峽為敵國封鎖，但戰事於明年2月2日屆至前早已結束是。

貳、當事人之賠償責任

一、契約標的全部不能時

「契約因以不能之給付為標的而無效者，當事人於訂約時知

其不能或可得而知者，對於非因過失而信契約為有效致受損害之他方當事人，負賠償責任。」（民247Ⅰ）。所謂訂約時知其不能者，例如自己賽馬已於昨日病故，今日猶與人訂約出賣是。所謂訂約時可得而知者，例如人住台北，賽馬養於后里，中部發生大水災，據報載后里賽馬全遭淹斃，惟賽馬主人猶與人訂約出賣是。所謂非因過失而信契約為有效，指他方當事人對於相信標的可能，無過失而言，如有過失，則無本項之適用。有過失之情形，例如報紙已將其訂約前被洪水淹斃之賽馬特徵、名稱、及主人姓名刊登於顯著處，他方當事人竟疏未注意是。所謂「致受損害」，指他方當事人因信契約有效而致生之損害，亦即「信賴之損害」，包括所受損害及所失利益（民216）。所受損害，例如訂約所支出之費用（如律師費、公證費）、準備履行所支出之費用或所受之損害（如包裝費用、因準備支付價金而借貸所支出之利息或處分財產所受之損害）、履行契約所支出之費用或所受之損害（如運送費、保險費、標的物之損害）等是。所失利益，例如因另失訂約機會未獲得之利潤是。至於因契約履行所可獲得之利益之未獲得，非此所謂之損害。例如訂購已死賽馬之價5,000元，轉賣之價7,000元，預期可獲得之2,000元利益是[159]。蓋履行利益係以契約有效為前提，茲契約既因以不能之給付為標的而無效，履行利益無從發生，當事人自不得請求賠償也。

二、契約標的一部不能時

「給付一部不能，而契約就其他部分仍為有效者，或依選擇而定之數宗給付中有一宗給付不能者，準用前項之規定。」（民247Ⅱ）所謂準用前項之規定，即由有過失之當事人，對無過失之

---

[159] 51台上2101。

他方當事人，負賠償因信該不能部分之契約為有效所致損害之責也。所謂「**給付一部不能，而契約就其他部分仍為有效者**」，指除去該不能之部分亦可成立契約之情形（民111）。例如買賣標的為錄影機1台及賽馬1匹，如賽馬給付不能，除去後，買賣契約中錄影機部分仍可成立，而仍為有效是。所謂「**依選擇而定之數宗給付中有一宗給付不能者**」，指依民法第211條規定，債之關係僅存在於餘存之給付之情形。例如原定給付係賽馬2匹或乳牛2頭，賽馬被洪水淹斃，則債之關係固僅存於乳牛2頭，但買受人意在選擇賽馬，且已購置馬鞍，茲因受領乳牛2頭，不得不將馬鞍折價退回，此種折價之損害，應由訂約時知賽馬已遭淹斃或可得而知之出賣人負賠償責任是。但買受人對於相信賽馬給付為可能，如有過失，則不在此限，又不待言。

三、消滅時效

契約因標的不能而無效，所生之損害賠償請求權，因2年間不行使而消滅。（民247Ⅲ）

第三項　定型化契約

壹、定型化契約之意義

定型化契約（contract in set form）者，依照當事人一方預定用於同類契約之條款而訂定之契約也（民247-1前段）。此當事人一方，是為企業經營者，與之訂定契約之一方當事人，是為消費者。亦即企業經營者以其提出之定型化契約條款[160]作為契約內容

---

[160] 消費者保護法第2條第7款規定：「定型化契約條款：指企業經營者為與多數消費者訂立同類契約之用，所提出預先擬定之契約條款。定型化契約條款不限於書面，其以放映字幕、張貼、牌示、網際網路、或其他方法表示者，亦屬

之全部或一部而與消費者訂立之契約也（消保2⑨）。常見之定型化契約，例如保險契約、預定房屋買賣契約、電力供給契約、自來水供給契約、瓦斯供給契約、行動電話門號租用契約、旅遊契約、銀行貸款契約、信用卡契約、支票存款戶契約、有線電視收訊契約、醫療契約等是。

工商業發達以來，交易量大增，契約之條款，頗難個案議定，且同類契約，其內容千篇一律，亦無個案議定之必要。爰漸漸形成企業經營者預先擬定並印妥契約條款，供消費者簽字快速完成交易之情況。因企業經營者每控制一定之市場，且擁有強勢之經濟地位，早期消費者無法與之討價還價，唯有附合之而訂約，故定型化契約，又稱附合契約。迨至民國83年我國消費者保護法施行後，對於此類契約已設有各種控制規定，消費者已無不公之疑慮，爰我國消費者保護法稱之為「定型化契約」。

貳、定型化契約之控制

定型化契約，既係由企業經營者單方預先擬定，則難免有不利消費者之規定。此時，若任其生效，則除有違契約自由之原則外，更非公平之道。爰各主要國家，對於定型化契約，均訂有限制規範。我國民法第247條之1、消費者保護法第二章第二節「定型化契約」（第11～17-1條）、消費者保護法施行細則第二章第二節「定型化契約」（第9～15條），為其主要者[161]。綜其內容，可分：1.契約內容之控制，2.一般條款之限制，3.疑義條款之解釋等三方面述之：

之。」

[161] 其他法令亦設有限制規範，例如保險法第54條、第54條之1、保險業管理辦法第25條等規定是。

一、契約內容之控制

又可分行政上之控制及法律上之控制：

（一）行政上之控制

即依法令所定之行政上方法，以控制定型化契約之內容。其方法有二：

1. 公告應記載或不得記載之事項

「中央主管機關為預防消費糾紛，保護消費者權益，促進定型化契約之公平化，得選擇特定行業，擬定其定型化契約應記載或不得記載事項，報請行政院核定後公告之。」（消保17 I）「違反第一項公告之定型化契約，其定型化契約條款無效。該定型化契約之效力，依前條規定定之[162]。」（消保17Ⅲ）「中央主管機關公告應記載之事項，雖未記載於定型化契約，仍構成契約之內容。」（消保17Ⅳ）所謂中央主管機關，指中央之目的事業主管機關（消保6）。所謂違反第1項公告之定型化契約，其定型化契約條款無效，指該違反應記載或不得記載事項之條款無效而言。該定型化契約之效力，依前條規定定之，指扣除無效之條款後所餘由其他條款構成之定型化契約，是否有效，應依消費者保護法第16條之規定定之，亦即：「定型化契約中之定型化契約條款，全部或一部無效或不構成契約內容之一部者，除去該部分，契約亦可成立者，該契約之其他部分，仍為有效。但對當事人之一方

---

[162] 本段「該定型化契約之效力依前條規定定之」係屬贅語。蓋第16條係定型化契約中之一般條款，全部或一部無效或不構成契約內容之一部時，是否全部無效之一般規定，對於違反第17條第1項規定之無效，同有適用，並無疑問，無須再為明文也。立法者或係認為本條規定在後，故予提醒。惟觀我消費者保護法「定型化契約」乙節之條文，本無邏輯上之順序，以致其內容頗難理清，此處反為多餘之規定，難謂謹慎。

顯失公平者,該契約全部無效。」

　　須說明者,定型化契約記載中央主管機關公告不得記載之事項者,其記載為無效,固無問題。惟其他符合應記載之事項之部分,是否即屬當然有效?依消費者保護法施行細則第15條規定:「定型化契約記載經中央主管機關公告應記載之事項者,仍有本法關於定型化契約規定之適用。」可知其仍有可能因違反消費者保護法之其他效力規定(例如消保11Ⅰ、12)而無效。

2.隨時派員查核

　　「企業經營者使用定型化契約者,主管機關得隨時派員查核。」(消保17Ⅴ)此查核之對象,為定型化契約,不以中央主管機關公告有應記載或不得記載事項者為限,故就消費者保護法及其施行細則關於定型化契約之任何規定,及公告之應記載或不得記載事項,均可為查核。查核之目的,在命企業經營者修正不合規定之條款。自亦為行政上控制定型化契約內容之方法。

(二)法律上之控制

　　即依法律之效力規定,使違反之條款無效,以控制定型化契約之內容。其規定有三:

1.違反平等互惠原則之條款無效

　　「企業經營者在定型化契約中所用之條款,應本**平等互惠之原則**。」(消保11Ⅰ)違反平等互惠原則,即係違反法律之強制規定,依民法第71條前段規定,本屬無效。但消費者保護法又規定「推定其顯失公平」(消保12Ⅱ①),卻未明定是否因之無效,並無必要,詳如次款所述。所謂**平等互惠之原則**,乃企業經營者所擬定之定型化契約條款,除為自己之正當利益外,須兼顧消費者之正當利益,不得使消費者遭受顯不相當之待遇之謂。依

消費者保護法施行細則第14條規定，定型化契約條款，有下列情事之一者，為**違反平等互惠原則**：一、當事人間之給付與對待給付顯不相當者（例如「貨物出門，概不退換」之條款）。二、消費者應負擔非其所能控制之危險者（例如支票存款約定書中所載：「本行對支票認為與存戶原留印鑑相符，憑票支付之後，如有因印鑑之偽造、變造、竊盜、詐欺或遺失等情事而發生之損失，本行概不負責。」之條款）。三、消費者違約時，應負擔顯不相當之賠償責任者（例如「遲延1日，賠償遲延價金10倍」之條款）。四、其他顯有不利於消費者之情形者（例如信用卡定型化契約中所載：「有無收到本行繳費通知書，均應於繳款日繳款，不得以未收到繳款通知書為由延遲繳款。」之條款）。

2. 違反誠信原則之條款無效

「定型化契約中之條款違反誠信原則，對消費者顯失公平者，無效。」（消保12Ⅰ）誠信原則，誠實及信用之原則也，亦即民法第148條第2項規定：「行使權利，履行義務，應依誠實及信用方法。」所揭示之原則。所謂誠實，乃行為人光明之良心；所謂信用，則為相對人之信賴。不論行使權利之人，抑履行義務之人，均應本於自己光明之良心，及不違反相對人正當之信賴，而為行使及履行，是謂誠信原則[163]。違反誠信原則者，其行為原即無效（民148Ⅱ、71）。但依消費者保護法第12條第1項規定，定型化契約中之條款，除違反誠信原則外，尚須「對消費者顯失公平」者，始為無效。考其意旨，可能之解釋有二：其一，係指違反誠信原則，而對消費者顯失公平者，始為無效；若對企業經

---

[163]　關於誠信原則之解釋，參見陳猷龍，民法總則，329～331頁。

營者顯失公平者，則不使其無效[164]。惟觀諸同條第2項所定各款及第11條第1項之規定，卻見其立法方式並非如此。其二，係謂違反誠信原則之外，尚須具備「對消費者顯失公平」之要件者，始為無效；若雖違反誠信原則，但不生「對消費者顯失公平」之情事者，則並不無效。惟按違反誠信原則，本質上即具有對當事人之一方顯失公平之內涵，再以「對消費者顯失公平」為無效之要件，顯屬多餘而混淆。是**第12條第1項「對消費者顯失公平」等語，實無必要**。又同條第2項各款，均係違反誠信原則可能態樣之一，根本無庸迂迴推定其為顯失公平，何況第2項規定並未明定以違反誠信原則為前提，無法理解其與第1項規定之關聯性為何？**第2項所定「推定其顯失公平」等語，不如修正為「推定其違反誠信原則」，較為清楚**。此外，第11條第1項，既已選擇平等互惠之原則而單獨為規定[165]，則第12條第2項第1款似屬重複。

定型化契約條款，是否違反誠信原則，應依個案具體情形，斟酌契約之性質、締約目的、全部條款內容、交易習慣及其他情事判斷之（消保細則13）。此外，消費者保護法第12條第2項，就

---

[164] 因所謂定型化契約中之條款違反誠信原則，係指依其條款所為之行為，必致違反企業經營者光明之良心或消費者正當之信賴（此情形，當然對消費者顯失公平）；或者違反消費者光明之良心或企業經營者正當之信賴（此情形，當然對企業經營者顯失公平）而言。而定型化契約條款，係企業經營者所擬定，故發生後者情形，可認係企業經營者自找，無使其條款無效之必要。是則，將消費者保護法第12條第1項「違反誠信原則，對消費者顯失公平者，無效」，其中「對消費者顯失公平」等語，解為不過係指明發生前者情形時，其條款始為無效，亦言之成理。

[165] 按不違反公共利益及不以損害他人為主要目的，亦屬誠信原則之具體態樣，本可包含於民法第148條第2項所定誠信原則之內，但民法為加重宣示，特擇之而單獨規定於民法第148條第1項。基於此種立法方式，在消費者保護法，非不得將平等互惠之原則，自誠信原則中提出而單獨為規定。惟既已為單獨規定，即不宜再列之為推定違反誠信原則之項目，以免混淆。

三種違反誠信原則可能態樣，明定為「推定其顯失公平」（應修正為「推定其違反誠信原則」，已如前述）：一、違反平等互惠原則者（消保12Ⅱ①）。此已見前述。二、**條款與其所排除不予適用之任意規定之立法意旨顯相矛盾者**（消保12Ⅱ②）。亦即該條款明示排除某項法令之任意規定，而呈現明顯與該任意規定之立法意旨互相矛盾之結果。例如保證債務具有從屬性，民法第742條：「主債務人所有之抗辯，保證人得主張之。主債務人拋棄其抗辯權者，保證人仍得主張之。」即係表彰從屬性之規定。此雖為任意規定，保證人非不得約定放棄其主張之權利，但一經拋棄，即失去保證債務之從屬性，成為獨立之負擔債務契約，而非從屬之保證契約（見立法理由）。故如定型化契約中關於保證人之條款，明示排除民法第742條之適用，即呈現明顯與保證債務之從屬性（民法第742條之立法意旨）互相矛盾之結果，則該條款應推定為違反誠信原則而無效是。三、**契約之主要權利或義務，因受條款之限制，致契約之目的難以達成者**（消保12Ⅱ③）。所謂契約之主要權利，指消費者之主要權利；所謂契約之主要義務，指企業經營者之主要義務。所謂契約之「主要」權利或義務，指契約之「目的性」權利或義務而言。例如住院契約，其主要目的在診療疾病，則就診療所生及與診療有關之權利或義務，即屬主要權利或義務，至於病患物品之保管或防患其免於遺失或被竊，即非病患或醫院之主要權利或義務。定型化契約之條款，限制消費者之主要權利或企業者之主要義務，致契約之目的難以達成，**例如**旅行契約所載：「旅遊地之旅行社所致旅客之損害，由該旅行社直接對旅客負責，本公司隨團領隊負責協助處理。」之條款，限制旅客之主要權利及國內旅行社之主要義務，致由國內旅行社安排全程安全旅行之契約目的無法達成，應推定其違反誠信原則而

無效是。

3.顯失公平之條款無效

依民法第247條之1規定：「依照當事人一方預定用於同類契約之條款而訂定之契約，為左列各款之約定，按其情形顯失公平者，該部分約定無效：一、免除或減輕預定契約條款之當事人之責任者。二、加重他方當事人之責任者。三、使他方當事人拋棄權利或限制其行使權利者。四、其他於他方當事人有重大不利益者。」所謂依照當事人一方預定用於同類契約之條款而訂定之契約，即定型化契約。**所謂免除或減輕預定契約條款之當事人之責任**，指免除或減輕印製定型化契約條款者自己之責任，**例如**前述支票存款約定書中所載：「本行對支票認為與存戶原留印鑑相符，憑票支付之後，如有因印鑑之偽造、變造、竊盜、詐欺或遺失等情事而發生之損失，本行概不負責。」之條款；**所謂加重他方當事人之責任**，指加重非印製定型化契約條款之一方當事人之責任，例如前述「遲延1日，賠償遲延價金10倍」之條款；**所謂使他方當事人拋棄權利或限制其行使權利**，指使非印製定型化契約條款之一方當事人拋棄權利或限制其行使權利，例如前述使保證人拋棄主債務人所有之抗辯之條款，以及「旅遊地之旅行社所致旅客之損害，由該旅行社直接對旅客負責，本公司隨團領隊負責協助處理。」之條款；**所謂其他於他方當事人有重大不利益者**，指前3款以外對於非印製定型化契約條款之一方當事人有重大不利益之情形，例如消費社團之契約中，規定會員「消費款遲付3日，即取消會員資格，並沒收入會金。」之條款是。

依上所述，可知民法第247條之1所定各款，與消費者保護法之有關規定，大抵重疊，因消費者保護法就定型化契約所為之規

定，係民法之特別法，故具有消費關係之定型化契約，應優先適
用消費者保護法之規定，而無民法之適用。因此民法第247條之
1，僅於非消費關係下之定型化契約始有其適用，例如勞資間之僱
傭契約、企業經營者相互間之各種契約是。

定型化契約雖為民法第247條之1各款所定事項之約定，但按
其情形並無顯失公平之情事者，該部分約定之效力並不生影響。
有無顯失公平，應依訂約時之情形認定之。依訂約時之情形，並
無顯失公平，而依嗣後之情形成為顯失公平者，係屬情事變更之
問題，應依情事變更原則決之。

二、定型化契約條款之限制

可分四點述之：

（一）企業經營者應向消費者明示或公告定型化契約條款之內容並經消費者同意

「企業經營者應向消費者明示定型化契約條款之內容，明示
其內容顯有困難者，應以顯著之方式，公告其內容，並經消費者
同意者，該條款即為契約之內容。」（消保13Ⅰ）反之，非依上
開規定為之者，即不構成契約之內容。此外，「企業經營者應給
與消費者定型化契約書。但依其契約之性質致給與顯有困難者，
不再此限。」（消保13Ⅱ）「定型化契約書經消費者簽名或蓋章
者，企業經營者應給予消費者該定型化契約書正本。」（消保13
Ⅲ）

（二）定型化契約條款中異常條款之排除

異常條款，又稱為不尋常條款，乃依正常情形，顯非消費者
所得預見，或難以注意其存在或辨識之條款。關於異常條款之排
除，消費者保護法第14條規定：「定型化契約條款未經記載於定

型化契約中而依正常情形顯非消費者所得預見者，該條款不構成契約之內容。」僅就「未經記載於定型化契約中」，以及「非消費者所得預見」等情形為規定，**且未規定消費者得主張該條款仍構成契約之內容**。就此，消費者保護法施行細則第12條規定：「定型化契約條款因字體、印刷或其他情事，致難以注意其存在或辨識者，該條款不構成契約之內容。**但消費者得主張該條款仍構成契約之內容**。」未及於「非消費者所得預見」之情形，卻明定「消費者得主張該條款仍構成契約之內容」。子法異於母法，且超越母法，不易理解。因係關於效力及消費者權利之規定，宜合併修正規定於消費者保護法第14條之中。

（三）定型化契約條款應先供消費者審閱

「企業經營者與消費者訂立定型化契約前，應有三十日以內之合理期間，供消費者審閱全部條款內容。」（消保11-1Ⅰ）「企業經營者以定型化契約條款使消費者拋棄其前項權利者，無效。」（消保11-1Ⅱ）「違反第一項規定者，其條款不構成契約之內容。但消費者得主張該條款仍構成契約之內容。」（消保11-1Ⅲ）「中央主管機關得選擇特定行業，參酌定型化契約條款之重要性、涉及事項之多寡及複雜程度等事項，公告定型化契約之審閱期間。」（消保11-1Ⅳ）本條規定有疑問者二：1.中央主管機關所公告之審閱期間，須否受第1項「30日以內」之限制？2.違反中央主管機關所公告之審閱期間者，有無第2項之適用，亦即是否「該條款不構成契約之內容。但消費者得主張該條款仍構成契約之內容」？癥結在第3項立法之不嚴謹。若疑問1.之答案為否定，則第3項應移列為第1項，並將第2項前段改為「違反前二項規定者…」；至若疑問1.之答案為肯定，則第3項宜移為第2項，並修正為「…於30日以內，公告定型化契約之審閱期間。」原第2項則

改為第3項，並將前段修正為「未予消費者合理或公告之審閱期間者…」，使之明確。

（四）定型化契約條款牴觸個別磋商條款者無效

所謂「個別磋商條款」，指契約當事人個別磋商而合意之契約條款（消保2⑧）。「定型化契約中之定型化契約條款牴觸個別磋商條款之約定者，其牴觸部分無效。」（消保15）

於此須附言者，於發生前揭一、契約內容之控制及二、定型化契約條款之限制，各項所述「無效」或「不構成契約之內容」之情形，究係該部分無效？抑契約全部無效？消費者保護法第16條設有一般規定，曰：「定型化契約中之定型化契約條款，全部或一部無效或不構成契約內容之一部者，除去該部分，契約亦可成立者，該契約之其他部分，仍為有效。但對當事人之一方顯失公平者，該契約全部無效。」此條規定，實係民法第111條及第148條第2項之合併，僅係注意規定性質。

三、疑義條款之解釋

定型化契約中之定型化契約條款，無疑義時，須受前揭一、契約內容之控制及二、定型化契約條款之限制，各項規定之限制。個別磋商條款，無疑義時，亦須受前揭一、契約內容之控制之（二）「法律上之控制」各項規定之限制[166]。至如有疑義時，依消費者保護法第11條第2項規定：「定型化契約條款如有疑義

---

[166] 前揭一、（一）「行政上之控制」各項之規定（即公告應記載或不得記載之事項、隨時派員查核），以及二、「定型化契約條款之限制」各項之規定（即企業經營者應向消費者明示或公告定型化契約條款之內容並經消費者同意、定型化契約條款中異常條款之排除、定型化契約條款應先供消費者審閱、定型化契約條款牴觸個別磋商條款者無效），均係針對定型化契約條款而設，對個別磋商條款並無適用。

時，應為有利於消費者之解釋。」亦即定型化契約條款及個別磋
商條款，均應作有利於消費者之解釋。蓋企業經營者，於擬定定
型化契約條款時，具有以符合其目的之措辭明確表達之機會，則
發生疑義之不利益，自應歸其自己負擔；至於個別磋商條款，亦
因使用定型化契約之企業經營者，通常處於強勢之經濟地位，一
般消費者與其磋商時難以抗衡，故如有疑義時，亦應作有利於消
費者之解釋，以保護消費者。

　　須說明者，不論定型化契約條款或個別磋商條款，於確定其
有疑義之前，當然均有民法第98條規定：「解釋意思表示，應探
求當事人之真意，不得拘泥於所用之辭句。」之適用。亦即經分
別依民法第98條規定，探求企業經營者擬定之定型化契約條款之
真意，及探求企業經營者與消費者磋商合意之個別磋商條款之真
意以後，猶有疑義時，始為消費者保護法第11條第2項所稱之「有
疑義時」，始有作有利於消費者之解釋之問題發生。應注意及
之。

第四項　契約之確保

　　因契約發生之債，當事人除可依本章第二節「保全」之規
定，以確保其債務之履行外，民法更於債的效力節第四款中，就
定金及違約金為特別規定，以加強其確保。分述之：

壹、定金

一、定金之意義

　　定金者，契約當事人之一方，以確保主契約之履行為目的，
而交付他方之金錢或其他代替物也。分言之：

（一）定金以確保主契約之履行為目的

訂金之約定，本身即係一種契約，是謂訂金契約。但以主契約之成立為前提，故為從契約。定金之作用雖可分多種，但其目的均在乎確保主契約之履行。只須以此為目的，即為定金，縱未以定金為名亦然。

（二）定金須由當事人之一方交付他方

當事人之一方，不論係債權人抑債務人，均得為交付定金之人。又訂金契約為要物契約，故須於訂金交付時，始能成立。至於訂金之交付，則至遲須於主契約開始履行前為之，蓋如主契約已履行，則定金無復交付之必要也。

（三）定金須以金錢或其他代替物充之

不代替物不得充為定金。蓋因可歸責於受定金當事人之事由，致主契約不能履行時，應加倍返還。不代替物，無法滿足此項規定也。

二、定金之種類

定金依當事人約定作用之不同，可分為四種：

（一）成約定金

以定金之交付，為契約之成立要件者，謂之成約定金。

（二）證約定金

以定金之交付，為契約成立之證據者，謂之證約定金。

（三）違約定金

以定金作為契約不履行之損害賠償者，謂之違約定金。

（四）解約定金

以定金作為解除契約之代價者，謂之解約定金。

　　當事人所交付之定金，究屬何種定金？應依當事人之契約內容定之。其作用有多種時，即兼具各該種定金性質。無法依契約內容定其種類者，依民法第248條規定：「訂約當事人之一方，由他方受有訂金時，**推定**其契約成立。」應認為屬**證約定金**之規定。

　　須說明者，關於民法第248條所定之定金，其性質為何？民國88年民法債編修正前，因民法第248條規定：「訂約當事人之一方，由他方受有定金時，其契約**視為**成立。」以致學者明言之者，見解不一。有認為係屬成約定金性質者[167]，足為代表之理由為：民法第248條，係以定金之交付為主契約之成立要件，故其所定之定金，為成約定金性質[168]。有認為係屬證約定金性質者[169]，足為代表之理由為：民法第248條，係謂一經受有定金，則證明當事人之意思已趨於一致，故其所定之定金，為證約定金性質[170]。

　　本書以為，所謂成約定金，係指法律將定金之交付，明定為主契約之成立要件者而言，例如規定曰：「契約於定金交付時成立。」或「非經交付定金，契約不成立。」即係成約定金是。此時，定金契約與主契約同時成立，主契約之成立不需另行認定。惟查民法第248條規定：「訂約當事人之一方，由他方受有定金時，推定其契約成立。」之意旨，顯係以定金之交付，證明主契約之成立而已，**亦即主契約之成立，應依一般契約之成立要件另為認定，必也無法認定於何時成立時，始以定金之交付時，為主契約**

---

[167] 戴修瓚，民法債編總論（下），222頁；69台上1834判決；胡長清，中國民法債篇總論，361頁。

[168] 戴修瓚，民法債編總論（下），222頁。

[169] 鄭玉波，民法債編總論，336頁；王伯琦，民法債篇總論，200頁；史尚寬，債法總論，494頁；鄭健才，債法通則，204頁；69台上1066判決。

[170] 鄭玉波，民法債編總論，336頁。

成立之時。其所定之定金，應認屬證約定金性質無疑。又主契約之成立，既屬另行認定之問題，則嗣後若有反證證明主契約於定金交付之前已成立或之後始成立時，自可推翻之，不待言，民法第248條原規定其契約「視為」成立，實不相宜，民國88年修正民法債編時，已將民法第248條「視為」二字，修正為「推定」，此益見其所定之定金，為證約定金性質無誤。

三、定金之效力

交付後之定金，究應如何處理？亦即定金之效力為何？首應依當事人之訂定，如無訂定，則依民法第249條之規定決之。分述如次：

（一）契約履行時

「契約履行時，定金應返還或作為給付之一部。」（民249Ⅰ）蓋契約既已履行，定金已失其作用，故受定金者應返還之。惟如付定金之人係債務人，且定金與主契約之給付種類相同者，為免徒增還付之勞費，故可作為給付之一部。

（二）契約不能履行時

可分三種情形：

1.「契約因可歸責於付定金當事人之事由，致不能履行時，定金不得請求返還。」（民249②）

即定金由受定金之當事人沒收。例如買受人支付定金予出賣人，嗣因可歸責於買受人（付定金當事人）之事由，致買賣之特定標的物滅失而不能履行，則買受人不得請求返還定金，而歸出賣人沒收是。

2.「契約因可歸責於受定金當事人之事由，致不能履行時，該
　當事人應加倍返還其所受之定金。」（民249③）

即除返還定金外，並應加給一倍定金之數額。例如買受人支
付訂金予出賣人，嗣因可歸責於出賣人（受定金當事人）之事
由，致其自己不能履行給付，則出賣人應加倍返還其所受之定金
是。

3.「契約因不可歸責於雙方當事人之事由，致不能履行時，定
　金應返還之。」（民249④）

即受定金當事人應將定金返還於付定金當事人。蓋雙方當事
人既均不可歸責，雙方當事人均不必受罰，而主契約已不能履
行，定金已失其作用，故受定金者應返還之，始能公平。

須說明者，有二：

其一，民法第249條各款，僅係關於定金處理方式之規定，至
於因契約不能履行，所生雙方當事人之其他法律關係，應分別就
其可歸責之情形，另依給付不能之規定（民225、226、266、
267）定之，乃為當然。

其二，民法第249條第2、3兩款所定「不得請求返還」及「加
倍返還」之定金，其性質為何？學者之解釋可分三說：

（1）法定賠償總額說

認為不得請求返還之定金及加倍返還之定金數額，性質上乃
法定之損害賠償總額（或損害賠償額之預定），故除當事人另有
訂定外，縱受定金當事人（民249②）或付定金當事人（民249
③）實際損害額高於定金數額，就超過部分，亦不再有損害賠償

請求權。[171]

（2）最低賠償額說

認為不得請求返還之定金及加倍返還之定金數額，性質上乃最低賠償額，亦即受定金當事人（民249②）或付定金當事人（民249③）實際損害額低於定金數額時，不必證明其損害，當然可以沒收或請求加倍返還定金。但如實際損害額高於定金數額時，仍得請求超過部分之損害賠償。[172]

（3）違約罰說

認為不得請求返還之定金及加倍返還之定金數額，性質上乃違約之處罰，與損害賠償併存，受定金當事人（民249②）或付定金當事人（民249③），除沒收定金或請求加倍返還定金外，當然得另外請求不能履行所生任何損害之賠償，不以實際損害額超過定金數額為限。[173]

以上三種解釋，均非無見。法定賠償總額說，顯係多數說，可惜未見其理由。主張最低賠償額說者，主要理由係謂：定金之數額，並非以可能損害額為衡量標準，且定金過高時無從酌減（參見民252），故不應與違約金同視為法定賠償總額性質；又如依違約罰說，則除定金數額外，又可請求損害賠償，則所定定金

171　史尚寬，債法總論，495頁；胡長清，中國民法債篇總論，363頁；戴修瓚，民法債編總論（下），223頁；鄭玉波，民法債編總論，337～338頁；何孝元，民法債編總論，195～196頁；曾隆興，修正民法債編總論，427～428頁。

172　王伯琦，民法債篇總論，202頁；孫森焱，新版民法債編總論（下冊），720頁；邱聰智，新訂民法債編通則（下），150頁。

173　梅仲協，民法要義，186頁；洪文瀾，民法債編通則釋義，284頁僅言「第二款及第三款定金有違約罰之效力」；劉春堂，契約法總論，154頁所稱違約罰，似指最低賠償額，與此不同。

數額過高，與所受損害顯不成比例時，即無救濟途徑，且將使定金與違約金混淆不清[174]。**實則**，我國民法第249條僅係關於定金如何處置之規定，既未及於契約不能履行之損害賠償問題，更未排除其規定（民226）之適用，法定賠償總額說，當然視之為特別規定，似有誤會；又民法第249條第2、3兩款，並未見有僅生損害之不能履行，始有其適用之意旨，法定賠償總額說及最低賠償額說，將不生損害賠償之不能履行，排除在其適用範圍之外，亦非正確。此外，法律規定之定金性質已明後，當事人自會依而酌定其數額，且自負風險，謂定金之數額並非以可能損害額為衡量標準，且定金過高時無從酌減與無救濟途徑云云，似屬顛倒而多慮。再者，民法第249條第2、3兩款，僅「不能履行」始有適用，給付遲延及受領遲延，並無適用[175]，與違約金只須債務不履行，即須給付，並無混淆不清之可言。最後，定金既係當事人為確保契約之履行而特別交付，則竟因可歸責於當事人一方之事由致不能履行，距交易目的不可謂不遠，以定金為違約罰，亦非過當。是本書以為，應以違約罰說為可採。

貳、違約金

一、違約金之意義

違約金者，當事人以確保主債務之履行為目的，相約於債務人不履行債務時，應支付之金錢也。分言之：

（一）違約金以確保主債務之履行為目的

違約金之約定，本身即係一種契約，是謂違約金契約。但以主債務之成立為前提，故為從契約。違約金之目的，在確保主債

---

[174] 孫森焱，新版民法債編總論（下冊），720頁。
[175] 28滬上239、43台上607。

務之履行。所謂主債務，並不以由契約而生者為限，因單獨行為，或依法律規定所生者，亦可另為違約金之約定。

（二）違約金須於債務人不履行其債務時支付之

違約金契約為諾成契約（即非要物契約），不以違約金之交付為其契約之成立要件；又依民法第250條第1項規定：「當事人得約定債務人不履行債務時，應支付違約金。」可知違約金契約，係以主債務之不履行為停止條件。故須於債務人不履行其債務時支付之。至違約金之支付，固以向債權人支付為常，但約定向第三人支付亦非不可。

（三）違約金須以金錢充之

約定違約時應為金錢以外之給付者，依民法第253條規定，僅可謂之為準違約金（詳如後述）。故稱違約金，應限於以金錢為標的物之情形。

二、違約金之種類

違約金依其性質之不同，可分為二類：

（一）懲罰性違約金

即依當事人約定之意旨，係以違約金作為債務不履行之制裁。於債務人不履行其債務時，除原債務仍應履行及支付違約金外，因債務不履行而生之損害賠償責任，亦不因而有所減免。此種性質之違約金，稱為懲罰性違約金。

（二）預定賠償總額違約金

即依當事人約定之意旨，係以違約金作為債務不履行而生之損害賠償總額。於債務人不履行其債務時，除原債務仍應履行及支付違約金外，不須再支付因債務不履行而生之其他損害賠償，

亦即債權人不得證明實際損害額較約定之違約金為多，而請求違約金以外之給付，債務人亦不得證明債權人未生損害或實際損害額較約定之違約金為少，而主張減免。此種性質之違約金，稱為預定賠償總額違約金。

三、違約金之效力

「違約金，除當事人另有訂定外，視為因不履行而生損害之賠償總額。其約定如債務人不於適當時期或不依適當方法履行債務時，即須支付違約金者，債權人除得請求履行債務外，違約金視為因不於適當時期或不依適當方法履行債務所生損害之賠償總額。」（民250Ⅱ）依此說明我民法所定違約金之性質如下：

（一）原則上視為預定賠償總額違約金

依民法第250條第2項規定，又分為二種情形：

1. 債務本身不履行時，違約金視為因不履行而生損害之賠償總額

此時，債權人如未另依法解除契約（民254～256），則債務人除仍應履行原債務外，並應支付違約金，但不須再支付因債務不履行而生之其他損害賠償。至債權人如另依法解除契約，則債務人即無庸再履行原債務，然因依民法第260條規定，債權人亦僅能請求因債務不履行所生之舊損害賠償，故債權人亦僅能請求支付違約金，不得請求因債務不履行而生之其他損害賠償，亦不得請求因解除契約所生之新損害賠償。故未解除契約與解除契約，二種情形之效力並無差別。

2. 僅不於適當時期或不依適當方法履行債務時，違約金視為不於適當時期或不依適當方法履行債務所生損害之賠償總額

所謂「不於適當時期」履行債務，係指遲延給付之情形；所謂「不依適當方法」履行債務，則應係指不完全給付而言。此時，債權人除得請求履行債務及違約金外，不得再請求其他損害賠償。至於在不於適當時期或不依適當方法履行債務之情形下，債權人同時另依法解除契約時，除當事人同時就債務本身之不履行又約定另筆違約金，可分別請求外，亦僅能就同筆違約金為請求，與未另依法解除契約時，所生效力並無不同。

須說明者，修正前民法第250條第2項但書所定之違約金，因屬懲罰性違約金性質，故有其存在之必要，茲既修正為同屬預定賠償總額違約金性質，而所謂不於適當時期或不依適當方法履行債務，又均屬債務不履行態樣之一，則修正後民法第250條第2項後段規定，實已包含於前段規定範圍內，已成重複而無必要。亦即民法第250條第2項僅保留前段規定：「違約金，除當事人另有訂定外，視為因不履行而生損害之賠償總額。」即足。[176]

---

[176] 民國88年修正民法債編，民法第250條第2項修正說明：「第2項但書規定之違約金究係懲罰性違約金，抑指損害賠償額之預定？眾說紛紜，莫衷一是。惟如謂但書規定之違約金係違約罰之性質，則何以僅對給付遲延及不完全給付之情形加以規定，而未規定給付不能之情形？法理上有欠周延。故此處所規定之違約金應不具違約罰之性質，而係債務不履行中之給付遲延及不完全給付所生損害賠償額之預定。為避免疑義並期明確，爰將『但』字修正為『其』字。又將違約金明白規定為『不於適當時期或不依適當方法履行債務所生損害之賠償總額』。至於給付遲延後，因可歸責於債務人之事由致給付不能或遲延後之給付於債權人無利益者，債權人除違約金外，並得請求不履行之損害賠償，此乃當然之效果，毋庸訂定，爰予刪除。」所述除欲將舊民法第250條第2項但書規定，修正為債務不履行中之給付遲延及不完全給付所生損害賠償額之預定外，似均非理由。

（二）當事人得約定為懲罰性違約金

民法第250條第2項前段所謂當事人另有訂定，指當事人明訂其違約金係懲罰性質之情形。當事人既明訂其違約金為懲罰性質，自應從其訂定，而不視為預定賠償總額，是為例外。

四、違約金之酌減

於下列情形下，法院得將當事人約定之違約金酌減之：

（一）債務已為一部履行者

「債務已為一部履行者，法院得比照債權人因一部履行所受之利益，減少違約金。」（民251）

（二）約定違約金過高者

「約定之違約金額過高者，法院得減至相當之數額。」（民252）

法院之酌減違約金，須否經債務人之請求始得為之？說者不一。有認為須有債務人之請求，法院始得酌減者[177]。有認為法院應依職權為酌減，不須有債務人之請求者[178]。亦有認為法院之酌減，不以債務人之聲請為限，逕依職權為之亦可者[179]。**本書以為，法院之酌減違約金，固係法律所賦予之職權，惟若無關於違約金之訴訟繫屬於法院，法院根本無從行使此項職權。而關於違約金之訴訟，可分：**1.由債務人提起之「請求核減違約金之形成

---

[177] 胡長清，中國民法債篇總論，369頁；洪文瀾，民法債編通則釋義，288頁；何孝元，民法債編總論，199頁；70台上4655判決。

[178] 王伯琦，民法債篇總論，206頁；孫森焱，新版民法債編總論（下冊），733頁；曾隆興，修正民法債編總論，433頁；鄭健才，債法通則，205頁；邱聰智，新訂民法債編通則（下），161頁；49台上807、69台上3792判決、71台上4214判決。

[179] 66台上31判決；劉春堂，判解民法債編通則，157頁。

之訴」（簡稱核減違約金之訴）[180]，及2.由債權人提起之「給付違約金之訴」等二種。不論於核減違約金之訴或給付違約金之訴中，法院均應本於職權，就債權人實際所受損害，或履行時可得之利益，斟酌社會經濟狀況[181]，依一般標準，衡量其約定之違約金是否過高。對於當事人所提酌減之理由或違約金過高之抗辯，或提出如何數額始為相當之主張，雖可參考，但不受其拘束。惟法院為判決時，除於給付違約金之訴中，被告（即債務人）只就應否給付（即有無違約事實）為答辯，而未就違約金數額為主張或抗辯，且法院認為約定之違約金並未過高，而未予酌減之情形，無庸於判決內說明其理由外，其餘情形（即核減違約金之訴；給付違約金之訴法院認為約定之違約金過高而予酌減，或法院認為約定之違約金並未過高而被告曾為酌減之表示或提出違約金過高之抗辯或提出如何數額始為相當之主張時），均應於判決內說明其理由，否則即屬判決不備理由[182]，其判決當然為違背法令（民訴469⑥）。

其次，違約金之酌減，是否以債務人尚未給付違約金為要件？亦即**約定之違約金雖屬過高，但已為部分或全部之給付者，法院是否仍有酌減之權**？說者亦不一。有認為已支付之違約金，法院無核減之權者[183]。有認為債務人若已支付違約金之全部，則其減額請求權消滅者[184]。亦有認為縱已為違約金之給付，債務人仍

---

[180] 司法院司法業務研究會第1期研討結論，見「民事法律問題研究」40頁。

[181] 19上1554、49台上807、51台上19、69台上3792判決、71台上4214判決。

[182] 51台上420。

[183] 史尚寬，債法總論，502頁；孫森焱，新版民法債編總論（下冊），734頁；邱聰智，新訂民法債編通則（下），163頁；曾隆興，修正民法債編總論，433頁；56台上197判決。

[184] 洪文瀾，民法債編通則釋義，289頁。

不喪失其減額請求權者[185]。**本書以為**，法院之酌減違約金，乃衡平之救濟手段，茲約定之低度（或原因）行為，既已得予酌減，則給付之高度（或結果）行為，自更無不予救濟之理，是依當然解釋（舉輕明重），應以最後說為是。亦即不論債務人已未給付違約金，亦不論已給付之違約金為一部或全部，債務人均得訴請法院為核減違約金之判決，法院仍有酌減之權。至於經法院核減後，已給付過高部分之違約金，債務人得依不當得利之規定（民179以下），請求返還，乃屬當然。

五、準違約金

準違約金者，約定違約時應為之給付為金錢以外之物之謂也。我民法第253條規定：「前三條之規定，於約定違約時應為金錢以外之給付者，準用之。」即此之謂。所稱前3條之規定，即第250條關於違約金之效力，第251條、第252條關於違約金之酌減等規定是。惟法院於酌減準違約金時，若約定之準違約金為不可分物，則應如何酌減？學者不一其說。有認為法院可依其酌減之比例，命成立共有關係，依共有之規定解決者。有認為可依準違約金之價額，定其酌減之價額者。要之，法院可本於公平正義，依誠信原則而定酌減之方式，並無定則。

第五項　契約之解除

壹、契約解除之意義

契約解除者，當事人之一方，行使解除權，使契約效力溯及的消滅之意思表示也。分言之：

---

[185] 胡長清，中國民法債篇總論，369頁。

一、契約解除者當事人一方之意思表示也

契約之解除，僅由有解除權之一方以意思表示為之已足，無須以訴訟為之，亦無須得他方之承諾。

二、契約解除者行使解除權之意思表示也

解除契約之一方，須有解除權，本於解除權而為解除契約之意思表示，始足當之。解除權係形成權，且為從權利，不得單獨轉讓。解除權之發生，有由於法律規定者，謂之法定解除權；有由於契約訂定者，謂之約定解除權。

三、契約解除者使契約效力溯及的消滅之意思表示也

解除契約之意思表示，有使已生效之契約，自始的歸於消滅之效果。故契約解除後，當事人應就已履行之部分互負回復原狀之義務，使與從未訂定契約之情況同，其未履行之部分，則無庸再履行。

須說明者，所謂契約，雖有債權契約、物權契約、身分契約之分，但民法第254條至第256條，所定之法定解除權，依其「履行」（民254）、「給付」（民255）、及「給付不能」（民256）等用語，可知僅負擔行為之契約，即債權契約，始有其適用，物權契約不與焉[186]。至於身分契約之解除，親屬編另有規定，當亦無其適用。

又債權契約，得約定解除，乃為當然。身分契約亦有得合意解除之情形（例如合意解除婚約）。但物權契約，得否約定解除？學者言及之者，有二說：

---

[186] 28渝上2113。

（一）肯定說

謂：「我民法既認物權契約之撤銷及有溯及效力之解除條件，則物權契約之解除，當亦不在禁止之列。故當事人就物權契約得附以解除條件，或為合意解除，或為契約上解除權之保留。但法定解除權，依民法規定，限於債權契約，就物權契約無存在之餘地。」「物權契約解除時，契約之效力溯及的消滅，從而依契約設定之物權，視為自始未曾設定。然依契約受物權之設定或移轉者，更為第二之物權契約，對於第三人設定物權或移轉而且已為登記或交付時，其關係如何，應分別為考察。」[187]

（二）否定說

謂：「惟若認為物權契約亦得保留解除權，則解除之效果即發生物權的效力，與未曾訂定物權契約相同，此項法律上之效果與我國民法第758條及第761條規定似不盡相符。蓋民法對不動產物權之變動係採登記要件主義，認不動產物權依法律行為而取得、設定、喪失及變更者，非經登記不生效力（民法第758條）；動產物權之讓與則以交付為必要（民法第761條）。若物權契約亦得約定解除權，則解除權之行使固足使物權契約之合意自始歸於消滅，但不動產之登記並不因解除權之行使而當然歸於無效；已交付之不動產亦不宜因物權契約之解除而當然回復為讓與人所有。謂物權契約因解除而自始歸於消滅云云，依我國民法解釋，尚待商榷。」[188]

本書以為肯定說為可採。蓋物權行為，係由物權行為之意思

---

[187] 史尚寬，債法總論，511頁；另鄭玉波，民法債編總論，358頁謂：「約定解除權之發生，既為當事人所約定，則任何契約均得約定解除，自不待言。」曾隆興，修正民法債編總論，453頁亦同。

[188] 孫森焱，新版民法債編總論（下冊），745～746頁。

表示及移轉（例如交付、過戶）或設定（例如抵押權設定、典權設定）之事實行為所構成，二者缺其一，物權行為均不生效力（民758、761）。物權契約（即物權行為之意思表示），經解除之後，物權行為整體之效力，即自始歸於消滅。已為登記之物權應予塗銷，或移轉登記於原所有權人。其因物權行為而占有標的物者，成為無權占有人，原所有權人得本於所有物返還請求權，請求返還。至於因物權行為而取得標的物所有權之受讓人，已又將其物轉讓於他人者，係屬無權處分，應適用無權處分之規定（民118），其物為動產者，則另有善意取得（民801、948）規定之適用。凡此，並無法理上之困難，否定說就此謂依我國民法解釋，尚待商榷云云，似非正確。物權契約非不得約定解除。

貳、契約解除與其類似概念之比較

一、契約解除與解除條件

（一）本質之不同

契約解除係一種意思表示；解除條件則係一種將來客觀不確定之事實。

（二）效力之不同

可分二點：1.契約解除有溯及力；解除條件成就，除當事人有特約（民99Ⅲ）外，無溯及力。2.契約解除後，當事人應依回復原狀之規定負返還義務；解除條件成就，當事人應依不當得利之規定負返還義務。

二、契約解除與撤銷

不同之點主要有三：

（一）發生之不同

解除權之發生，有由法律規定者，有由契約訂定者；撤銷權之發生，則必為法律規定者[189]。

（二）原因之不同

契約解除，除約定解除外，以給付遲延及給付不能為原因（民254～256）；撤銷權之行使，則以意思表示有瑕疵（例如民88、89、92）及其他法定情事（例如舊民165Ⅰ、民269Ⅱ、302Ⅱ）為原因。

（三）效力不同

契約解除後，當事人應依回復原狀之規定負返還義務；法律行為經撤銷後，除當事人知其得撤銷或可得而知者，應負回復原狀或損害賠償責任（民114Ⅱ）外，應依不當得利之規定負返還義務。

三、契約解除與撤回

不同之點主要有三：

（一）原因不同

契約解除，除約定解除外，以給付遲延及給付不能為原因；撤回則以表意人不欲其意思表示生效為原因。

（二）目的不同

契約解除，目的在消滅已生效力之契約；撤回之目的則在阻止尚未生效力之法律行為生效。

---

[189] 民間使用之契約書中，偶有撤銷條款之約定，惟觀其所定內容係屬契約自始無效（取消交易）之各種事由，而非關於意思表示瑕疵之原因，應認係法律名詞之誤用。

（三）效力不同

契約解除有溯及之效力；撤回則自撤回時起失其效力，無溯及之效力。

四、契約解除與合意解除

所謂合意解除，即解約契約，亦即以後契約解除前契約之謂。契約解除與合意解除不同之點有二：

（一）性質不同

契約解除係單獨行為；合意解除則為契約。

（二）有無解除權之不同

契約解除，以有解除權為必要；合意解除則與解除權無關。

參、解除權之發生

一、法定解除權

法定解除權發生之原因可分為：1.一般契約所共通者，即民法第254條至第256條所定者是。因此種原因而生之解除權，稱為一般的法定解除權。2.某種契約所特有者，例如民法第359條、第494條之規定是。因此種原因而生之解除權，稱為特種的法定解除權。於此僅就一般的法定解除權發生之原因說明之：

（一）因給付遲延之解除

因非定期行為與定期行為二種情形而有不同：

1. 非定期行為之情形

所謂非定期行為，指給付無確定期限，或雖有確定期限，但不於該期限履行，並不妨契約目的之達成之謂。此種情形，依民法第254條規定：「契約當事人之一方遲延給付者，他方當事人得

定相當期限，催告其履行，如於期限內不履行時，得解除其契約。」茲將其解除權發生之要件，分述如次：

（1）須契約當事人之一方遲延給付

所謂遲延給付，指依民法第229條規定，應為給付之債務人，至給付之確定期限屆滿，或給付無確定期限者，於債權人得請求給付時經其催告，仍不為給付之謂。所謂不為給付，指不為完全之給付而言。則若僅為部分之給付，而部分發生遲延給付之情事，其解除權應如何發生？不無疑問。解釋上，如遲延給付之部分為可分，應僅就遲延給付之部分，發生解除權；如為不可分，則應就契約之全部均發生解除權。

（2）須他方當事人定相當期限催告其履行

如未定相當期限催告，則不生契約解除權[190]。至所謂「相當期限」，乃準備給付及實際提出給付所必需之期間。所定期限是否相當，應依該給付之性質，以客觀標準，個案定之。催告內所定期限，較相當期限為長者，因對於債務人有利，故應解為其催告仍屬有效，固無問題。惟若較短，則如何？有三說：即一、有認為應不能發生催告之效力者[191]。二、**有認為延至相當期限後，如債務人仍不履行，仍生催告之效力者**[192]。三、有認為應分兩種情形：1.債權人如有非於該所定之期間內履行不可之意思時，其催告無效；2.如不堅持該所定之期間者，則其催告有效，不過仍須

---

[190] 29渝上782、31上2840。

[191] 王伯琦，民法債篇總論，208頁；胡長清，中國民法債篇總論，416頁；邱聰智，新訂民法債編通則（下），168頁；38台上35。

[192] 戴修瓚，民法債編總論（下），241頁；何孝元，民法債編總論，224頁；鄭健才，債法通則，212頁；69台上1590判決、69台上2624判決、最高法院74年度第1次民事庭會議決議。

延至相當期間後，始能發生催告之效力者[193]。**本書採第二種解釋**。蓋衡諸實際，債權人於定催告之期限時，縱曾考慮客觀標準，惟仍屬主觀之認定，不符客觀標準之期限，不難發生。是解釋民法第254條之規定時，應重在債務人經催告後，已逾客觀標準之相當期限仍不履行之事實[194]，則債權人所表示催促給付之意思既已達到債務人，雖其主觀所定之期限不足，但若延至客觀標準之相當期限後而債務人仍不為給付，宜認為仍生催告之效力，較符實際，且亦無害於債務人之期限利益也。至於第三說所分兩種情形，並無必要。

須強調者，本條之催告與民法第229條第2項之催告，不得混而為一。亦即給付無確定期限者，債權人須先依民法第229條第2項規定為催告，使債務人負遲延責任後，再依本條規定為催告後，始有解除權之發生，而得解除契約。蓋因本條契約解除權之發生，係以他方遲延給付為要件也。

又所謂催告，乃債權人對於債務人催促給付之意思通知，與解除契約係行使解除權，契約效力溯及的消滅之意思表示，二者截然不同，應予分別。催告及解除契約，固以分別行之為常。惟在催告時，併為類如「如不於期限內履行，即行解除契約，不另為解除契約之意思表示」等意旨之表示，則期滿不履行，亦生解除契約之效力[195]。又於催告所定期限不相當之情形下，若催告及解除契約一併行之，或另為解除契約時，尚未逾相當期限者，其解除契約之意思表示，均應延至客觀標準之相當期限屆滿時，始

---

[193] 史尚寬，債法總論，518頁；鄭玉波，民法債編總論，352頁；劉春堂，判解民法債編通則，159頁。

[194] 69台上1590判決。

[195] 63台上873判決。

生效力，自為當然。至若另為解除契約時，其催告已逾客觀標準之相當期限者，於為解除時，發生效力，並無問題。

（3）須於期限內不履行

所謂不履行，指債務人不提出給付，或所提出之給付非依債務本旨而言。

2. 定期行為之情形

所謂定期行為，指非於一定時期履行，則不能達契約之目的者而言。此種情形，依民法第255條規定：「依契約之性質或當事人之意思表示，非於一定時期為給付不能達其契約之目的，而契約當事人之一方不按照時期給付者，他方當事人得不為前條之催告，解除其契約。」茲將其解除權發生之要件，分述如次：

（1）契約之內容須為定期行為

定期行為，可分為絕對的定期行為與相對的定期行為二種。前者乃「依契約之性質」，非於一定時期為給付，不能達其契約目的者之謂。例如生日壽宴之預訂酒席契約是。後者乃「依當事人之意思表示」，非於一定時期為給付不能達其契約目的者之謂。例如訂製西服，約明3日內交件供慶典穿用，逾期不受領是。

（2）須債務人不按照時期給付

給付時期一過，債權人即得隨時解除契約，而無庸催告。

（二）因給付不能之解除

「債權人於有第二百二十六條之情形時，得解除其契約。」（民256）所謂第226條之情形，即給付不能之情形。茲依其情形分述之：

1. 給付全部不能者

因可歸責於債務人之事由，致給付不能者，債權人得解除契約。（民226 I ）

2. 給付一部不能者

前項情形，給付一部不能者，若其他部分之履行，於債權人無利益時，債權人得拒絕該部分之給付，而解除契約。（民226 II ）

二、約定解除權

約定解除權者，契約當事人於同一契約中，或以另一契約約定保留之解除契約之權利也。約定解除權發生之原因，得由當事人自由訂定，約定一方獨有解除權，或約定雙方均有解除權均可。其行使方法及其效果，亦得由當事人自由約定，若無約定，則適用民法第257條至第262條有關解除權之規定。

肆、解除權之行使

一、解除權行使之方法

「解除權之行使，應向他方當事人以意思表示為之。」（民258 I ）但無須取得他方當事人之同意，故解除權之行使係單獨行為。又解除之意思表示一經他方了解（對話時）或達到他方（非對話時）即生效力，故解除權係形成權之一種。此外，解除權之行使，無須一定方式，訴訟外或訴訟上，以書狀或言詞表示均可[196]。

---

[196] 37上7691。

二、解除權行使不可分之原則

民法第258條第2項：「契約當事人之一方有數人者，前項意思表示，應由其全體或向其全體為之。」是為解除權行使不可分原則之規定。所謂應由其全體為之，指債權人（即解除權人）有數人時，其全體均應為解除之意思表示；所謂或向其全體為之，指債務人（即相對人）有數人時，對其全體均應為解除之意思表示。至於所謂「全體」，非必限於債權人全體一起向債務人全體為之。即債權人先後，向債務人全體；或債權人全體，向債務人先後；或債權人先後，向債務人先後為之，均無不可。惟須於債權人全體之意思表示為債務人全體了解時（以最後了解之時為準）或達到債務人全體時（以最後達到之時為準），始生解除之效力，自不待言。

須說明者，解除權行使不可分，實係指多數當事人不可缺一而言。是於債權人有數人時，若其中一人喪失解除權，或於債務人有數人時，若債權人對其中一人喪失解除權，勢必均導致解除之意思表示無從生效，有如解除權對全體消滅者然。則相對於解除權行使不可分原則，自亦應有解除權消滅不可分原則，實乃當然。日本民法第544條，除於第1項規定解除權行使不可分原則外，復於第2項規定：「前項情形，解除權就當事人一人消滅者，亦及於他人。」即係解除權消滅不可分原則之明文。我民法就解除權消滅不可分原則，雖乏明文，但仍可依法理為同一之解釋。

其次，我國民法第258條第2項，雖規定「應」由其全體或向其全體為之，形式上為強行規定。但本於債法係任意法之前提，契約當事人，非不得以特約排除其規定之適用，例如約定由某債權人或過半數債權人，對某債務人或過半數債務人，為解除之意思表示，即生效力，其約定應屬有效是。因此，一般認為，其仍

屬任意規定之性質。

三、解除之意思表示不得撤銷

民法第258條第3項規定：「解除契約之意思表示，不得撤銷。」此之撤銷，學者有解為「撤回」者，亦有解為無論撤銷，抑為撤回，均無意義者。按解除契約之意思表示，如具有錯誤、誤傳、被詐欺、被脅迫或其他法定原因時，依法本得撤銷（民88以下），如謂本項規定有排除之效力，似非立法本意。至撤回只須意思表示未生效以前均得為之，如已生效，則不得撤回，此又為其本質之所當然，將本項規定解為「解除契約之意思表示，不得撤回」，似亦未見高明。是本書以為，本項規定似屬多餘。從後說之見解。

伍、契約解除之效力

可分回復原狀、損害賠償及雙務契約規定之準用，三方面述之：

一、回復原狀

契約一經解除，即自始歸於消滅。債務未履行者，無須再履行，已履行者，當事人雙方有請求回復原狀之權利。依民法第259條規定，契約解除時，當事人雙方回復原狀之義務，除法律另有規定，或契約另有訂定外，依下列之規定：

（一）由他方所受領之給付物，應返還之。

（二）受領之給付為金錢者，應附加自受領時起之利息償還之。

（三）受領之給付為勞務或為物之使用者，應照受領時之價

額，以金錢償還之。

（四）受領之給付物生有孳息者，應返還之。

（五）就返還之物，已支出必要或有益之費用，得於他方受返還時所得利益之限度內，請求其返還。

（六）應返還之物有毀損滅失，或因其他事由，致不能返還者，應償還其價額。

所謂法律另有規定，例如保險法第25條規定：「保險契約因第六十四條第二項之情事（按即違反據實說明之義務）而解除時，保險人無須返還其已收之保險費。」是。所謂契約另有訂定，指當事人於契約中訂定無須回復原狀，或另訂回復原狀範圍之情形。

須說明者，回復原狀義務之性質為何？學者間有二說：

1. 不當得利說

謂契約解除後，當事人間所受領之給付，已成無法律之原因，故回復原狀義務，本質上即為不當得利返還之義務，僅回復原狀義務之範圍，民法第259條設有特別規定而已。[197]

2. 特殊義務說

謂回復原狀義務之目的在回復原狀，故應以權利人給付前之財產狀況為範圍，而不當得利返還義務之目的在返還不當之利益，故應以受益人所受利益或現存利益（民181、182）為範圍，二者並不相同。回復原狀義務，乃法律規定之特殊義務，與不當

---

[197] 胡長清，中國民法債篇總論，426頁；何孝元，民法債編總論，229頁；鄭玉波，民法債編總論，362頁；孫森焱，新版民法債編總論（下冊），763頁；曾隆興，修正民法債編總論，455頁。

得利返還義務併存，債權人得擇一行使。[198]

　　實則，回復原狀義務係民法第259條所定，不當得利返還義務，則係依民法第179條而生，二者要件迥不相同；且二者之目的及範圍亦均有別（如特殊義務說所述），其為併存之兩套制度，本屬當然。至於契約解除後，亦成為無法律上之原因，同時構成不當得利，不過發生請求權競合而已，實不宜因之視為性質相同。應以特殊義務說為可採。因特殊義務，實乃獨立之義務類型之意，故不如名之為獨立義務說。

　　此外，契約之解除，僅生債之效力，當事人只能依前揭各款之規定請求對方返還，如給付物之物權已移轉於第三人，則請求權人只能依第6款之規定請求償還其價額，不能追及該物請求該第三人返還[199]，此須注意。

二、損害賠償

　　依民法第260條規定：「解除權之行使，不妨礙損害賠償之請求。」即解除契約後，不論係因給付遲延之解除，抑或給付不能之解除，均仍得請求債務不履行所生損害之賠償，亦即契約解除前已發生之債務不履行損害賠償請求權，並不因契約之解除而消滅是。

　　按契約之解除與損害賠償之關係，立法例不一，主要者有：

（一）選擇主義

　　即債權人僅能就解除契約與債務不履行之損害賠償，擇一行

---

[198] 史尚寬，債法總論，533頁；王伯琦，民法債篇總論，211頁；戴修瓚，民法債編總論（下），250頁；梅仲協，民法要義，198～199頁；鄭健才，債法通則，211頁。

[199] 62台上1045。

使（德民325、326）。

（二）兩立主義

即債權人既能解除契約，又能請求因契約解除所生之損害賠償（瑞債109Ⅱ），或請求解除前原債務不履行所生之損害賠償（法民1184Ⅱ、日民545Ⅲ）。

我國民法第260條規定，既曰解除權之行使，「不妨礙」損害賠償之請求，顯係採兩立主義無疑，觀其**立法理由**謂：「謹按契約之解除，與損害賠償之請求，有無妨礙，各國立法例，有契約當事人一方遲延給付時，他方當事人或請求賠償損害，或解除契約兩者之中，任擇其一者，亦有由他方當事人解除契約外，並得請求損害賠償者，兩種法例。後者最為妥適。本條特定解除權之行使，於損害賠償請求權並無妨礙，所以袪實際上之疑惑也。」更為明確。惟其所謂「損害賠償」，究係如瑞士債務法，指因契約解除而生之新損害賠償？抑係如法、日民法，指契約解除前原債務不履行已生之舊損害賠償？在文理上，似均可解釋。但依最高法院判例要旨：「民法第260條規定，解除權之行使，不妨礙損害賠償之請求。據此規定，債權人解除契約時，得併行請求損害賠償，**惟其請求損害賠償，並非另因契約解除所生之新賠償請求權，乃使因債務不履行（給付不能或給付遲延）所生之舊賠償請求權，不因解除失其存在，仍得請求而已**。故其賠償範圍，應依一般損害賠償之法則，及民法第216條定之，其損害賠償請求權，自債務不履行時即可行使，其消滅時效，亦自該請求權可行使時起算。」[200]顯係指後者。學者通說亦認之。

---

[200] 55台上1188，55台上2727同旨。

三、雙務契約規定之準用

依民法第261條規定：「當事人因契約解除而生之相互義務，準用第二百六十四條至第二百六十七條之規定。」蓋當事人雙方因契約解除而生之相互義務（包括回復原狀義務及損害賠償義務），與依雙務契約而生之相互義務，其情形並無甚差異，故規定準用第264條至第267條關於雙務契約同時履行抗辯（民264、265）及危險負擔（民266、267）之規定。

陸、解除權之消滅

契約之解除權，除因行使、拋棄或契約履行等一般原因而消滅外，我民法另規定有下列特別消滅原因：

一、存續期間之經過

解除權之行使，定有期間者，如解除權人不於其期限內行使解除權，則其解除權，因期間之經過而消滅。至「解除權之行使，未定有期間者，他方當事人得定相當期限，催告解除權人於期限內確答是否解除，如逾期未受解除之通知，解除權即消滅。」（民257）

二、受領物不能返還

「有解除權人，因可歸責於自己之事由，致其所受領之給付物有毀損滅失，或其他情形不能返還者，解除權消滅。」（民262前段）蓋受領物既不能返還，顯已無法回復原狀，而其責任又在解除權人，故規定解除權消滅。所謂其他情形不能返還者，例如已轉賣他人或已被扣押是。因依此規定解除權之消滅，係以「不能返還」為要件，是於毀損之情形，須達於不能返還，亦即須依交易之觀念，達於無法回復原狀之程度者，解除權始消滅，斯應

注意。

三、受領物種類變更

民法第262條後段規定：「因加工或改造，將所受領之給付物變其種類者，亦同。」蓋受領之給付物之種類，既因加工或改造而變更，自無法回復原狀，而加工或改造又為解除權人所為，故其解除權應歸消滅。

第六項　契約之終止

壹、契約終止之意義

契約終止者，當事人之一方，行使終止權，使契約效力向將來消滅之意思表示也。分言之：

一、契約終止者當事人一方之意思表示也

契約之終止，僅由有終止權之一方以意思表示為之已足，無須以訴訟為之，亦無須得他方之承諾。

二、契約終止者行使終止權之意思表示也

終止契約之一方，須有終止權，本於終止權而為終止契約之意思表示，始足當之。終止權亦係形成權之一種，且亦為從權利，不得單獨轉讓，與解除權同。終止權之發生，有由於法律規定者，謂之法定終止權；有由於契約訂定者，謂之約定終止權。

三、契約終止者使契約效力向將來消滅之意思表示也

終止契約之意思表示，僅有使契約之效力，自終止時起向將來消滅之效果。終止以前所生之效力，並不受影響。

貳、契約終止與契約解除之比較

契約終止與契約解除極為相似，如：（一）均為形成權性質。（二）均為從權利。（三）均為一方之意思表示。（四）均以契約為對象。惟：（一）契約終止，僅使契約效力向將來消滅；而契約解除，則使契約效力溯及的消滅。（二）契約終止後無回復原狀之問題；而契約解除後則有回復原狀之問題。此為二者之主要不同。

參、終止權之發生

一、法定終止權

法定終止權發生之原因，我民法未設一般性規定，僅於各種契約中分別規定其終止權，例如第424條、第435條第2項、第436條、第438條第2項、第440條、第443條第2項、第447條第2項、第450條第2項、第452條、第458條、第459條、第472條、第484條第2項、第485條、第489條第1項、第511條、第514條之3第2項、第514條之5第3項、第514條之7第1項、第514條之9第1項、第549條、第561條、第597條、第598條、第601條、第756條之4、第756條之5第2項等規定是。

二、約定終止權

約定終止權者，契約當事人於同一契約中，或以另一契約約定保留之終止契約之權利也。約定終止權發生之原因，得由當事人自由訂定，約定一方獨有終止權，或約定雙方均有終止權均可。至其行使方法及其效果，自亦得由當事人自由約定，而不待言。

肆、終止權之行使

依民法第263條規定，法定終止權之行使，準用民法第258條之規定，即：（一）終止權之行使，應向他方當事人以意思表示為之；（二）契約當事人之一方有數人者，前項意思表示，應由其全體或向其全體為之；（三）終止契約之意思表示，不得撤銷。至於約定終止權之行使，如當事人未有特別約定，解釋上應亦得準用。

伍、契約終止之效力

契約終止，僅使契約之效力自終止之意思表示為他方了解（對話時）或達到他方（非對話時）時起向將來消滅。故契約已履行部分，仍屬有效，無回復原狀之問題，民法第263條所定準用之範圍，不包括第259條關於回復原狀義務之規定，即此之故。至依法定終止權終止契約者，依民法第263條準用第260條規定，其終止權之行使，不妨礙損害賠償之請求（依約定終止權終止契約者，除當事人另有約定外，解釋上亦應從同）。

陸、終止權之消滅

終止權因行使、契約失效、或約定之終止權行使期限經過或消滅事由之發生而消滅。

第七項　雙務契約之效力

雙務契約者，雙方當事人互負有對價關係之債務之契約也。所謂「對價」，即相互交換利益之謂。故換言之，所謂雙務契約，亦即雙方當事人同時為債權人，亦同時為債務人，而其債權債務間具有相互交換利益關係之契約也。例如買賣契約，買受人享有請求交付標的物之債權，但同時對出賣人負有給付價金之債

務；出賣人則享有請求給付價金之債權，但同時對買受人負有交付標的物之債務，而買受人請求交付標的物之債權與給付價金之債務間，及出賣人請求給付價金之債權與交付標的物之債務間，具有相互交換利益之關係是。須注意者，雙務契約以債權債務具有對價關係為要件，是則契約之效力，雖使當事人雙方發生債權債務，惟若非立於對價關係，則非雙務契約。例如依委任契約之效力，受任人雖負有代委任人處理事務之債務，且對於委任人享有請求償還支出費用之債權，但二者並不具相互交換利益之關係，故委任契約非雙務契約是。

　　雙務契約之雙方債權債務相互間，具有三個節次之牽連關係，即：（一）成立上之牽連關係；（二）履行上之牽連關係；（三）消滅上之牽連關係。雙務契約之雙方債權債務，係基於一個契約而發生，且具有對價關係，無可分割，故在成立上具有絕對牽連關係，應無疑慮。惟迨其成立之後，在履行上及消滅上，是否再具有絕對牽連關係，每因立法主義之不同而異其結論。我民法第264條至第267條，對雙務契約之雙方債權債務之履行上及消滅上之牽連關係設有規定，關於履行上牽連關係之部分，是為同時履行抗辯權之問題；關於消滅上牽連關係之部分，是為給付不能之效力問題。觀其內容，並非採絕對牽連主義之立法。分述之：

壹、同時履行抗辯權

一、同時履行抗辯權之意義

　　同時履行抗辯權者，雙務契約之一方當事人，於他方未為對待給付前，得拒絕自己給付之權利也。

二、同時履行抗辯權之要件

依民法第264條第1項規定：「因契約互負債務者，於他方當事人未為對待給付前，得拒絕自己之給付。但自己有先為給付之義務者，不在此限。」可將同時履行抗辯權之成立要件分析如下：

（一）須因雙務契約互負債務

條文中雖僅稱，因「契約」互負債務，未明訂為雙務契約，但續依其「互負債務」、「對待給付」等字義觀之，應係指雙務契約而言，似無疑問。同時履行抗辯權，以因同一雙務契約而生之債務相互間始有其成立。

（二）須自己無先為給付之義務

若依契約訂定（例如約定交貨後五日付款），或法律規定（例如民法第548條第1項規定，受任人應受報酬者，除契約另有訂定外，非於委任關係終止及為明確報告顛末後，不得請求給付），或依習慣（例如坐計程車習慣上係先坐後付錢），自己須先為給付，亦即履行期在前者，則自己之履行期屆至後他方之履行期未屆至前，受請求時，即無主張同時履行抗辯權之餘地。但有一例外，即「當事人之一方，應向他方先為給付者，如他方之財產，於訂約後顯形減少，有難為對待給付之虞時，如他方未為對待給付或提出擔保前，得拒絕自己之給付。」（民265）學理上稱此情形之抗辯權，為「不安抗辯權」。

於此有問題者有二：於純粹履行期先後之情形，例如約定8月1日交貨8月15日付款是。出賣人於8月14日前固無同時履行抗辯權，惟8月15日以後，是否得主張同時履行之抗辯？本書以為應為肯定。蓋對價關係既係存在於「交貨」與「付款」之間，雙方履

行期既均已屆至，則因對價關係而生之同時履行抗辯權，應無阻卻發生之理由，至出賣人已生之遲延責任，應另為計算，則屬另一問題。此其一。又在繼續的供給契約之情形，例如訂閱日報之契約是。有先為給付義務之一方，得否以他方前期未為之對待給付（例如上月報費未付），與自己後期應再先為之給付（例如下月之送報），主張同時履行之抗辯？本書亦以為應解為肯定。因其每期之給付，固互為對價，而合每期給付而成之全體債務，實亦不脫對價之關係，茲他方前期之對待給付既未提出，如不准將自己後期應再先為之給付提升與其處於同時履行之地位，則易陷應先為給付之一方於繼續之不利，實有失衡平故也。此其二。

（三）須他方當事人未為對待給付

即他方當事人未依債之本旨為完全給付或為合法之提出是。但「他方當事人已為部分之給付時，依其情形，如拒絕自己之給付有違誠實及信用方法者，不得拒絕自己之給付。」（民264Ⅱ）例如西裝完工交件時，定作人應付報酬（民505Ⅰ），但因加做一件西褲未完成，定作人竟取去完整之一套西裝，而主張加做西褲一件之交付與價金全部之給付應同時履行之抗辯，即有違誠實信用，而為不可是。至如僅就該加做一件西褲之價金部分與其交付主張同時履行之抗辯，應無不可。

具備上述要件，則於受對方請求時，即得拒絕自己之給付，亦即得主張同時履行抗辯權。

三、同時履行抗辯權之效力

同時履行抗辯權之主張，僅生暫時拒絕給付之效力，並非否認他方之權利。惟必須為積極之主張始可。故在訴訟上，若被告未主張，法院無庸就同時履行抗辯權之成否為審查，縱原告未為

對待給付,法院亦應為原告勝訴之判決;至若被告主張同時履行抗辯權,且法院審查後認能成立,亦不得為原告敗訴之判決,而應諭知於原告提出對待給付時,被告即向原告為給付之勝訴判決[201]。原告依此項判決聲請強制執行時,則須證明自己已為對待給付或為對待給付之提出始可。

貳、給付不能之效力

按關於給付不能之效力,我國民法第225條及第226條已有規定,惟因雙務契約之雙方當事人互負債務,其規定不足適用,爰於第266條及第267條為補充規定。分述之如次:

一、因不可歸責於雙方當事人之事由致給付不能者

因不可歸責於雙方當事人之事由致給付不能者,依民法第225條第1項規定,債務人免給付義務,此在單務契約,固無問題。但在雙務契約之債務人是否得向他方當事人請求對待給付?不無疑問。依民法第266條第1項規定:「**因不可歸責於雙方當事人之事由,致一方之給付全部不能者,他方免為對待給付之義務,如僅一部不能者,應按其比例減少對帶給付。**」亦即,在雙務契約之債務人,除自己免給付義務外,亦不得向他方當事人請求對待給付。蓋認此時債之關係,就給付不能之部分消滅也。**全部不能者**,例如甲售乙房屋一棟,於交屋前因地震而倒塌,則甲免其交屋之義務,乙亦免其給付價金之義務是。**一部不能者**,例如甲售乙古董花瓶二支,約定價金各為新臺幣100萬元,於交貨前亦因地震而跌碎乙支,則甲免給付乙支之義務,乙亦免給付100萬元之義務是。於此有疑問者,乃**於一部不能之情形下,是否其餘可能部分之履行**

---

[201] 29上895、37上6217、39上902。

於他方當事人有利益時，方得按其比例請求對待給付？就此，我民法雖未設直接明文，惟依前述民法第226條第2項規定之法理，應作相同之肯定解釋。**例如**約定出售挖土機一部，嗣因不可歸責於雙方當事人之事由，致挖土機車身損壞至無法修復，僅餘挖斗完好，如僅交付該挖斗於買受人，對買受人無利益，買受人得拒絕受領，而請求出賣人賠償全部不能之損害，無強制適用民法第266條第1項後段「應按其比例減少對待給付」規定之必要，始為公平是。

因不可歸責於雙方當事人之事由，致給付不能者，債務人不得向對方當事人請求對待給付固矣，惟如他方當事人已為對待給付，則如何？依民法第266條第2項規定：「前項情形已為全部或一部之對待給付者，得依關於不當得利之規定，請求返還。」此亦為債之關係消滅所當然[202]。蓋認已為之對待給付，成為對方當事人無法律上之原因而受利益，致給付之當事人受損害故也（民179）。

於此須說明者，乃民法第266條規定之適用，既係以雙方當事人間債之關係消滅為要件，則如給付不能，係因第三人所致，而債務人對該第三人有損害賠償請求權，且他方當事人願意行使其代償請求權時，則雙方當事人間債之關係可否維持？而無民法第266條規定之適用。亦即，債務人免給付義務，而他方當事人則除行使其代償請求權外，仍須為對待給付？不無疑問。按民法第225條第2項雖未排除此情形之適用，惟依其第1項規定意旨觀之，該條尚非屬雙務契約之規定，是本書以為，似可類推適用民法第225條第2項規定，而為肯定之解釋。至於給付不能雖因第三人所致，

---

[202] 44台上383。

但債務人對該第三人無損害賠償請求權者，或雖有損害賠償請求權，但他方當事人不行使其代償請求權者，則適用民法第266條之規定，認為雙方當事人間債之關係消滅，應不生問題。

二、因可歸責於他方當事人之事由致給付不能者

因可歸責於他方當事人之事由致給付不能者，依民法第225條第1項規定，債務人免給付義務。但在雙務契約之債務人，是否得向他方當事人請求對待給付？亦有疑問。依民法第267條規定：「**當事人之一方因可歸責於他方之事由，致不能給付者，得請求對待給付。但其因免給付義務所得之利益，或應得之利益，均應由其所得請求之對待給付中扣除之。**」亦即，在雙務契約之債務人，仍得向他方當事人請求對待給付。**例如**甲賣給乙王羲之真跡字畫乙幅，嗣因乙之過失，於其送鑑定途中遭竊，則甲仍得請求乙支付價金是。可知，此情形係採危險歸債權人（本例之買受人乙）負擔之立法主義。惟為衡平當事人之利益，故規定債務人（本例之出賣人甲）因免給付義務「所得之利益」或「應得之利益」，應由其所得請求之對待給付中扣除之。**例如**承攬房屋之建築，於完成二分之一時，因定作人之故意或過失而致焚毀，承攬人雖仍得請求全部之報酬，但其因不能給付所減少支出之二分之一工程應使用之材料、工資等費用（**因免給付義務所得之利益**），以及房屋焚毀後以迄於原定完工時止，若確實有其他定作人向其（承攬人）要約承攬其他工程，承攬人原可轉而從事之，以賺取報酬，茲竟不依誠信，而故意將其辭退不接受要約，以致喪失本可取得之利益（**因免給付義務應得之利益**），均應作價或估計扣除之是。

第八項　涉他契約

涉他契約者，關涉第三人權利義務之契約也。可分第三人負

擔契約及第三人利益契約二種。分述之：

壹、第三人負擔契約

一、第三人負擔契約之意義

　　第三人負擔契約者，當事人之一方（債務人）約定由第三人對於他方（債權人）為給付之契約也。例如某甲（歌星經紀人）與歌廳訂約負擔由某歌星為該歌廳演唱之債務是。其中某甲為債務人，歌廳為債權人，某歌星為第三人，契約標的為某歌星之為歌廳演唱（即第三人對他方為給付），故第三人負擔契約，亦即以第三人之給付為標的之契約。

二、第三人負擔契約之效力

　　「契約當事人之一方，約定由第三人對於他方為給付者，於第三人不為給付時，應負損害賠償責任。」（民268）蓋第三人並非契約之當事人，他方（債權人）對第三人無直接請求給付之權利；又因契約之標的為第三人之給付，故於第三人不為給付時，顯無由債務人為合於債務本旨之給付之可能，是則債務人自應對他方（債權人）負債務不履行之損害賠償責任。惟解釋上，如約定之給付，非有專屬性者，債務人如請求由適當人選代為給付，以免損害賠償之責，依誠實信用原則，債權人應不得拒絕。

貳、第三人利益契約

一、第三人利益契約之意義

　　第三人利益契約者，要約人與債務人約定，由債務人向第三人為給付，而第三人對於債務人亦有直接請求給付之權之契約也。例如甲與乙約定，由乙向丙給付新臺幣1萬元，丙對於乙即取

得直接請求給付新臺幣1萬元之權是。其中甲為要約人，乙為債務人，丙為第三人，亦稱受益人。此種契約在現代社會生活，相當普遍，例如保險契約使受益人取得保險金請求權；運送契約使受貨人取得提貨之權利等均是。

二、第三人利益契約之要件

第三人利益契約之成立，須具備下列三要件：

（一）須約定由當事人之一方向第三人為給付

所謂第三人，包括自然人及法人，且胎兒或設立中之法人亦可。所謂給付，其種類並無限制。

（二）須使第三人對於債務人取得直接請求給付之權

若僅約定向第三人給付，而不使第三人對於債務人取得直接請求給付之權，則非此之謂第三人利益契約。例如向花店訂購鮮花，約使送予友人，該友人（第三人）對於花店，並取得直接請求給付之權是。第三人所取得之權利，僅係請求給付之權，亦即債權。

（三）須要約人亦有請求債務人向第三人為給付之權

若僅第三人有對於債務人直接請求給付之權，要約人反無之，亦非第三人利益契約。

三、第三人利益契約之效力

可分為對於第三人之效力、對於要約人之效力，及對於債務人之效力三方面言之。

（一）對於第三人之效力

可分三點：

1.「以契約訂定向第三人為給付者，…其第三人對於債務人亦
　有直接請求給付之權。」（民269 I）

亦即對於債務人，得行使債權人之一切權利。但因其究非契約之當事人，故關於影響契約效力之行為，例如契約之解除、終止或撤銷等，第三人則不得為之。

2.「第三人對於前項契約，未表示享受其利益之意思前，當事
　人得變更其契約或撤銷之。」（民269 II）

亦即第三人之權利因其表示享受其利益之意思而確定，當事人即不得再變更其契約或撤銷之[203]。至其表示，向當事人之任何一方為之均可。

3.「第三人對於當事人之一方表示不欲享受其契約之利益者，
　視為自始未取得其權利。」（民269 III）

蓋第三人對於債務人直接請求給付之權，雖係於契約生效時自始取得，惟仍須因其表示享受其利益之意思，始行確定，茲既表示不欲享受其契約之利益，則其已取得但未確定之權利，自應回溯而消滅也。

（二）對於要約人之效力

可分二點：

1.「要約人得請求債務人向第三人為給付。」（民269 I 中
　段）

亦即要約人對於債務人取得向第三人為給付之債權。此項債權與前述第三人取得之債權係屬分立而有不同。第三人之債權係

---

[203] 18上298。

請求債務人向自己為給付，而要約人之債權則僅能請求債務人向第三人為給付，不能請求向自己為給付。是債務人不履行其債務時，對要約人應負未向第三人為給付所加以要約人之損害之賠償責任，而對第三人則應負未向其給付所生損害之賠償責任，應予區別[204]。

2.要約人不得解除契約

蓋第三人取得之權利，既經其表示享受其利益之意思而確定，宜解為要約人之契約解除權隨之喪失，否則第三人之受益意思表示，將無意義。

（三）對於債務人之效力

亦可分二點：

1.「前條債務人，得以由契約所生之一切抗辯，對抗受益之第三人。」（民270）

所謂由契約所生之一切抗辯，例如契約無效、同時履行、條件不成就、契約之撤銷、解除契約等抗辯是。

2.債務人並得以由第三人個人所生之一切抗辯，對抗該受益之第三人

此雖乏明文，惟乃當然之解釋。由第三人個人所生之抗辯，例如第三人曾對債務人免除債務、第三人之請求權已罹於時效而消滅、或對第三人主張抵銷等抗辯是。

---

[204] 66台上1204。

第四章

多數債務人及債權人

在同一債的關係中，債權人及債務人均為一人時，僅發生債權之行使及債務之履行問題，法律關係較為單純。惟如債權人為多數，或債務人為多數，或雙方均為多數時，則除債權之行使及債務之履行問題外，更有債權人與債務人各別及全體之問題，及各債權人與各債務人相互間之問題，法律關係較為複雜。爰我民法乃特設明文，就後者情形之法律關係詳為規定，名之為「多數債務人及債權人」。

依我民法第271條至第293條規定，多數債務人及債權人之債，共分三種，即：可分之債、連帶之債、不可分之債。以下分述之：

第一節　可分之債

第一項　可分之債之意義

可分之債者，數人負同一債務，或有同一債權，而其給付可分之債也。所謂給付可分，指履行時為可分之情形，是於債之關係成立時即可分者，固為可分之債；其給付本不可分而嗣後變為

可分者，亦為可分之債。例如多數債務人共同負擔新臺幣1萬元之債務，固為可分之債。原應給付房屋一棟，嗣因債務人方面之故意或過失致房屋倒塌，而變為損害賠償新臺幣100萬元之債，亦為可分之債是。

可分之債之主體為多數，但因係基於同一原因而發生，故形式上為一個債權或債務；惟在效力上，因債權人各自分受及債務人各自分擔（詳如後述），故實質上卻為多數獨立之債權或債務。此為其主要特徵。

第二項　可分之債之效力

「數人負同一債務或有同一債權，而其給付可分者，除法律另有規定或契約另有訂定外，應各平均分擔或分受之。其給付本不可分而變為可分者，亦同。」（民271）茲分述可分之債之效力如次：

一、債權人為多數時

債權人為多數之可分之債，稱為「可分債權」，其效力為：除法律另有規定（例如民法第1151條規定繼承人有數人時，在分割遺產前，各繼承人對於遺產全部為公同共有是），或契約另有訂定外，各債權人應**平均分受**之。故各債權人僅得就其應分受之部分請求給付，債務人亦僅能就該為請求之債權人應分受之部分為清償，如為超過之清償，對其他債權人不生效力，其他債權人仍得向其請求應分受部分之給付。此外，各債權人己身所生之事由，例如債務免除、受領遲延等，對他債權人亦不生效力。

二、債務人為多數時

　　債務人為多數之可分之債，稱為「可分債務」，其效力為：除法律另有規定（例如民法第185條第1項規定，數人共同不法侵害他人之權利者，連帶負損害賠償責任。不能知其中孰為加害人者亦同是），或契約另有訂定外，各債務人應**平均分擔**之。故各債務人僅就其應分擔之部分負清償之義務，債權人亦僅能就該被請求之債務人應分擔之部分為請求，如為超過之請求，該債務人得拒絕之。此外，各債務人己身所生之事由，例如債權人對其免除債務、自己之給付遲延等，對他債務人亦不生效力。

三、債權人及債務人均為多數時

　　債權人及債務人均為多數時，其效力為：除法律另為規定或契約另有訂定外，以債權總額除以債務人之人數，再除以債權人之人數，所得商數，為各債務人對於各債權人應為之給付，亦即各債權人得向各債務人請求之給付。例如甲乙丙三人應給付A、B、C三人新臺幣9,000元，甲乙丙之應分擔部分各為新臺幣3,000元，而各應對A、B、C所為之給付，均為新臺幣1,000元是。

第二節　連帶之債

　　連帶之債者，債權人或債務人為多數，各債權人有單獨請求全部給付之權利，各債務人有單獨履行全部給付之義務，因一次之全部給付，而使全部債之關係歸於消滅之債也。

　　連帶之債之主體亦為多數，形式上亦為一個債權或債務，此與可分之債同。惟在效力上則為多數具有連帶關係之債權或債務。此為其主要特徵。所謂**連帶關係**，即債權人或債務人中一人

所生之事項，對於他債權人或他債務人，亦生效力之牽連關係也。質言之，亦即連帶債權人各得向債務人請求全部或一部之給付，其中一人受一部或全部之清償，對於他債權人亦生效力；連帶債務人依債權人之請求，各有為全部或一部給付之義務，其中一人為全部或一部之給付後，全體債務人均就已給付部分免除責任之關係也。

連帶之債，其債務人為多數時，稱為連帶債務，債權人為多數時，稱為連帶債權。分別說明之：

第一項　連帶債務

壹、連帶債務之意義

連帶債務者，數人負同一債務，而基於**明示之意思**或**法律之規定**，對於債權人各負全部給付之責任之債務也（民272）。分述其要件如下：

（一）須有數個債務人

債權人人數多少，並非所問。

（二）須數債務人負同一債務

所謂同一債務，指數債務人所負之數個債務（詳如後述），其標的之性質及目的均相同而言。**標的之性質相同**，例如同為金錢之債務，或同為供給勞務之債務是。故如甲負金錢之債務，乙負供給勞務之債務，則不能成立連帶債務。**目的相同云者**，同以滿足同一債權為目的，任一（或多數）債務人達成目的之部分，其他債務人與債權人間債之關係就該部分即歸消滅也。**目的相同**，例如甲乙丙三人共同向張三購屋一棟價金600萬元，約明三人負連帶清償責任，則張三得同時或先後向甲乙丙三人中之一人或

二人或三人請求600萬元之全部或一部，但無論甲乙丙任何一人或二人或三人為清償，則未為清償之其他債務人與張三間債之關係，就清償部分即歸消滅是。故如甲乙丙三人，係對張三各自獨立負擔200萬元之債務，雖其標的之性質同為金錢債務，但其目的係各自滿足債權人對己身之債權，並不同一，一人清償，無法使他人債務消滅，則非連帶債務。

（三）須基於明示意思或法律規定

連帶債務之發生須基於當事人之明示意思或法律規定。當事人之明示意思，包括單獨行為及契約。基於單獨行為而生之連帶債務，例如被繼承人以遺囑為遺贈，致數繼承人依法（民1153 I）對遺贈債務負連帶清償責任是。基於契約而生之連帶債務，例如前舉甲乙丙3人與張三於購屋契約中，訂明對價金600萬元負連帶清償責任是。基於法律規定而生之連帶債務，例如民法第28條、第185條、第187條、第188條、第305條、第471條、第637條、第681條、第748條、第1003條之1第2項、第1153條等規定之連帶債務是。

貳、連帶債務之性質

連帶債務在性質上究為一個債的關係？抑為多數個債之關係？自德國普通法以來，學說有二：

（一）單一說

認為連帶債務為一個債的關係，故因債務人一人所生之事項，對他債務人當然亦生效力。

（二）複數說

認為連帶債務為多數個債之關係，但此多數個債，其標的之性質及目的均相同，故為滿足此一目的，而因債務人一人所生之

事項，始對他債務人生效而已。

　　我國民法所定之連帶債務，依第279條規定之內容觀之，性質上應係多數個債之關係。

　　連帶債務在性質上既為多數個債之關係，故其各個債務無須本於同一原因而發生，即異時各別發生之債務，亦得成立連帶債務。例如票據之發票人、背書人、承兌人依法雖負連帶債務，但各債務並非本於同一原因而發生是。

參、連帶債務之效力

一、對於債權人之效力

　　「連帶債務之債權人，得對於債務人中之一人或數人，或其全體，同時或先後請求全部或一部之給付。」（民273Ⅰ）分析言之：

（一）就人而言

　　債權人得任意選擇債務人中之一人或數人，向其請求給付，而不向其餘之債務人請求。

（二）就時而言

　　債權人得同時對債務人之全體請求給付，亦得先向其中一人或數人或全體請求給付，未受清償之部分，嗣後更向同一債務人或數人或全體，或其他債務人或數人請求給付。

（三）就給付而言

　　債權人得請求全部之給付，或一部之給付。

　　又依民法第273條第2項規定：「連帶債務未全部履行前，全體債務人仍負連帶責任。」可知債權人受領一部清償後，就未受

清償之部分，對於全體債務人仍有前述之請求權，亦即仍得向債務人中之一人或數人或全體，同時或先後請求其餘給付之全部或一部。

此外，依破產法第104條規定：「數人就同一給付各負全部履行責任者，其全體或其中數人受破產宣告時，債權人得就其債權之總額，對各破產財產團行使其權利。」亦應注意及之。

二、就連帶債務人中一人所生事項之效力

連帶債務係數個債務，故連帶債務人中一人與債權人間所生之事項，其效力原則上不能及於他債務人。但因其數個債務具有同一目的，故民法**就同一目的有關之事項，又規定其效力及於債務人全體**。前者稱為生相對效力事項，我國民法於第279條設有概括之規定；後者稱為生絕對效力事項，我國民法規定於第274條至第278條。分別說明如次：

（一）生絕對效力事項

1. 清償、代物清償、提存、抵銷或混同

「因連帶債務人中之一人為清償、代物清償、提存、抵銷或混同而債務消滅者，他債務人亦同免其責任。」（民274）清償者，乃依債務本旨為給付之謂（民309以下）。代物清償者，乃債權人受領他種給付以代原定給付之謂（民319）。提存者，乃債權人受領遲延，或不能確知孰為債權人而難為給付時，清償人將其給付物向清償地之提存所為債權人提存之謂（民326以下）。抵銷者，乃二人互負債務，而其給付種類相同，並均已屆清償期，除依債務之性質不能抵銷者外，一方（債務人）以自己之債務與他方（債權人）對其所欠之債務互相抵銷之謂（民334以下）。混同者，乃債權與其債務同歸一人之謂（民344）。所謂他債務人亦同

免其責任，即生絕對效力也。

於此有一問題，即在抵銷之情形，如連帶債務人中之一人對於債權人有債權者，他債務人能否主張抵銷？此在一般債務，應為否定，蓋任何人不得處分他人之權利也。惟因連帶債務之數個債務目的相同，故我國民法第277條特別規定：「他債務人以該債務人應分擔之部分為限，得主張抵銷。」

2. 確定判決

「連帶債務人中之一人，受確定判決，而其判決非基於該債務人之個人關係者，為他債務人之利益，亦生效力。」（民275）所謂「判決非基於該債務人之個人關係者」，乃指基於連帶債務人共同目的之關係而為之判決而言。例如基於債務不成立或消滅而為之判決是。所謂為他債務人之利益，乃有利於他債務人之意。可知連帶債務人中之一人，受確定判決，而其判決係基於連帶債務人共同目的之關係，且有利於他債務人時，始對他債務人生效力。亦即始生絕對效力。至於（1）如其判決係基於該債務人之個人關係，則不論有利他債務人與否；以及（2）如其判決不利於他債務人，則不論是否基於該債務人之個人關係；均對他債務人不生效力，自不待言。

3. 債務免除

「債權人向連帶債務人中之一人免除債務，而無消滅全部債務之意思表示者，除該債務人應分擔之部分外，他債務人仍不免其責任。」（民276 I）是則：（1）債權人向連帶債務人中之一人免除債務，而有消滅全部債務之意思表示者，他債務人亦同免其責任；（2）前項情形，如無消滅全部債務之意思表示者，則他債務人僅就該被免除之債務人所應分擔之部分免其責任。

4. 時效完成

依民法第276條第2項規定：「前項規定，於連帶債務人中之一人消滅時效已完成者，準用之。」即「連帶債務人中之一人消滅時效已完成者，除該債務人應分擔之部分外，他債務人仍不免其責任。」（準用民276 I）亦即就該債務人應分擔之部分，生絕對效力。從而僅連帶債務人中之一人有分擔部分，他債務人無之者，就該有分擔部分之債務人時效完成時，他債務人即全免其責任[205]。**例如**被害人對於為侵權行為之受僱人時效完成時，因僱用人並無分擔部分（民188 III），故僱用人即全免其責任；又如被害人對於造成職業災害之最後承攬人時效完成時，因事業單位並無分擔部分（勞基法62 II），故事業單位即全免其責任等是。

5. 債權人遲延

「債權人對於連帶債務人中之一人有遲延時，為他債務人之利益，亦生效力。」（民278）蓋他債務人，原可因一人之清償而對債權人免其責任，債權人對該一人受領遲延，必然不利於他債務人，故規定債權人應對全體債務人負遲延責任，以求公平。

（二）生相對效力事項

「就連帶債務人中之一人，所生之事項，除前五條規定或契約另有訂定者外，其利益或不利益，對他債務人不生效力。」（民279）所謂前5條規定，即前揭生絕對效力事項所述內容。所謂契約另有訂定，即當事人就前5條規定以外之事項，明訂對全體連帶債務人均生效力之情形。可知我國民法就連帶債務人中之一人所生事項之效力規定，係以不及於他債務人為原則，亦即以生相對效力為原則，生絕對效力則為例外。

---

[205] 86台上1524判決。

三、對於連帶債務人之效力

可分三點述之：

（一）連帶債務人應平均分擔義務

「連帶債務人相互間，除法律另有規定或契約另有訂定外，應平均分擔義務。但因債務人中之一人應單獨負責之事由所致之損害，及支付之費用，由該債務人負擔。」（民280）法律另有規定之情形，例如依民法第188條規定，受僱人因執行職務，不法侵害他人之權利者，對外雖應由僱用人與受僱人連帶負賠償責任，但對內則全應由受僱人負責，僱用人無應分擔之部分是。契約另有訂定之情形，例如約定某一債務人對內不分擔債務，或約定分擔之比例不平均是。

（二）連帶債務人間之求償權

「連帶債務人中之一人，因清償、代物清償、提存、抵銷或混同，致他債務人同免責任者，得向他債務人請求償還其各自分擔之部分，並自免責時起之利息。」（民281Ⅰ）是為連帶債務人間相互求償權之規定。分述其內容如次：

1. 求償權之發生

其要件有二：

（1）須債務人有清償、代物清償、提存、抵銷或混同之行為

亦即須債務人有消滅債務之行為（民274）。

（2）須致他債務人同免責任

即全體債務人所負債務，同因其行為而全部或一部消滅。

於此有一問題，即**同免責之數額，須否超過自己之分擔部分始**

有求償權？關於此，有積極說及消極說二種見解：1.積極說（又稱肯定說），認為同免責之數額，須超過自己應分擔之部分，對他債務人始有求償權。**主要理由係謂**，連帶債務人中之一人，因清償或其他行為，致他債務人同免責之數額，若在其自己之分擔額範圍內，則僅係履行自己之債務，自不得向他債務人求償，必也超過之部分，始為履行他債務人之債務，而得向他債務人求償。[206] 2.消極說（又稱否定說），認為同免責之數額，縱未超過自己之分擔之部分，對他債務人亦有求償權。**主要理由係謂**，連帶債務人中之一人，因清償或其他行為，致他債務人同免責之數額，縱在其自己之分擔額範圍內，他債務人就該免責之數額，仍免受債權人追償而獲益，此在內部關係上，應認係按各連帶債務人之分擔比例，而同時履行他債務人之債務，與全部免責之情形，並無不同，本於連帶債務人間應共同分擔債務之原則，自亦應得向他債務人求償，始符公平。[207]

　　本書以為：1.積極說雖可減少若干反覆求償之問題，惟若反覆求償，能得公平，亦所應該，而民法第281條第1項之立法目的，即在乎公平，限制必要之反覆求償，反非理由；2.尤其在各連帶債務人均無甚資力，債權只能獲償一小部分，其餘則幾近不能給付之情形下，與債務額終局的減少，實無兩樣，此時唯有藉

---

[206] 胡長清，中國民法債篇總論，463頁；史尚寬，債法總論，637頁；何孝元，民法債編總論，251頁；鄭玉波，民法債編總論，429頁；鄭健才，債法通則，272頁。

[207] 孫森焱，新版民法債編總論（下冊），891頁；邱聰智，新訂民法債編通則（下），246頁；曾隆興，修正民法債編總論，534頁。理由則見：載修瓚，民法債編總論（下），354頁、史尚寬，債法總論，636頁、另曾隆興，修正民法債編總論，516頁謂：「本書認為肯定說雖可限制反複相互求償之繁，但債權人願以低於分擔額成立和解情形，並非全無可能，而相互求償情形，實際上並不多見，故以採否定說較為允當。」

助求償權，始能謂平；3.此外，我國民法就求償權並未設如瑞士債務法第148條第2項：「連帶債務人中之一人支付較多於其分擔部分者，得向共同債務人請求償還其餘額。」之明文，而依我國民法第280條規定，連帶債務人相互間對內應共同分擔義務，並未限制同免責之數額須為多少，始應共同分擔，亦即不論同免責之數額有無超過自己之分擔部分，他債務人均應共同分擔；4.且我國民法第281條第1項，既明定只須同免責，即得向他債務人請求償還其「各自分擔之部分」，亦顯見並非僅限於同免責之數額超過自己之分擔部分時，始有該項之適用。是在我國民法，自不能做相同於瑞士債務法第148條第2項規定之解釋。應以消極說為可採。

2. 求償權之範圍

包括四項：

（1）他債務人各自分擔之部分

即以依民法第280條規定所得之他債務人應分擔之比例，乘以同免責額，所得之數額。

（2）他債務人不能償還之分擔額

依民法第282條規定：「連帶債務人中之一人，不能償還其分擔額者，其不能償還之部分，由求償權人與他債務人按照比例分擔之。但其不能償還，係由求償權人之過失所致者，不得對於他債務人請求其分擔。」「前項情形，他債務人中一人應分擔之部分已免責者，仍應依前項比例分擔之規定，負其責任。」例如甲乙丙三人共負7,200元之連帶債務，各人之分擔部分均等。由甲一人全部清償後，本得向乙丙二人各求償2,400元。但因乙不能償還其分擔額，則甲得再向丙求償1,200元是。所謂不能償還其分擔

額，其原因如何？我國民法並無規定，解釋上原因如何可以不問。但須非因求償權人之過失所致者，始足當之。**例如**他債務人原係有資力者，惟求償權人竟怠於求償，迨至其無資力時，始行求償，致無效果，應認係求償權人之過失所致，故不得對於他債務人請求其分擔是。至所謂他債務人中之一人應分擔之部分已免責者，係指其應分擔之部分，因債權人對其免除債務而免責，或因債權人對其請求權時效消滅而得拒絕給付之情形而言。此情形該已免責之債務人對於他債務人之不能償還部分，仍應比例分擔之。

（3）非因求償權人應單獨負責之事由所致之損害及支付之費用

此為依民法第280條但書規定之反面解釋所當然。所謂非因求償權人應單獨負責之事由所致，乃須係求償權人為共同免責行為所致之意。所受損害，例如求償權人因受連帶債務之債權人強制執行，而向他人借貸金錢清償連帶債務，所支付之利息損害是。所支付之費用，例如訴訟費、包裝費、運費等是。此等損害及費用，亦係按分擔比例求償，乃為當然。

（4）免責時起之利息

即他債務人應各自分擔部分，及他債務人不能償還時，其他債務人之分擔額，均自免責時起之利息。至就前款所受損害及所支付費用部分，亦得請求自發生或支付時起加給法定利息，又不待言。

（三）求償權人之承受權

民法第281條第2項規定：「前項情形，求償權人於求償範圍內，承受債權人之權利。但不得有害於債權人之利益。」是為求

償權人之承受權。**此項承受權與求償權係屬併存**。因求償權係為消滅連帶債務行為之債務人新生之權利，原債權縱附有擔保，亦非求償權所得主張，民法為加強求償權之效力，爰賦予求償權人於求償範圍內，承受債權人之權利，亦即債權人所得主張之事項，於求償範圍內，求償權人均得承受為之。惟**此項承受權與求償權係屬各自獨立**，故其消滅時效應各自進行。亦即求償權之消滅時效，應自其成立時（即消滅債務時）起算，而基於承受權所行使之原債權，其消滅時效，則自原債權得行使時起算。所謂不得有害於債權人之利益者，指如行使債權人之權利，將致生不利益於債權人時，即無承受權而言。**例如30萬元之連帶債務，僅設定20萬元之不動產抵押權以為擔保，則求償權人於向債權人清償10萬元後，該抵押權如由求償權人承受行使，則債權人所餘20萬元債權即無法全部受償而有害於債權人之利益，故此時求償權人就該抵押權無承受權，應仍由債權人就未受償之20萬元，完全行使之，求償權人不得參與分配是。**

肆、不真正連帶債務

一、不真正連帶債務之意義

不真正連帶債務者，數個債務，各別成立，但給付同一，且因一債務人之履行而全體債務消滅之謂也。不真正連帶債務，在債務為多數、給付為同一、因一債務人之履行而全體債務消滅等方面，與連帶債務相同。但不真正連帶債務，係因法律關係偶然競合，依解釋而發生，而連帶債務則係依當事人之明示意思或法律規定而發生；又不真正連帶債務之各個債務僅有自己單一之目的，故僅於債務消滅之事項上相互有效，而連帶債務之各個債務則有共同牽連之目的，故於牽連關係範圍內之事項相互有效；此

外，不真正連帶債務之各債務人間無內部分擔之關係，而連帶債務之各債務人間則有內部分擔之關係。二者並不相同。

　　不真正連帶債務，各國民法雖無明文規定，但學說及判例上，無不認之。我國情形亦然。

二、不真正連帶債務之發生

　　不真正連帶債務，係數個各別債務，因法條效力競合，或債務所由生之事實或標的物同一，依解釋而發生。其發生之態樣，主要者如下：

（一）因法條效力競合而發生者

　　例如共有船舶所有權讓與後登記前，就共有船舶所生之債務，受讓人與讓與人均應負責，而成立不真正連帶債務。此係因海商法第8條規定之效力（船舶所有權或應有部分之讓與，只需做成書面並經有關機關蓋印證明，於當事人間即生移轉之效力）與第9條規定之效力（船舶所有權移轉之登記，僅係對抗第三人之效力）競合，依解釋而發生。又如載貨證券之發給人，對於貨物之各連續運送人，應負保證（應係擔保之誤）之責。但各連續運送人，僅對於自己航程中所生之毀損滅失及遲到負其責任。（海商74Ⅱ）故載貨證券之發給人，對於各連續運送人之債務，應單方的連帶負責，而成立不真正連帶債務。此係因海商法第74條第2項前段與但書規定效力競合，依解釋而發生是。

（二）因債務所由生之事實同一而發生者

　　例如房屋之承租人，因重大過失致失火燒毀，而該房屋保有火災險，此時承租人與保險人均應對出租人負損害賠償責任（民434、保70Ⅰ）；又如房屋被人放火燒毀時，放火者與保險人均應對屋主負損害賠償責任。此等情形，因債務所由生之事實同一，

故解釋成一種連帶債務，而為不真正連帶債務。

（三）因債務所由生之標的物同一而發生者

例如甲偷竊乙之物，為丙搗毀，則甲與丙對乙均應負損害賠償責任；又如甲向乙購買材料，委由丙製造物品，而因乙提供之材料品質不合，且丙之技術不良，致無法使用，則乙與丙均應對甲負損害賠償責任。此等情形，因債務所由生之標的物同一，故解釋成一種連帶債務，而為不真正連帶債務。

三、不真正連帶債務之效力

關於不真正連帶債務之效力，可基於其特性，就連帶債務之規定，類推解釋如下：

（一）對於債權人之效力

不真正連帶債務，就債權人之立場言，係數個給付同一之債權，與連帶債務之債權人，情形並無不同。因此，「不真正連帶債務之債權人，得對於債務人中之一人或數人，或其全體，同時或先後請求全部或一部之給付。」「不真正連帶債務未全部履行前，全體債務人仍負連帶責任。」（類推民273）又不真正連帶債務人之全體或其中數人受破產宣告者，債權人得就其債權之總額，加入各破產財團而受分配（適用破產法104）。

須說明者，**債權人如為訴訟上之請求，是否得以不真正連帶債務人之全體為共同被告**？我國學者有謂：「如基於事實上及法律上同種類之原因，則應解為得為共同被告（民訴53條3項）。」[208]有謂：「在訴訟上，如果債權人對數債務人一同起訴，則應依民

---

[208] 史尚寬，債法總論，645頁。

事訴訟法第53條規定判斷其是否合法。」[209]實則，就前述不真正連帶債務發生之態樣觀之，（一）因法條效力競合而發生者，及（二）因債務所由生之事實同一而發生者，均係本於同一事實上原因而生之義務；而（三）因債務所由生之標的物同一而發生者，非不可解為同種類（損害賠償）之義務。分別符合民事訴訟法第53條第2款、第3款之要件，得列各債務人為共同被告，似為肯定。即使依其情形，有不合民事訴訟法第53條各款所定之要件，而被告有異議時，法院也祇應就各訴分別為辯論及裁判，不得因此而將各訴或其中之一訴駁回[210]。

（二）就不真正連帶債務人中一人所生事項之效力

不真正連帶債務，雖得因一債務人之履行而全體債務消滅，但其本質為基於各別原因而成立之數個債務。故連帶債務人中一人所為生絕對效力之事項中，凡基於各別原因者，於不真正連帶債務，均應予除外。質言之，**唯有因不真正連帶債務人中一人所為清償、提存、抵銷或混同而債務消滅者，他債務人始同免其責任。**（類推民274）至於對債務人中一人所為之確定判決、債務免除、時效完成、債權人遲延等事項，對他債務人，則均不生效力。

須說明者，關於**混同**，學者一般均列為生相對效力事項[211]。實則，不真正連帶債務人中一人發生混同時，他債務人對原債權人仍同免其責任，至於該發生混同之債務人向他債務人之求償，係另一問題。**例如**船舶受讓人，對於受讓後所生船舶債務之債權人有債權，嗣因受讓人與債權人合併而發生混同，此時讓與人

---

[209] 孫森焱，新版民法債編總論（下冊），901頁。

[210] 32上1677。

[211] 史尚寬，債法總論，645頁；鄭玉波，民法債編總論，456頁；孫森焱，新版民法債編總論（下冊），901頁。

（船舶登記名義人），對債權人仍同免其責任。至於船舶受讓人得否依其受讓之原因關係而向船舶讓與人請求償還該筆債務，則係另一回事是。故本書仍列之為生絕對效力事項之一。

（三）對於不真正連帶債務人之效力

不真正連帶債務人之間無內部分擔之關係，自無分擔比例及分擔部分之求償與代位權之問題。連帶債務有關此等部分之規定，自均無資為類推解釋之餘地。[212]

須了解者，在不真正連帶債務之各個債務中，若有須負終局責任者，則為清償、代物清償、提存、抵銷、混同之債務人，可依該終局責任之法律關係，向其他債務人求償，係另一問題，與依各債務人間內部分擔之關係所為之求償，不可同日而語。**依終局責任之法律關係求償之情形**，例如保險人給付保險金於屋主後，得依保險法第53條規定，代位行使屋主對於放火人之損害賠償請求權；甲偷竊乙之物，為丙搗毀，甲於賠償乙後，得依民法第218條之1規定，向乙請求讓與基於其物之所有權對於丙之請求權，而向丙求償；承租人因重大過失致房屋失火燒毀，而該房屋保有火災險，嗣後承租人取得該房屋之所有權，原負之不真正連帶債務，因混同而消滅，承租人依保險契約向保險人請求保險金額等情形是。

---

[212] 92台上1540判決：「不真正連帶債務，係數債務人基於不同之債務發生原因，就同一內容之給付，對於同一債權人各負全部給付義務，因一債務人給付，他債務人即同免其責任。其各債務發生之原因既有不同，僅因相關法律關係偶然競合，致對同一債權人負同一內容之給付，自不生民法第280條所定連帶債務人間內部分擔求償之問題，故不真正連帶債務人中一人所受之確定判決，其利益自不及於他債務人，要無民法第275條規定之適用。」

第二項　連帶債權

壹、連帶債權之意義

「數人依法律或法律行為，有同一債權，而各得向債務人為全部給付之請求者，為連帶債權。」（民283）分述其要件如下：

（一）須有數個債權人

債務人人數多少，並非所問。

（二）須數債權人有同一債權

所謂同一債權，指數債權人所有之數個債權，其標的之性質及目的均相同而言。標的之性質不同者，例如甲欠乙千元，丙欠乙白米十斤是；目的不同者，例如乙以一屋先後賣予甲丙二人，或先賣予甲再租予丙是。均無法成立連帶債權。

（三）須依法律或法律行為

連帶債權之發生，須基於法律規定或法律行為。遍查民法條文，尚無規定成立連帶債權之明文。至於以法律行為成立連帶債權者，契約或單獨行為（如遺囑）均可，惟以契約居多。以契約成立連帶債權者，**例如**夫妻連名存款於銀行，約定憑夫妻一人即得領款是。以單獨行為成立連帶債權者，**例如**將某物遺贈於某甲或某乙是。須注意者，以法律行為成立連帶債權，無庸有明示意思，此與連帶債務之發生不同。例如夫妻雖無明示約定，但一同至銀行開設連名帳戶，就該連名帳戶之存款，仍成立連帶債權是。

（四）須債權人各得向債務人為全部給付之請求

故連帶債權，在性質上亦為數個債權；各債權得各異其期限、條件及擔保；而就債權人中之一人所生事項，原則上對他債

權人亦不生效力（民290）。

貳、連帶債權之效力

（一）對於連帶債權人之效力

連帶債權之債權人，各得向債務人為全部給付之請求（民283），且「連帶債權之債務人，得向債權人中之一人，為全部之給付。」（民284）故連帶債權人中一人對債務人之請求，不妨礙他債權人之請求。惟債務人如向債權人中任一人為全部之給付，則不論該受領之債權人有否為請求，全體債權人之債權均歸消滅。

（二）就連帶債權人一人所生事項之效力

亦可分為生絕對效力事項與生相對效力事項二種。前者，我國民法規定於第285條至第289條。後者，則於第290條設有概括之規定。分別說明如次：

1. 生絕對效力事項

（1）請求

「連帶債權人中之一人為給付之請求者，為他債權人之利益，亦生效力。」（民285）所謂為給付之請求，無論審判上或審判外為之均可。所謂為他債權人之利益亦生效力，即一人之請求，與全體之請求無異，全體債權之消滅時效均因之而中斷，債務人若未為給付，對全體債權人均應負給付遲延責任是。

（2）受領清償代物清償或經提存抵銷混同

「因連帶債權人中之一人，已受領清償、代物清償或經提存、抵銷、混同而債權消滅者，他債權人之權利，亦同消滅。」（民286）

（3）確定判決

「連帶債權人中之一人，受有利益之確定判決者，為他債權人之利益，亦生效力。連帶債權人中之一人，受不利益之確定判決者，如其判決非基於該債權人之個人關係時，對於他債權人，亦生效力。」（民287）基於該債權人之個人關係，而受不利益之確定判決者，例如該債權人因消滅時效完成而受敗訴判決確定是。

（4）免除債務

依民法第288條第1項規定：「連帶債權人中之一人，向債務人免除債務者，除該債權人應享有之部分外，他債權人之權利，仍不消滅。」之反面解釋，可知連帶債權人中之一人，向債務人免除債務者，則就該債權人應享有之部分，他債權人之權利亦同歸消滅。例如甲、乙、丙三人對張三享有9,000元之連帶債權，三人約定各分受3,000元，茲甲向張三免除債務，則乙、丙對張三祇能各請求6,000元是。

（5）時效完成

民法第288條第2項規定：「前項規定，於連帶債權人中之一人，消滅時效已完成者，準用之。」即就該時效完成之債權人應享有之部分，債務人對於他債權人亦得拒絕給付。

（6）債權人遲延

「連帶債權人中之一人有遲延者，他債權人亦負其責任。」（民289）所謂遲延，指受領遲延而言。

（二）生相對效力事項

「就連帶債權人中之一人所生之事項，除前五條規定，或契

約另有訂定者外，其利益或不利益，對他債權人不生效力。」
（民290）所謂「前五條規定」，即前揭生絕對效力事項所述內
容。所謂「契約另有訂定」，即當事人就前5條規定以外之事項，
明訂對全體連帶債權人均生效力之情形。可知我國民法就連帶債
權人中之一人所生事項之效力規定，係以不及於他債權人為原
則，亦即以生相對效力為原則，生絕對效力則為例外，與連帶債
務之情形同。

（三）對於連帶債權人內部之效力

「連帶債權人相互間，除法律另有規定或契約另有訂定外，
應平均分受其利益。」（民291）法律另有規定之情形，民法尚未
見之。契約另有訂定之情形，例如約定某債權人不分受利益，或
約定分受之比例非平均是。

第三節　不可分之債

第一項　不可分之債之意義

不可分之債者，數人負同一債務，或有同一債權，而其給付
不可分之債也。其要件有二：

（一）債之主體須為多數

即或債權人為多數，或債務人為多數。前者稱為不可分債
權，後者稱為不可分債務。

（二）債之標的須為同一給付且不可分

即須：1.給付為同一。即給付之內容為同一。例如甲、乙、丙
三人對張三負有交付房屋一棟之債務，或甲、乙、丙三人對張三
享有請求交付一棟房屋之債權等情形是。2.給付為不可分。其情形

有二：（1）給付標的之性質為不可分者，例如甲、乙、丙三人共負給付一匹馬之債務，或享有請求交付汽車一輛之債權是；（2）依當事人之意思定為不可分者，例如甲、乙、丙共負給付3,000元之債務，惟與債權人約定不得分別給付是。

第二項　不可分之債之效力

壹、不可分債權之效力

（一）債權人之權利

「數人有同一債權，而其給付不可分者，各債權人僅得請求向債權人全體為給付，債務人亦僅得向債權人全體為給付。」（民293 I）即各債權人雖各有給付請求權，而各得單獨請求，但僅得請求向全體債權人為給付[213]；而債務人亦僅得向全體債權人為給付，如有一債權人無法受領，應為全體債權人提存，一債權人之受領遲延，即為全體債權人之受領遲延是。

（二）就債權人一人所生事項之效力

依民法第293條第2項規定：「除前項規定外，債權人中之一人與債務人間所生之事項，其利益或不利益，對他債權人不生效力。」分述之如下：

1. 生絕對效力事項

即就債權人一人與債務人間所生而對他債權人亦生效力之事項。僅合於民法第293條第1項內容之事項屬之。申言之：（1）一債權人為債權人全體所為之請求，其請求本身、所生中斷時效、或所致債務人給付遲延，以及（2）一債權人之受領遲延等事項，

---

[213] 32上6292。

對他債權人均生效力。亦即他債權人均得就其利益而為主張，亦須受其不利益之拘束也。

2. 生相對效力事項

即就債權人一人與債務人間所生而對他債權人不生效力之事項。除前項合於民法第293條第1項內容之事項外，均僅生相對效力。

（三）債權人相互間之效力

「債權人相互間，準用第二百九十一條之規定。」（民293Ⅲ），亦即「不可分債權人相互間，除法律另有規定或契約另有訂定外，應平均分受其利益。」所謂平均分受其利益，於給付標的之性質為不可分者之情形，或依共有關係分受應有部分；或歸一人所有，而以價額補償他人應分受之部分；或將給付物變賣，而平均分受其價金。要之，得由債權人協議為之。至於依當事人之意思定為不可分者之情形，則平均分配之，並無問題。

貳、不可分債務之效力

依民法第292條規定：「數人負同一債務，而其給付不可分者，準用關於連帶債務之規定。」分述之：

（一）債權人之權利

不可分債務之債權人，得對於債務人中之一人或數人或全體，同時或先後請求全部之給付（準用民273Ⅰ）。

（二）債務人中一人所生事項之效力

依不可分債務之性質，準用連帶債務之規定，可得：

1. 生絕對效力事項

即對他債務人亦生效力之事項，計有：

　　（1）因不可分債務人中之一人為清償、代物清償、提存、抵銷或混同而債務消滅者，他債務人亦同免其責任（準用民274）。其中關於抵銷，不可分債務人中之一人，對於債權人有債權者，他債務人以該債務人應分擔之部分為限，得主張抵銷（準用民277）。

　　（2）不可分債務人中之一人，受確定判決，而其判決非基於該債務人之個人關係者，為他債務人之利益，亦生效力（準用民275）。

　　（3）債權人向不可分債務人中之一人免除債務，而無消滅全部債務之意思表示者，除該債務人應分擔之部分外，他債務人仍不免其責任（準用民276 I ）。

　　前項規定，於不可分債務人中之一人消滅時效已完成者，準用之（準用民276 II ）。

　　（4）債權人對於不可分債務人中之一人有遲延時，為他債務人之利益，亦生效力（準用民278）。

　　於此說明者，乃民法第276條之規定，在不可分債務，有無準用？學者間有否定說及肯定說二種見解：

　　①**否定說**：認為不可分債務，其給付為不可分，對外既無從扣除應分擔部分，則他債務人自亦無從就該分擔部分免責或拒絕給付，故無由準用。但免除債務及消滅時效完成，對該債務人仍發生相對效力。此說為學者之通說。[214]

---

[214] 史尚寬，債法總論，658頁；戴修瓚，民法債編總論（下），379頁；何孝元，民法債編總論，262頁；王伯琦，民法債篇總論，253頁；鄭玉波，民法債編總論，450頁；孫森焱，新版民法債編總論（下冊），929頁；曾隆興，修正民法

②**肯定說**：認為「就給付標的而言，各債務人之給付雖不可分，但法律評價上得換算價額，並依價額予以分割計算各債務人之分擔部分。因之，如債權人對債務人中之一人或部分債務人免除債務者，宜認為就價額部分生絕對效力，以免他債務人之利益受損。例如甲、乙、丙三人應給付Ａ屋於丁，丁免除乙之債務，乙固無庸給付Ａ屋，甲丙仍須給付Ａ屋，但宜認為丁之免除，就Ａ屋之價額，於乙應分擔之數額部分，發生絕對效力。因之，丁請求甲或丙給付Ａ屋時，應補足乙所分擔部分之價額於甲或丙，始較妥當。否則，如解釋其不生效力，免除將失意義，如解為由甲丙負擔，亦屬有失公平。消滅時效亦應為同一解釋，亦即他債務人已消滅時效者，債務人得請求債權人補貼他債務人應分擔比例之價額。」[215]

本書以為：①在給付標的之性質為不可分之情形，關於免除債務方面，兩說在結果上固無甚差異。蓋依否定說之意旨延伸，債權人如向他債務人為請求時，他債務人仍應就不可分債務之全部為給付，再向該被免除之債務人請求償還其分擔部分之價額，後再由該被免除之債務人，就其分擔部分之價額，向債權人請求不當得利之返還。而依肯定說，雖其僅謂：「丁請求甲或丙給付Ａ屋時，應補足乙所分擔部分之價額於甲或丙」，然因債權人免除者係乙之債務（無消滅全部債務之意思表示），故甲或丙仍應將所受乙之分擔部分之價額償還於乙，始為當然。足見兩說在結果上幾乎相同。**然而，關於消滅時效已完成方面，兩說在結果上即有不同，且以肯定說之結果為妥當**。蓋消滅時效完成後仍為履行之給付者，不得請求返還，為民法第144條第2項所明定，故在否定

債編總論，539頁。
[215] 邱聰智，新訂民法債編通則（下），264～265頁。

說之下，該消滅時效已完成之債務人，勢無法向債權人請求返還
其分擔部分之債額，以致喪失消滅時效完成之利益，而在肯定說
之下，則仍得依內部之求償而保留其消滅時效完成之利益也；②
至於在依當事人之意思定為不可分者之情形，因其給付本為可
分，不過當事人約定須一併給付而已，故在準用民法第276條規定
上，更見順利。是則，應以肯定說為可採。

其次，民法第277條之規定，學者均認為不能準用於不可分債
務，其理由，主要者謂：在不可分債務，既不能扣除債務人之應
分擔部分，則抵銷時祇能為全部抵銷，但以他債務人之債權主張
全部抵銷，依該條「他債務人以該債務人應分擔之部分為限，得
主張抵銷」等語之反面解釋，顯不在容許之列[216]，且以他債務人
之債權與所負不可分債務之全部主張抵銷，更屬處分他人之債
權，當非法之所許[217]。從而，以他債務人對於債權人之債權，向
債權人主張抵銷，既不生絕對效力，亦不生相對效力，亦即完全
不生效力[218]。

然查，民法第274條之抵銷，如為一部之抵銷時，與第277條
之抵銷，在技術層面上遭遇之問題，並無不同（實際上，一部之
清償、提存、混同，情形均同），通說於第274條之準用於不可分
債務，均未言及一部抵銷應如何之問題，惟卻以不可分債務，對
外無從扣除應分擔部分為由，而否定第277條之準用於不可分債
務，顯非一貫。**本書以為**，民法第277條之立法目的，既在保護對

---

[216] 鄭玉波，民法債編總論，451頁。

[217] 孫森焱，新版民法債編總論（下冊），926頁。

[218] 戴修瓚，民法債編總論（下），379頁，雖謂仍生相對效力，惟既認不得準
用，則依一般抵銷之規定（民334以下），須互負債務之二人間，始能行使其
抵銷權，無權之他人所為之抵銷，根本不生效力，故所謂仍生相對效力，應係
誤植。

於債權人有債權之債務人之利益（見立法理由），而準用於不可分債務之結果，在給付標的之性質為不可分之情形，他債務人於為抵銷之後，雖仍須就不可分債務為全部之給付，但債權人須補足抵銷部分之數額於為履行之他債務人，他債務人則應將其償還於有債權供抵銷之債務人。如此，顯較不為抵銷時，有利於有債權之債務人。茲不可分債務，仍可換算價額（事實上，不可分債務間之分擔，非換算價額，無以為之），既已如前所述，則第277條之準用於不可分債務，實未見有何不可。

基於上述，爰本書亦將不可分債務準用民法第276條及第277條後之內容，列為發生絕對效力事項。

2. 生相對效力事項

即對他債務人不生效力之事項，「就不可分債務人中之一人，所生事項，除前五條規定或契約另有訂定者外，其利益或不利益，對他債務人不生效力。」（準用民279）亦即僅生相對效力。

（三）債務人相互間之效力

依不可分債務之性質，準用連帶債務之規定，可得言者有三：

（1）不可分債務人相互間，除法律另有規定或契約另有訂定外，應平均分擔義務。但因債務人中之一人應單獨負責之事由所致之損害，及支付之費用，由該債務人負擔（準用民280）。

（2）不可分債務人中之一人，因清償、代物清償、提存、抵銷或混同，致他債務人同免責任者，得向他債務人請求償還其各自分擔之部分，並自免責時起之利息（準用民281Ⅰ）。

　　前項情形，求償權人於求償範圍內，承受債權人之權利。但不得有害於債權人之利益（準用民281Ⅱ）。

　　（3）不可分債務人中之一人，不能償還其分擔額者，其不能償還之部分，由求償權人與他債務人按照比例分擔之。但其不能償還，係由求償權人之過失所致者，不得對於他債務人請求其分擔（準用民282Ⅰ）。

　　前項情形，他債務人中之一人應分擔之部分已免責者，仍應依前項比例分擔之規定，負其責任（準用民282Ⅱ）。[219]

---

[219] 民法第292條修正說明二後段謂：「至於第273條中關於一部給付之規定及第276條、第277條、第282條第2項，則性質上不能準用，應不待言。」本書見解不同，已如上述。

第五章

債之移轉

　　債之移轉者，債權或債務或二者，由原主體移轉於新主體之謂也。可分三種情形：1.**債權讓與**。即債權由原主體移轉於新主體，而債之內容不變更。例如甲欠乙1萬元，惟對丙有1萬債權，爰甲與乙訂立契約，將其對丙之1萬元債權移轉予乙，由乙追討，以為清償是。2.**債務承擔**。即債務由原主體移轉於新主體，而債之內容不變更。例如甲欠乙1萬元，乙欠丙1萬元，爰由甲與丙或甲與乙訂立契約，由甲承擔給付丙1萬元之債務是。3.**概括的承受**。即債權債務二者統由一人承受，而其內容均不變更。例如訂約買受營業中之商號是。我民法將概括的承受，規定為債務承擔之一種。

第一節　債權讓與

第一項　債權讓與之意義

　　債權讓與者，以移轉債權為標的之契約也。又稱債權讓與契約。分言之：

（一）債權讓與者契約也

債權讓與因讓與人與受讓人之合意而成立。無庸得債務人之同意。

（二）債權讓與者以移轉債權為標的之契約也

故債權讓與契約一經生效，債權即行移轉，類似於物權契約之效力，又稱為準物權契約。

第二項　債權讓與之性質

按債權依其表示債權人之方式為標準，可分：1.指名債權，2.指示債權，3.無記名債權三種。所謂**指名債權**，乃記載特定債權人姓名之債權。一般之債權屬之。所謂**指示債權**，乃除記載特定債權人姓名外，更附加「或其指定人」字樣之債權。如民法第701條以下所規定之指示證券，及倉單（民618）、提單（民628）等是。所謂**無記名債權**，乃未記載債權人姓名之債權。如民法第719條以下所規定之無記名證券是。上述三種債權，後二者之讓與方法，或依背書而轉讓，或依交付而轉讓，非本章規範之範圍，茲專就**指名債權讓與契約**之性質述之：

一、債權讓與為不要式契約

債權讓與契約不須一定方式。雖有證明債權之文件者，於讓與時，應將其交付受讓人（民296），惟此乃附隨義務，並非債權讓與契約之成立要件。

二、債權讓與為不要因契約

債權讓與契約一經成立，即與其所以讓與債權之原因行為分離而獨立，縱令該原因行為無效或經撤銷，債權讓與契約仍為有

效。至於讓與人得依不當得利之規定，向債權之受讓人請求返還其利益，則屬另一問題。

三、債權讓與為處分行為

債權讓與係將債權（財產權）移轉於他人之行為，故為處分行為，讓與人須對債權有處分權，否則應依無權處分之規定定其效力。

第三項　債權之讓與性

債權為財產權，依民法第294條第1項前段規定：「債權人得將債權讓與於第三人」，係以得讓與為原則。惟依同項但書規定，有下列三種債權不得讓與，是為例外：

一、依債權之性質不得讓與者

所謂依債權之性質不得讓與者，即該債權之性質特別注重債權人之因素者是也。例如委任或僱傭契約所生之債權，特別注重債權人對債務人之信任關係，原則上不得讓與（民484Ⅰ、543）是。又如親屬上之債權，特別注重債權人之身分要件，故性質上不得讓與（民979、1030-1Ⅲ、1056Ⅲ）；以及因身體、健康、名譽、自由、信用、隱私、貞操或其他人格法益被侵害，所生之非財產上損害賠償請求權（民18Ⅰ），以及金錢上損害賠償或慰撫金等請求權（民18Ⅱ），特別注重被害人之人格專屬性，前者具有行使上及歸屬上專屬性，性質上絕對不得讓與或繼承，後者具有行使上專屬性，於起訴前或侵權行為人依契約承諾前，性質上不得讓與或繼承（民195Ⅱ）。另以不作為為內容之債權，特別注重因作為所及之特定債權人，故性質上亦不得讓與。

二、依當事人之特約不得讓與者

依契約自由之原則，當事人自得將原非不得讓與之債權，約定為不得讓與。惟此項特約「不得以之對抗善意第三人」（民294Ⅱ），亦即不得對不知情之第三人主張不得讓與，蓋為保護交易之安全也。須注意者，此之不得讓與，須以當事人之特約為必要，若非雙方之約定，僅為一方之意思表示禁止讓與者，不生不得讓與之效力。

三、債權禁止查封者

依強制執行法第122條規定：「債務人對於第三人之債權，係維持債務人及其家屬生活所必需者，不得強制執行。」此即債權禁止查封者是也。例如養老金債權、退休金債權、扶養費債權等是。

第四項　債權讓與之效力

壹、讓與人與受讓人間之效力

一、從權利隨同移轉

「讓與債權時該債權之擔保及其他從屬之權利，隨同移轉於受讓人。但與讓與人有不可分離之關係者，不在此限。」（民295Ⅰ）所謂該債權之擔保，例如保證人[220]、抵押權、質權等是。所謂其他從屬之權利，例如利息請求權、違約金請求權、損害賠償請求權等是。所謂與讓與人有不可分離之關係者，指該項權利一脫離讓與人即不復存在之情形，**例如依海商法第24條第1項第1款**

---

[220] 42台上248謂：「債權之讓與，該債權之擔保權利隨同移轉於受讓人，對於為擔保之保證債務人，祇須經讓與人或受讓人以此事由而為通知，即生效力，不以債務人另立書據承認為其要件。」

規定，船長海員及其他在船上服務之人員，本於僱傭契約所生之債權，有優先受償之權利。惟此項債權若讓與他人時，則受讓人僅取得該債權，不能取得優先權，蓋優先權一脫離船長海員及其他在船上服務之人員，即不能存在，與船長海員及其他在船上服務人員之身分具有不可分離之關係故也。

又已屆清償期而尚未支付之利息債權，是否隨同債權移轉於受讓人？應依當事人之意思定之。如當事人之意思不明時，「推定其隨同移轉於受讓人。」（民295Ⅱ）

二、證明文件之交付及必要情形之告知

「讓與人應將證明債權之文件，交付受讓人，並應告以關於主張該債權所必要之一切情形。」（民296）所謂證明債權之文件，例如債權證書、契約、借據、欠條、會算單、會單或其他有關文件是。關於證明從權利之文件，例如保證書、抵押權設定契約書及他項權利證明書等，亦應交付，自為當然。所謂關於主張該債權所必要之一切情形，例如債務人之住址、債權發生之原因、清償期、清償地及其他主張該債權所必要之一切情形是。

貳、對於債務人之效力

一、讓與之通知

「債權之讓與，非經讓與人或受讓人通知債務人，對於債務人不生效力。但法律另有規定者，不在此限。」（民297Ⅰ）所謂法律另有規定，例如票據法規定票據債權依背書或交付而轉讓，無須通知債務人是。所謂對於債務人不生效力，亦即受讓人對於債務人不得主張債權是。故債務人對於讓與人所為之清償及其他免責行為，及讓與人對債務人所為之抵銷或免除等行為，仍為有

效。至如債務人逕向受讓人為清償,則其效力如何?解釋上,在讓與人與受讓人間既已發生債權讓與之效力,債務人不待通知,自動承認其效力,應認其清償亦屬有效。所謂通知,乃將讓與之事實告知債務人之謂,其性質為觀念通知[221]。不以債務人之承諾為必要[222]。茲將通知有關之問題分述如次:

(一)為通知之人

應為通知之人,為讓與人或為受讓人。只須有一方為通知即足,但雙方均為通知,不論一起通知或先後通知亦無不可,惟應以先生效之通知為準。至於受通知之人,須為債務人本人或其代理人,債務人死亡時為其繼承人,自不待言。

(二)通知之方法

通知之方法,法無限制,口頭、書面、電子郵件、於通訊平台傳達均可。且依民法第297條第2項規定:「受讓人將讓與人所立之讓與字據提示於債務人者,與通知有同一之效力。」

(三)通知之效力

讓與之通知,準用意思表示之規定,如為對話之通知,以債務人了解時,如為非對話之通知,以達到債務人時發生效力。通知一生效力,債權之讓與對於債務人即生效力,亦即受讓人即得對債務人主張債權。此為通知之一般效力。

此外,債權之讓與,如係由讓與人通知債務人者,尚發生二種特殊效力:

---

[221] 28渝上1284。
[222] 20上58。

1.「讓與人已將債權之讓與通知債務人者，縱未為讓與或讓與無效，債務人仍得以其對抗受讓人之事由，對抗讓與人。」（民298 I）

蓋債務人如因信賴讓與人（原債權人）之債權讓與通知，已與受讓人發生清償、抵銷或其他免責事由，而實際上卻未為讓與或讓與無效，若債務人所為得對抗受讓人之事由，不得對抗讓與人，實非公平也。

2.「前項通知，非經受讓人之同意，不得撤銷。」（民298 II）

蓋讓與人之通知，實兼有證明受讓人資格之作用，受讓人因該項通知，已取得受清償之地位，故非經其同意，不得撤銷。

二、抗辯之援用

「債務人於受通知時，所得對抗讓與人之事由，皆得以之對抗受讓人。」（民299 I）蓋債務人於受通知時，債權之讓與始對債務人生效；又因債權之讓與，僅主體變更，債務人原有之抗辯，並不因而喪失，故債務人於受通知時，所得對抗讓與人之事由，皆得以之對抗受讓人。

三、抵銷之主張

「債務人於受通知時，對於讓與人有債權者，如其債權之清償期，先於所讓與之債權或同時屆至者，債務人得對於受讓人主張抵銷。」（民299 II）蓋為免原債權人（讓與人）因債權之讓與而避免抵銷也。至受讓人因抵銷而喪失其權利時，得依不當得利之規定，向讓與人請求返還其利益。如為買賣，則得依民法第350條關於債權讓與人權利瑕疵擔保責任，及第353條關於債權受讓人

對讓與人主張債務不履行責任之規定，行使其權利。

第二節　債務承擔

第一項　債務承擔之意義

債務承擔者，以移轉債務為標的之契約也。又稱債務承擔契約。分言之：

（一）債務承擔者契約也

債務承擔因承擔人與債權人之合意，或承擔人與債務人之合意（須經債權人之承認）而成立。

（二）債務承擔者以移轉債務為標的之契約也

故債務承擔契約一經生效，債務即行移轉，類似於物權契約之效力，亦具有準物權契約之性質。

第二項　債務承擔之性質

債務承擔與債權讓與，同為不要式契約及不要因契約。其說明可參見前述債權讓與之有關內容。於此須說明者，乃債務承擔與履行承擔之區別。所謂履行承擔，乃以履行債務為標的之契約，與債務承擔主要不同點有：

（一）標的不同

履行承擔以「履行債務」為標的；債務承擔則以「移轉債務」為標的。

（二）當事人不同

履行承擔乃承擔人與債務人間之契約；債務承擔則為承擔人與債權人，或承擔人與債務人間之契約。

（三）債權人得否向承擔人請求履行債務之不同

履行承擔之承擔人祇對債務人負擔代為清償債務之義務，對債權人並不直接負擔債務，亦即債權人不得直接向承擔人請求履行；債務承擔之承擔人則須對債權人直接負擔債務，亦即債權人得直接向承擔人請求履行。

第三項　債務承擔之種類

債務承擔，以承擔後舊債務人是否免責為區別標準，可分為免責的債務承擔，及併存的債務承擔二種。

壹、免責的債務承擔

一、免責的債務承擔之意義

免責的債務承擔者，由承擔人取代債務人，而債務人脫離債務關係，免除其責任之債務承擔也。通常所稱債務承擔，即指免責的債務承擔而言。

二、免責的債務承擔之成立

（一）承擔人與債權人間之契約

「第三人與**債權人**訂立契約承擔債務人之債務者，其債務於契約成立時，移轉於該第三人。」（民300）無須債務人之同意，債務人縱不同意，亦屬無妨[223]，該第三人即成為債務人，而原債務人即因之免責，債權人不得更向原債務人請求履行[224]。又解釋上，雖債務人是否知悉，亦可不問[225]，但為免已免責之債務人為

---

[223]　52台上925。

[224]　23上3008。

[225]　18上545。

清償，實際上以對債務人為通知為宜。

（二）承擔人與債務人間之契約

「第三人與**債務人訂立契約承擔其債務者，非經債權人承認，對於債權人不生效力。**」（民301）蓋債務人變更，實等於債務人資力之變更，第三人之資力未必為債權人所信賴，故應經債權人承認，俾免因無資力之人承擔債務，而致債權落空。所謂承認，即事後同意，應由債權人向該第三人或債務人，以意思表示為之（民116），既無一定之方式，亦不限於明示，默示承認亦可。默示承認之情形，例如債權人於受通知後，逕向該第三人請求清償者，應認已生承認效力是[226]。所謂對於債權人不生效力，亦即債權人不受債務承擔之拘束，仍可向原債務人主張其債權，原債務人仍負清償之責是。

第三人與債務人訂立之承擔債務契約，於得債權人承認前，其法律性質如何？可分二方面言之：

1. 對於債權人而言

因第三人與債務人訂立契約承擔債務，實係對債權人債權之相對人部分為處分，而民法第301條又規定，須經債權人之承認，始對債權人生效，與無權處分行為之須經有權利人之承認始生效力（民118 I），並無不同。故通說認為，對於債權人而言，係**無權處分行為**之一種，於債權人承認前，屬於效力未定之法律行為。為免久懸不定，故而民法第302條第1項規定：「前條債務人或承擔人，得定相當期限，催告債權人於該期限內確答是否承認，如逾期不為確答者，視為拒絕承認。」

---

[226] 18上61。

2. 對於承擔人與債務人之間而言

因於債權人承認前，承擔債務之契約，雖無法對債權人生效，但在承擔人（即第三人）與債務人之間，仍有其效力，亦即債務人仍得請求承擔人向債權人為清償，**與履行承擔之效力相當**。且此種效力，並不因債權人之拒絕承認或視為拒絕承認而受影響。於債權人拒絕承認或視為拒絕承認時，承擔人仍可以利害關係人之身分為清償，債權人不得拒絕（民311Ⅱ但書），然因債權人既已拒絕其承擔債務，對於其清償，很可能亦拒絕，雖承擔人可為提存，但頗增複雜，債務人或承擔人因之認其契約無繼續存在之必要者，亦屬平常，爰民法第302條第2項又規定：「債權人拒絕承認時，債務人或承擔人得撤銷其承擔之契約。」以資適用。

須附言者，乃承擔債務之契約，未經承擔人或債務人撤銷以前，在承擔人與債務人之間，既屬有效，則縱債權人曾拒絕承認或視為拒絕承認，亦未改變其對債權人仍屬效力未定之狀態，債權人仍得改變心意，另以意思表示為承認，使對其生效，此為依民法第301條用語：「…非經債權人承認，對於債權人，不生效力。」解釋所當然。雖學者對於債權人先前之拒絕承認，有謂：「…在撤銷前，債權人尚得撤回其拒絕，而再行承認也。」[227]惟本書認為已生效之拒絕，無撤回之適用，且此情形根本無撤回之必要，故不採之。

最後，第三人與債務人訂立契約承擔其債務者，若經債權人承認，即對債權人生效，因承認有溯及之效力，故該第三人（即承擔人），即溯及於承擔債務之契約生效時，成為新債務人，原

---

[227] 鄭玉波，民法債編總論，484頁。

債務人則因之免除責任，債權人應向承擔人請求清償，不得更向債務人請求履行。此亦不待言。

三、免責的債務承擔之效力

（一）承擔人得援用原債務人之抗辯

「債務人因其法律關係所得對抗債權人之事由，承擔人亦得以之對抗債權人。但不得以屬於債務人之債權為抵銷。」（民303 I）蓋承擔人所承擔者係與承擔當時債務人所負同一之債務，故債務人因其法律關係所得對抗債權人之事由，承擔人自得以之對抗債權人。至屬於債務人之債權，如債務人於債務承擔前未對債權人主張抵銷，則於債務承擔後，承擔人不得以之對債權人主張抵銷，乃事屬當然。蓋以他人之財產抵銷自己債務，非法之所許也。但如債務人於債務承擔前已對債權人主張抵銷，而屬於債務承擔之範圍，則承擔人自得以之對抗債權人，就已抵銷之部分，主張債權消滅，而不待言。所謂「債務人因其法律關係所得對抗債權人之事由」，指原債務人就其自己與債權人間之法律關係，所得對債權人抗辯之事由而言，舉凡權利不發生之抗辯，權利消滅之抗辯，及同時履行之抗辯，皆屬之。

（二）承擔人不得以承擔之原因關係對抗債權人

「承擔人因其承擔債務之法律關係所得對抗債務人之事由，不得以之對抗債權人。」（民303 II）所謂「承擔債務之法律關係」，指承擔人與原債務人之法律關係，亦即承擔之原因關係。原因關係係承擔人與原債務人之內部問題，自不能影響債務之承擔。此即債務承擔為不要因行為之具體規定。舉例以明之，某甲積欠某乙5萬元，適某丙向某甲購貨應付價金亦為5萬元，爰甲丙約定由丙承擔甲積欠乙之5萬元債務，以為價金之支付，並經乙承

認。設嗣後甲不交付貨品，則丙不得以其與甲之買賣（承擔之原因關係）所得對抗甲之事由（不交付貨品故拒絕給付價金），對抗乙（債權人），而仍應依債務承擔之法律關係，對乙負給付5萬元之債務是。

（三）從權利繼續存在

「從屬於債權之權利，不因債務之承擔而妨礙其存在。」（民304 I 前段）所謂從屬於債權之權利，例如利息請求權，違約金請求權等是。從權利繼續存在，乃為原則，但有下列二種例外：

1. 與債務人有不可分離關係之從權利因債務承擔而消滅（民304 I 但書）

蓋此種從權利，性質上不能脫離債務人而移轉於第三人也。例如債務人以自己勞務充為利息之支付，則於第三人承擔債務後，此種利息請求權即歸消滅，債權人不得對承擔人請求其給付由原債務人服勞務以充為利息之支付是。因此，債權人對於此種性質之從權利，於債務承擔後有無其他處理方式之要求（例如改由承擔人按法定利率或其他利率標準或其他方式給付利息），宜注意於承認債務承擔契約前確定之，以免爭議。

2. 由第三人就債權所為之擔保，除該第三人對於債務之承擔已為承認外，因債務之承擔而消滅（民304 II）

蓋第三人就債權提供擔保，係以原債務人之信用為基礎，本無為承擔人擔保之意思，故其原先就債權所為之擔保，不論為人的擔保抑或物的擔保，均因債務之承擔而消滅。惟如該第三人對於債務之承擔已為承認，則其有繼續為承擔人擔保之意思已明，故又為例外。

貳、併存的債務承擔

一、併存的債務承擔之意義

併存的債務承擔者，由第三人承擔債務人之債務，而債務人仍未免除其責任之債務承擔也。亦即原債務人之債務並未移動，僅該第三人加入債務關係，與原債務人併負同一責任之謂。又稱為重疊的債務承擔。併存的債務承擔，係有利於債權人之行為，不論係由第三人與債權人訂立契約，抑或由第三人與債務人訂立契約，均無須經債權人承認，即可對於債權人生效。又承擔人既亦為主債務人之一，與原債務人之地位相同，故實例上認為承擔人與原債務人應負連帶責任[228]，應適用民法關於連帶債務之規定。我國民法就併存的債務承擔並未設一般規定，僅於第305條及第306條，分別就①財產或營業之概括承受及②營業之合併二者，規定亦發生併存的債務承擔之效力。分述如下：

二、財產或營業之概括承受

「就他人之財產或營業概括承受其資產及負債者，因對於債權人為承受之通知或公告，而生承擔債務之效力。」（民305Ⅰ）「前項情形，債務人關於到期之債權，自通知或公告時起，未到期之債權，自到期時起，二年內，與承擔人連帶負其責任。」（民305Ⅱ）按就他人之財產或營業概括承受其資產及負債者，關於承受資產部分，性質上屬於債權之讓與，原無須債務人之同意，祇須通知債務人即對於債務人生效，前已言之。惟關於承受負債部分，性質上屬於債務之承擔，依民法第301條規定，原應經債權人承認，始對於債權人生效。但本條則規定，由承受人對於

---

[228] 23上1377。

債權人為承受之通知或公告，即生承擔債務之效力。蓋因於此情形，原債務人仍應與承受人對該債務於二年內連帶負其責任，對於債權人有益無害也。2年期間，為除斥期間。債權人關於到期之債權，自受通知或公告時起，未到期之債權，自到期時起，2年內，對原債務人有請求連帶清償之權利，2年屆滿，此項權利即歸消滅，原債務人因之免其責任，由承受人對債權人獨自負責。

三、營業之合併

「營業與他營業合併，而互相承受其資產及負債者，與前條之概括承受同。其合併之新營業，對於各營業之債務，負其責任。」（民306）所謂營業與他營業合併，乃多數營業，合為一營業之謂。其情形有二：1.**吸收合併**。即多數營業合併後，仍存留其中一營業是。2.**創設合併**。即多數營業合併後，成為另一新營業，而不保留原有任一營業是。無論何種情形，合併後即互相承受其資產及負債，故與前條之概括承受相同。亦即仍因對於債權人為承受（合併）之通知或公告，而生承擔債務之效力。所不同者，因合併後之新營業，包含合併前之各舊營業在內，故其合併之新營業，應對於各營業之債務，負其責任，而無如民法第305條規定原債務人於2年後脫退之情形。惟須注意者，苟舊營業有於合併後退出新營業者，則屬民法第305條規定之情形，退出之營業自應於2年內與新營業就新營業之債務連帶負其責任，與本條規定之情形有別。此外，若營業為公司組織者，因公司法對公司合併設有特別規定，故應優先適用公司法之有關規定（公司315～321），應注意及之。

第六章

債之消滅

第一節　總說

壹、債之消滅之意義

　　債之消滅者，債之關係，客觀的失其存在之謂也。債之移轉，就前一主體之主觀上言之，雖為債之消滅，但就該債之本身客觀上言之，則依然存在，僅易其主體而已，故非此之謂債之消滅，必也債之關係客觀的失其存在，始足謂之。

貳、債之消滅之原因

　　債之消滅，原因不一而足。例如契約之解除或終止、解除條件之成就、終期屆滿、法律行為之撤銷、給付不能等，均足使債之效力喪失，因債之效力喪失，債之關係亦隨之消滅是。惟此類尚非使債之關係消滅之直接原因，我國民法就債之消滅之**直接原因**規定有五種，即：1.清償，2.提存，3.抵銷，4.混同，5.免除是。容後分述之。

參、債之消滅之共通效力

債之消滅原因甚多，其效力亦因其消滅原因而不同，然仍有其共通部分，謂之債之消滅之共通效力。依我國民法規定有二：

一、從權利消滅

「債之關係消滅者，其債權之擔保及其他從屬之權利亦同時消滅。」（民307）蓋擔保之目的，在確保債之履行，債之關係既已消滅，則其擔保自無存在之必要。至其他從屬之權利，性質上係隨主權利而存在，主權利既已消滅，則其從屬之權利，自亦同歸消滅。所謂債權之擔保，包括抵押權、質權、留置權及保證等。所謂其他從屬之權利，例如利息請求權、違約金請求權是。

二、負債字據之返還或塗銷

「債之全部消滅者，債務人得請求返還或塗銷負債之字據，其僅一部消滅或負債字據上載有債權人他項權利者，債務人得請求將消滅事由，記入字據。」（民308Ⅰ）「負債字據，如債權人主張有不能返還或有不能記入之事情者，債務人得請求給與債務消滅之公認證書。」（民308Ⅱ）所謂不能返還，例如遺失或毀損是。所謂不能記入，例如字據上別無空白是。所謂公認證書，依民法債編施行法第19條規定：「民法第三百零八條之公認證書，由債權人作成，聲請債務履行地之公證人、警察機關、商業團體或自治機關蓋印簽名。」因現今各地方法院均設有公證處，亦有所屬民間公證人，承辦公認證事務，債務消滅之公認證書，以由債權人向公證處或民間公證人請求作成為常。

第二節　清償

壹、清償之意義

清償者，依債務本旨，實現債務內容之行為也。清償與履行及給付，大體為同一行為，僅觀察角度不同而已。亦即由債之消滅方面言，謂之清償；由債之效力方面言，謂之履行；由債務人之行為方面言，謂之給付。清償究係法律行為抑非法律行為？亦即清償之性質如何？學者爭議甚多，可分為二說：

一、法律行為說

此說又分為三：

（一）契約說

認為清償係因債務人清償之意思表示與債權人受領之意思表示一致而成立，故清償為契約。

（二）單獨行為說

認為清償只須債務人之一方為清償之意思表示即成立。債權人有否表示受領之意思，可以不論，故清償為單獨行為。

（三）折衷說

認為因清償而為之給付，如無須債權人受領者，則其清償為單獨行為，例如不作為債務之給付是。反之如須債權人受領者，則其清償應認屬契約性質。

二、非法律行為說

此說認為因清償而為之給付，雖可能為法律行為（如物權之移轉），或事實行為（如拆屋還地），或不作為（如不競業），惟此等行為均僅係清償之手段，尚非清償之本體；且清償之成

立，乃係基於目的達成之法理，只須有合於債務本旨之給付，債務即歸消滅，債務人是否真意，以及債權人有無表示受領之意思均無關[229]。故清償非法律行為。通說認此說為可採。

貳、清償人

一、債務人或其代理人

債務之清償，由債務人為之，或由其代理人為之均可。其代理人縱亦為債權人之代理人，即所謂雙方代理，亦為法之所許（民106但書）。

二、第三人

「債之清償，得由第三人為之。但當事人另有訂定或依債之性質不得由第三人清償者，不在此限。」（民311 I）「第三人之清償，債務人有異議時，債權人得拒絕其清償。但第三人就債之履行有利害關係者，債權人不得拒絕。」（民311 II）可知：

（一）債之清償，以得由第三人為之為原則

至不得由第三人清償之情形，則有三，即：1.當事人另有訂定不得由第三人清償者。2.**依債之性質不得由第三人清償者**。包括**絕對的一身專屬給付**，例如知名學者之演講、知名歌星之登台作秀；以及**相對的一身專屬給付**，例如受僱人（民484 I）、受任人（民537）、受寄人（民592）等所負之債務是。二者均特重債務人之人的要素，**前者**絕對不得由第三人清償，**後者**非經債權人之同意，亦不得由第三人清償。均屬性質上不得由第三人清償者。3.第三人之清償債務人有異議且經債權人拒絕者。

---

[229] 大理院8年統字948號解釋。

（二）第三人之清償，以債權人不得拒絕為原則

但例外於債務人有異議時，得拒絕之。惟縱債務人有異議，債權人仍可不拒絕；且如該第三人就債之履行有利害關係者，債權人更不得拒絕，若竟予拒絕，應負受領遲延之責。**就債之履行有利害關係之情形，例如**提供不動產為債務人設定抵押權之物上保證人（抵押義務人），因恐債權人實施抵押權拍賣其不動產，而蒙受更大之損害，縱債務人有異議，亦得代為清償，債權人絕對不得拒絕是。

於此須說明者，乃依民法第312條規定：「就債之履行有利害關係之第三人為清償者，於其清償之限度內承受債權人之權利。但不得有害於債權人之利益。」是為清償人承受權。說明之：

（一）清償人之承受權

清償人之承受權者，就債之履行有利害關係之第三人，於代為清償後，對於債務人有求償權者，債權人之債權在其清償之限度內，當然移轉於該第三人，得由其以自己名義對債務人行使之權利也。

（二）清償人承受權之要件

有三：

1. 須已為清償

全部清償抑一部清償均可。

2. 須係就債之履行有利害關係之第三人所為之清償

就債之履行無利害關係之第三人所為之清償，無承受權之發生。**所謂就債之履行有利害關係之第三人，例如**連帶債務人（民281）、不可分債務人（民292準用民281）、保證人（民749）、

物上保證人（民879）、擔保物之第三取得人（如甲提供自有房屋設定抵押權予其債權人後出賣予乙，此時之乙是）、後順位之抵押權人、就共有物所生債務之共有人等是。

3.須代為清償後對於債務人有求償權

代為清償後對於債務人無求償權者，例如因贈與而為清償，或拋棄其求償權等情形，自無復有承受行使債權人權利之餘地。

（三）清償人承受權之效力

具備上述要件，則代為清償之就債之履行有利害關係之第三人，即取得承受權，得按其清償之限度就債權人之權利，以自己之名義行使之。關於承受權之行使，須注意者有五：

1.承受權之行使，非經債權人或承受權人通知債務人，對於債務人不生效力。又承受權人將債權人所立足以證明清償限度之字據提示於債務人者，與通知有同一之效力。（民313準用民297）

2.承受權之範圍，為「按其清償之限度」。申言之，全部清償者，得行使債權人之全部債權，及其一切得隨從移轉之從屬權利（請參考本書第五章第一節第四項債權讓與之效力之說明），因債權人已受全部清償，故於此情形下，承受權之行使應無害於債權人之利益之虞。若僅一部清償者，則僅得行使與清償部分相等量之債權人之債權，且因此情形下，債權人尚有部分債權未受清償，故承受權之行使不得有害於債權人之利益（民312但書）。所謂不得有害於債權人之利益，**例如**因行使承受權而拍賣抵押物，苟賣得價金不足清償債權之全部，應認承受權人之受償順序後於債權人是。

3.就債之清償有利害關係之第三人，於代為清償後，原有之

求償權不因承受權之發生而喪失，**該第三人仍得就承受權或求償權二者擇一行使之**。承受權係原債權之移轉，原債權若附有擔保，其擔保權亦隨同移轉，承受權人自得實行其擔保權。至於求償權，則係新生之權利，對於原債權之擔保權，求償權人無能為之。故此時自以行使承受權為有利。惟行使承受權，亦須同時繼受原債權之瑕疵，原債權若無附擔保，則行使求償權，或可能較為有利，亦未一定。要之該第三人可衡量利害而為決定。

　　4.債務人於受通知時，所得對抗債權人之事由，皆得以之對抗承受權人。（民313準用民299 I）

　　5.債務人於受通知時，對於債權人有債權者，如其債權之清償期，先於承受行使之債權，或同時屆至者，債務人得對於承受權人主張抵銷。（民313準用民299 II）

參、受領清償人

一、債權人或其代理人

　　此乃當然，無庸贅述。

二、收據持有人

　　「持有債權人簽名之收據者，視為有受領權人。但債務人已知或因過失而不知其無權受領者，不在此限。」（民309 II）所謂視為有受領權人，即債務人對之清償為有效之謂。至債務人如已知持有債權人簽名之收據者為無權受領者，或因過失而不知，則對之清償不生效力，以其為惡意或有過失，不受保護也。已知之情形，**例如**債權人早已以雙掛號之郵局存證信函通知債務人，表示其收據遺失或被竊，債務人已拆閱而知悉是。因過失而不知之情形，**例如**早已接到債權人通知被竊之存證信函，而不拆閱是。

三、第三人

對於無受領權之第三人所為之清償，原則上不發生效力。但依我民法第310條規定，下列情形，在法律上亦認有清償之效力，是為例外：

（一）「經債權人承認，或受領人於受領後取得其債權者，有清償之效力。」（民310①）

蓋對於無受領權之第三人為清償，與無權處分債權人之債權無異，故經債權人承認，應有清償之效力；又對於無受領權之第三人為清償後，該第三人取得其債權者，實等於對債權人清償，亦應發生清償之效力。爰依無權處分之例（民118），設本款規定。

（二）「受領人係債權之準占有人者，以債務人不知其非債權人者為限，有清償之效力。」（民310②）

所謂債權之準占有人，依民法第966條規定：「財產權，不因物之占有而成立者，行使其財產權之人，為準占有人。」債權為不因物之占有而成立之財產權之一種，**故行使債權之人，即係債權之準占有人**。而因此之「行使」，並不以真正債權人之行使為限。故不論是否真正之債權人，只須**自稱為債權人而行使債權，且在一般交易觀念上，具有足以使人相信為真正債權人之外觀，即為債權之準占有人**[230]。行使債權者係真正債權人，其為債權之準占有人，固無疑問，縱行使債權者非真正債權人，亦足為債權之準占有人。非真正債權人而為債權之準占有人者，例如債權讓與無效之受讓人、表見繼承人、銀行存摺與印鑑章之持有人、受有無效之移轉債權命令之人等，如以為自己之意思，行使各該種債權，

---

[230]　42台上288。

即係各該種債權之準占有人是。受領人係債權之準占有人者，如係真正債權人，有清償之效力，不待言；至若係非真正債權人，則以債務人不知其非（真正）債權人者為限，有清償之效力。亦即債務人須為善意之謂。至債務人之不知是否有過失，並非本款規定之要件，可以不問。

（三）「除前二款情形外，於債權人因而受益之限度內，有清償之效力。」（民310③）

所謂因而受益，指債務人對第三人之清償與債權人之受益有因果關係而言。此情形，與債權人之債權在受益之限度內得到滿足無異，故不論債務人為善意抑或惡意，只問債權人受益之有無。**例如**債務人向債權人之房東（第三人）清償5萬元，該房東因而向債權人表示免除5萬元租金，則該5萬元有清償之效力是。

肆、清償之方法

清償，應依債務本旨為之（民309Ⅰ）。所謂債務本旨，即債務之原定內容。依債務本旨為清償，即以債務原定內容為全部之給付也。非依債務本旨之清償，例如一部清償、代物清償、新債清償等，原不生清償之效力，惟我國民法為保護債務人及謀交易上之便利計，特於第318條至第320條分別規定其為有效，是為例外。分述如次：

一、一部清償

「債務人無為一部清償之權利。但法院得斟酌債務人之境況，許其於無甚害於債權人利益之相當期限內，分期給付，或緩期清償。」（民318Ⅰ）所謂債務人無為一部清償之權利，即有全部清償之義務也。故債務人為一部清償，原不生效力。至但書規定，亦僅賦予法院斟酌決定之權利，並非賦予債務人有請求分期

給付或緩期清償之法律上權利[231]，斯應注意。但書規定之要件如下：

（一）須由法院以判決允許

債務人在法律上雖無請求之權利，但非不可於被訴時向法院聲明分期給付或緩期清償之意願，由法院於判決內允許。法院對於允許與否，應獨立認定，不受債權人及債務人意見之拘束。

（二）法院須斟酌債務人之境況

債務人之境況，為法院獨立認定所憑藉之唯一客觀依據。所謂債務人之境況，即債務人之家境及經濟狀況。法院得命債務人提供一切有關資料，以為認定。

（三）須定相當期限

即須定期限且期限須相當。所謂須定期限，即分期給付許分幾期，緩期清償許緩若干時日，須予明定是。所謂期限須相當，即所定之期限須「無甚害於債權人利益」也。有無甚害於債權人利益，須依債權人之具體情形個案酌定之。

（四）須許為分期給付或緩期清償

給付可分者，既可許其分期給付，亦可許其緩期清償；至給付為不可分者，則只能許其緩期清償，無法許其分期給付。我國民法第318條第3項規定：「給付不可分者，法院得比照第一項但書之規定，許其緩期清償。」即此意義。又「法院許為分期給付者，債務人一期遲延給付時，債權人得請求全部清償。[232]」（民

---

[231] 23上224。

[232] 本項為民國88年民法債編修正時新，修正說明謂：「二、本條意旨原為保護債務人而設，但債權人之利益，亦應顧及，故在法院許為分期給付之情形，如債務人一期遲延給付時，基於私法自治原則，由債權人自行決定其權利之行使方式，即可對債務人請求全部之清償，亦可依法院之原判決而仍為分期給付之請

318 Ⅱ）

二、代物清償

「債權人受領他種給付以代原定之給付者，其債之關係消滅。」（民319）是為代物清償。例如原定給付為5萬元，債務人無力支付，經債權人同意，以舊車一部抵償是。代物清償因債務人以他種給付代替原定給付之要約，經債權人承諾並受領而成立，故為要物契約[233]；又債權人之承諾，無異係原定給付之拋棄，是債務人之他種給付，與債權人之拋棄原定給付，具有對待給付之關係，故代物清償為有償之要物契約。

三、新債清償

「因清償債務而對於債權人負擔新債務者，除當事人另有意思表示外，若新債務不履行時，其舊債務仍不消滅。」（民320）是為新債清償，亦稱間接給付或間接清償。例如因清償舊欠貨款債務而簽發一張遠期支票以為抵償，若當事人未為反對之約定，則於該支票不獲兌現時，原貨款債務仍不消滅是。所謂**新債務**，指債之內容不同之另一債務，不以種類不同者為限，**只須債之內容中任一事項**（例如清償方法、清償地、清償期、數量、擔保品、條件、免責約款…等）**有所變更，即屬此之謂新債務**。所謂若新債務不履行時其舊債務仍不消滅，即新舊債務併存，而以新債務之履行為舊債務消滅之解除條件。是新債務實為舊債務之替代，則債權人應俟新債務到期時，先請求履行新債務，必須新債務發生「不履行」（包括給付不能、給付拒絕、給付不完全、給

求。爰參照第389條之立法旨趣，增訂第2項規定。」

[233]　65台上1300。

付遲延）之情事，始得請求履行舊債務[234]；又新債務之成立，應視為舊債務之承認，有絕對中斷舊債務消滅時效之效力，須俟新債務不履行時（中斷之事由終止），舊債務之消滅時效，始重行起算，亦為當然。

所謂「除當事人另有意思表示外」，指當事人於成立新債務以清償舊債務之同時，另有消滅舊債務之明示或默示意思表示，則舊債務仍歸消滅而言。明示消滅舊債務，例如另以契約明定舊債務消滅是。默示消滅舊債務，例如雖未明示消滅舊債務，但於新債務成立時或其後，將舊債務之憑證（例如借據、借用證書）退還債務人或銷毀，應認有消滅舊債務之意思表示是[235]。此種舊債務消滅之新債清償，又稱為債務更新或債務更改。

伍、清償地

一、清償地之意義

清償地者，債務人應為清償之地方也。亦稱給付地或履行地。債務人應於清償地為清償，否則即與「依債務本旨」之要件不合，不生清償之效力，債權人得拒絕受領。

二、清償地之確定

「清償地，除法律另有規定或契約另有訂定，或另有習慣，或得依債之性質或其他情形決定者外，應依左列各款之規定：一、以給付特定物為標的者，於訂約時，其物所在地為之。二、其他之債，於債權人之住所地為之。」（民314）可知清償地之決定方法為：

---

[234] 44台上1417判決。
[235] 40台上1068、41台上700。

（一）法律另有規定者依其規定

例如民法第371條：「標的物與價金應同時交付者，其價金應於標的物之交付處所交付之。」以及第600條第1項：「寄託物之返還，於該物應為保管之地行之。」等規定是。

（二）契約另有訂定依其訂定

例如約定於債務人之住所地為之是。依契約自由原則，自為有效。但所訂之清償地為不能時（例如訂定之清償地發生瘟疫或戰爭，無法於該地為清償之情形），則為無效，須另行訂定，或依民法第314條第1、2款之規定，定其清償地（如後述）。

（三）另有習慣者依其習慣

例如訂閱報紙，習慣上均由派報員到各訂戶（債務人）之住所收取報費；購買電器用品，習慣上均由出賣人送貨至買受人指定處所，並裝置妥善後再收款等是。惟習慣之適用，須以無法律規定或契約訂定為前提，而不待言。

（四）依債之性質定之

例如房屋之修繕，依其性質應於該房屋所在地為之是。

（五）依其他情形定之

例如以遺囑指定遺贈物之交付地是。

（六）不能依上述五種方法決定清償地者

則依下列二項準則定之：

1. 特定物之債之清償地

以給付特定物為標的者，以訂約時，其物所在地為清償地。蓋該地為當事人所熟知，且訂約時其物置於該地，顯示債權人具有於該地使用其物或處分其物之習性故也。

2. 其他之債之清償地

除以給付特定物為標的之債外，其他之債以債權人之住所地為清償地。所謂債權人之住所地，指清償當時之住所地而言，非債權發生時之住所地。以債權人之住所地為清償地者，謂之赴償債務，蓋欠債者應自動前往清償，乃我國一般之觀念也。

陸、清償期

一、清償期之意義

清償期者，債務人應為清償之期日也。亦稱給付期或履行期。債務人於清償期屆至，即應為清償，否則應負遲延責任。

二、清償期之確定

「清償期，除法律另有規定，或契約另有訂定，或得依債之性質或其他情形決定者外，債權人得隨時請求清償，債務人亦得隨時為清償。」（民315）可知清償期之決定方法為：

（一）法律另有規定者依其規定

例如民法第455條前段：「承租人於租賃關係終止後應返還租賃物。」第601條第1項：「寄託約定報酬者，應於寄託關係終止時給付之，分期定報酬者，應於每期屆滿時給付之。」等規定是。

（二）契約另有訂定者依其訂定

例如約定以債權人之生日或其他特定日為清償期是。

（三）依債之性質定之

例如書店向印刷廠商訂製聖誕卡供銷售，須於聖誕節屆至前相當期間交付是。

（四）依其他情形定之

例如旅途向鄰座借閱書報，應於閱畢或旅途結束時返還是。要之應依習慣或誠信原則定之。

能依上述四種方法決定其清償期者，性質上均為定有清償期之債務，其消滅時效均應自期限屆滿時起算[236]；至於不能依上述四種方法決定其清償期者，則為未定清償期之債務，「債務人得隨時請求清償，債務人亦得隨時為清償。」亦即自債之關係成立時，清償期即同時屆至，其消滅時效亦同時起算[237]。惟所謂隨時，仍應依誠實信用方法為之，自不待言。

三、清償期之利益

清償期之利益，**原則上屬於債務人**。故我國民法第316條規定：「定有清償期者，債權人不得於期前請求清償，如無反對之意思表示時，債務人得於期前為清償。」惟本條之適用，仍須注意者有二：

（一）債權人雖不得於期前請求清償，但法律另有規定或契約另有訂定者，則不在此限

法律另有規定者，例如民法第597條規定：「寄託物返還之期限，雖經約定，寄託人仍得隨時請求返還。」破產法第93條規定：「法人破產時，破產管理人應不問其社員或股東出資期限，而令其繳納所認之出資。」第100條規定：「附期限之破產債權未到期者，於破產宣告時視為已到期。」可於原定清償期屆至前，依破產程序行使其債權是。至於當事人能否以契約訂定，賦予債權人於期前請求清償之權利，民法第316條雖無明文，惟查民法第

---

[236] 29上1489。
[237] 28渝上1760。

316條規定，不過將期限利益歸屬於債務人，以保護債務人，並非有關公益之規定，是債務人之自願拋棄期限利益，與私權之處分無異，於實際交易上且有時對債務人更為有利（例如買賣契約雖定有交貨期，但出賣人貨源充足時，約定買受人有權期前請求交貨，對出賣人反較有利是），實無禁止之理。應解為契約另有訂定債權人得於期前請求清償者，從其約定。

（二）債務人雖得於期前為清償，但法律另有規定或契約另有訂定或其債務係屬絕對的定期債務性質者，則不在此限

法律另有規定者，例如民法第589條第2項規定：（寄託物）「定有返還期限者，受寄人非有不得已之事由，不得於期限屆滿前返還寄託物。」契約另有訂定者，即民法第316條條後段所定「反對之意思表示」之謂，例如約定債務人不得於期前為清償，或約定於某日前或某日後不得為期前清償，或約定附條件（停止條件或解除條件）之期前清償等是。至於其債務係屬絕對的定期債務性質者，例如結婚喜宴、生日蛋糕，均不得於期前為給付是。

依上所述，可知民法第316條前段，雖以「不得」為文，且亦未設如「除法律另有規定，或契約另有訂定，或依其債之性質所不許者外」之用語，但仍應為相同之解釋，亦即**民法第316條應解為係任意規定**，而非強行規定。

柒、清償費用

一、清償費用之意義

清償費用者，因清償債務所必要開支之費用也。例如包裝費、運送費、移轉登記費、代辦費等是。

二、清償費用之負擔

「清償債務之費用，除法律另有規定或契約另有訂定外，**由債務人負擔**。但因債權人變更住所或其他行為，致增加清償費用者，其增加之費用，由債權人負擔。」（民317）所謂法律另有規定，例如民法第378條關於買賣費用負擔之規定是。所謂契約另有訂定，例如約定清償費用由債權人負擔全部或一部是。所以規定除法律另有規定或契約另有訂定外，由債務人負擔，蓋因清償乃債務人之義務，且民法又以赴償主義為原則故也。至於債權人變更住所之場合，債務人雖應向其現住所為清償，前已言之，惟如因此而增加清償費用；或因債權人之其他行為，例如指定送往清償地以外之處所，或指示須為特別包裝，而增加清償費用，其增加之部分，係因債權人引起，自應由債權人負擔，方為合理。

捌、清償之抵充

一、清償抵充之意義

清償抵充者，債務人對於同一債權人，負擔數宗債務，而其給付之種類相同，如清償人提出之給付不足清償全部債額時，決定何宗債務應受清償之謂也。

二、清償抵充之要件

清償抵充之要件有三：

（一）須債務人對於同一債權人負擔數宗債務

如僅有一宗債務，則清償人提出之給付不足清償全部債額，係屬一部清償，不生清償抵充之問題。所謂數宗債務，即基於各別原因所生之數個債務，此數宗債務，無庸均已屆清償期，祗須債務人得為清償者，均有清償抵充之適用。

（二）須數宗債務其給付之種類相同

如給付之種類互異，例如甲對乙負擔三宗債務，一為馬1匹，一為食米5公斤，一為新臺幣5萬元，則清償人提出馬1匹，即消滅交付馬之債務，提出新臺幣5萬元，即消滅新臺幣5萬元之債務，縱有其他宗債務未及清償，亦不生應先充償何宗債務之問題。所謂種類相同，例如甲向乙先借貸新臺幣5萬元，嗣積欠貨款8萬元，另又發生1萬元之損害賠償債務，三宗均為金錢債務是。

（三）須清償人所提出之給付不足清償全部債額

如足以清償全部債額，則全部債務，因之歸於消滅，不生抵充之問題。

三、清償抵充之方法

清償抵充之方法，可由當事人以契約自由訂定，如無約定，民法設有二種抵充方法，述之如次：

（一）數宗債務之性質相同者

數宗債務，如均為原本，或均為利息，或均為費用，則其抵充方法又有二：

1. 指定抵充

「對於一人負擔數宗債務而其給付之種類相同者，如清償人所提出之給付，不足清償全部債額時，由清償人於清償時，指定其應抵充之債務。」（民321）是謂指定抵充。明定指定權人為「清償人」，蓋因債務可由第三人清償，非必為債務人也。

2. 法定抵充

「清償人不為前條之指定者，依左列之規定，定其應抵充之債務：一、債務已屆清償期者，儘先抵充。二、債務均已屆清償

期或均未屆清償期者，以債務之擔保最少者，儘先抵充；擔保相等者，以債務人因清償而獲益最多者，儘先抵充；獲益相等者，以先到期之債務，儘先抵充。三、獲益及清償期均相等者，各按比例，抵充其一部。」（民322）所謂債務人因清償而獲益最多，包括金錢上之獲益及程序上之獲益；所謂獲益最多，係針對各宗債務相互比較之最終結果而言，於進行比較之過程，各宗債務相互間僅有獲益較多之問題。**金錢上獲益較多之情形，**例如於數宗債務均為原本時清償附利息之債務，較清償無利息之債務，債務人獲益為多；清償有違約金之債務，較清償無違約金之債務，債務人獲益為多等是。**程序上獲益較多之情形，**例如清償個人債務，較清償連帶債務，無內部求償之問題，債務人獲益為多；清償已取得執行名義之債務，較清償無執行名義之債務，債務人獲益為多是。

（二）數宗債務之性質不同者

數宗債務，有為原本，有為利息或費用者，則其抵充方法為：「清償人所提出之給付，應先抵充費用，次充利息，次充原本；**其依前二條之規定抵充債務者亦同。**」（民323）所謂費用，指清償費用；所謂利息，則包括法定利息及約定利息。但實例認為得抵充之約定利息，須以未超過法定利率限制（民205）之利息為限[238]；所謂原本指債之本體；至於所謂「其依前二條之規定抵充債務者，亦同」，則指：1.依民法第321條由清償人指定抵充時，其數宗債務中如有費用、利息、原本之分者，**清償人應依民法第323條所定順序先指定抵充費用，次指定抵充利息，最後指定抵充原本。清償人指定抵充之空間，因而受到限制。**必也數宗債務呈

---

[238]　41台上807。

現均為費用，或均為利息，或均為原本，而清償人所提出之給付，不足清償其全部時，清償人始有再依民法321條規定選擇指定抵充何宗費用或利息或原本之餘地，至如清償人不為指定抵充時，則始有民法第322條法定抵充規定之適用。清償人違反民法第323條之規定所為之指定抵充，應解為不生效力；2.依民法第322條**法定抵充之規定抵充時，其數宗債務中如亦有費用、利息、原本之分者，亦應依民法第323條所定順序而為抵充，亦即必須先抵充費用，次再抵充利息，最後抵充原本。法定抵充之空間，亦因而受到限制。**必也數宗債務呈現均為費用，或均為利息，或均為原本，而清償人所提出之給付，不足清償其全部且清償人不為指定抵充時，始有適用民法第322條各款之規定，就其費用與費用間，或利息與利息間，或原本與原本間，進行評比而定其應抵充之債務之可言。可知，於數宗債務之性質不同之情形，民法第323條之規定，實具有優先適用之效力。

最後，尚須一提者，乃民法第323條之規定，並未及於「違約金」之抵充，故已發生之違約金，其抵充之順位，自應在原本之後[239]，而不待言。

玖、清償之證明

一、受領證書

「清償人對於受領清償人，得請求給與受領證書。」（民324）受領證書者，受領清償人所出具，記載清償事實之單據也。受領證書，俗稱收據，其製作，並無一定之格式，但既言證書，自須以書面為之，至於內容，只須足以認知受領之內容及其所清

---

[239] 53台上18判決、71台上1463判決。

償之債為何即可。因所載僅係清償事實，故其給與，僅係一種觀念（事實）通知。又受領證書之給與，係受領清償人之義務，故其製作費用，應由受領清償人負擔。但以受領清償人自己製作即足，清償人特別要求之製作方式（例如律師見證、公證人認證）所增加之費用，除受領清償人同意負擔者外，應由清償人自行負擔。

有問題者，清償人之清償與受領清償人之給與受領證書，是否處於同時履行之地位，受領清償人如拒絕給與，清償人有無同時履行抗辯權？法無明文。解釋上應為肯定。蓋受領證書乃清償之證明，且給與受領證書對受領清償人無害也。

二、清償之推定

「關於利息或其他定期給付，如債權人給與受領一期給付之證書，未為他期之保留者，推定其以前各期之給付已為清償。」「如債權人給與受領原本之證書者，推定其利息亦已受領。」「債權證書已返還者，推定其債之關係消滅。」（民325）所謂推定，即在無反證之情形下而為認定之意。是則債權人對於上開推定之效果，得以反證推翻之，自不待言。

拾、清償之效力

依債務本旨，向債權人或其他有受領權人為清償，經其受領，或向第三人為清償，經其受領，而依民法第310條各款規定有清償之效力者，債之關係消滅。

第三節　提存

壹、提存之意義

　　提存者，清償人以消滅債務為目的，將其給付物為債權人寄託於提存所之行為也。析言之：

（一）提存者以消滅債務為目的之行為也

　　提存依其目的之不同，可分為保證提存及清償提存二種。前者乃以供擔保之目的所為之提存，例如民法第905條、第907條所規定之提存是。後者乃以消滅債務之目的所為之提存，例如票據法第76條所規定之提存是。此所謂提存（即民法第326條至第333條所規定者），係以消滅債務為目的，為清償提存。

（二）提存者清償人與提存所間之寄託契約也

　　提存，應由清償人向提存所為之，故為其二者間之行為，固無疑問。惟此種行為之法律性質如何？學說不一。大別之有：1.**公法行為說**，認為提存所為國家所設之機關，其受領並保管提存物之行為，自為公法行為。2.**私法契約說**，認為提存所雖為國家所設之機關，但其受領並保管提存物係準於私人地位，由清償人為提存之請求，經其允諾，而成立之私法上契約，且為寄託契約。以後者為通說。

（三）提存者乃為債權人寄託給付物之行為也

　　清償人為提存後，債權人即取得直接向提存所請求交付提存物之權利，故提存亦為第三人利益契約。又依提存法規定，提存須依一定方式為之（提存法8、9），故又為要式契約。

貳、提存之原因

　　依民法第326條規定：「債權人受領遲延，或不能確知孰為債

權人而難為給付者，清償人得將其給付物，為債權人提存之。」
提存之原因有二：

（一）債權人受領遲延

即債權人對於已提出之給付，拒不受領或不能受領也。此
時，債務人之責任雖因之減輕，但債務仍猶存在。故得將其給付
物，為債權人提存之，以消滅債務。

（二）不能確知孰為債權人而難為給付

例如債權人死亡，繼承人為何人尚未確定是。此時清償人難
為給付，故得將其給付物，為債權人提存之，以免其責任。所謂
不能確知孰為債權人，以清償人主觀的不知為已足，無庸一般人
客觀的不知。

參、提存之方法

一、提存之處所

「提存應於清償地之法院提存所為之。」（民327）

二、提存之程序

聲請提存應作成提存書一式二份，連同提存物一併提交提存
物保管機構；如係清償提存，並應附具提存通知書（提存法8
Ⅰ）。提存所接到提存書後，認為應予提存者，應於提存書載明
准予提存之旨，一份留存，一份交還提存人。如係清償提存，並
應將提存通知書送達受取權人（提存法10Ⅲ前段）。

三、提存之標的

提存之標的為給付物。按給付物原包括動產及不動產在內。
但依提存法第6條第1項規定；「提存物以金錢、有價證券或其他

動產為限。」不包括不動產在內。給付物如為不動產,而債權人受領遲延者,債務人得依民法第241條規定拋棄占有而免責,應不成問題。

於此須附言者,即提存之標的為「給付物」固矣!惟如給付物不適於提存,或有毀損滅失之虞,或提存需費過鉅者,則應如何提存?依民法第331條規定:「給付物不適於提存,或有毀損滅失之虞,或提存需要費過鉅者,清償人得聲請清償地之法院拍賣,而提存其價金。」是謂**價金之提存**。所謂不適於提存,例如給付物體積過大或為易爆物是。所謂有毀損滅失之虞,例如給付物為水果或魚肉之類,易於毀損,或為揮發性物品,易於滅失是。所謂提存需費過鉅,例如給付物為舊衣物,其價值可能尚不及提存費用,或給付物為珍奇動物,需特殊設備或特種飼料供養是。又「前條給付物有市價者,該管法院得許可清償人照市價出賣,而提存其價金。」(民332)清償人照市價之出賣,稱為**自助出賣**。自助出賣後,亦應為價金之提存。

四、提存之費用

「提存拍賣及出賣之費用,由債權人負擔。」(民333)蓋此等費用,係因債權人受領遲延,或不能確知孰為債權人所致,非因可歸責於債務人之事由而生,亦非通常之清償費用故也。

肆、提存之效力
一、提存人與提存所間之效力

提存人與提存所間發生寄託之法律關係。惟因提存係以消滅債務為目的,提存一經生效,債之關係即行消滅,提存人除有提存法第17條、第18條規定之原因外,不得向提存所請求返還提

存物。

二、債權人與提存所間之效力

「債權人得隨時受取提存物。如債務人之清償，係對債權人之給付而為之者，在債權人未為對待給付或提出相當擔保前，得阻止其受取提存物。」（民329）。「清償提存之提存物受取人如應為對待給付時，非有提存人之受領證書、裁判書、公證書或其他文件，證明其已經給付或免除其給付或已提出相當擔保者，不得受取提存物。」（提存法21）「債權人關於提存物之權利，應於提存後十年內行使之，逾期其提存物歸屬國庫。」（民330）此10年期間，為除斥期間[240]。

三、提存人與債權人間之效力

提存一經生效，債之關係即行消滅，故「提存後，給付物毀損、滅失之危險，由債權人負擔，債務人亦無須支付利息，或賠償其孳息未收取之損害。」（民328）

茲有問題者，乃提存物之所有權究於何時移轉於債權人？解釋上，應視提存物之性質而定，即：1.提存物如為代替物，則應依消費寄託之觀念（民602、603），認為於提存時其所有權先移轉於提存所，而於提存所以同種類同品質同數量之物，交付債權人時，再移轉於債權人；2.提存物若為不代替物，則應依指示交

---

[240] 民法第330條原規定為：「債權人關於提存物之權利，自提存後十年間不行使而消滅，其提物屬於國庫。」民國88年民法債編修正時修正說明謂：「本條所定10年之期間，因有『不行使而消滅』字句，究為時效期間，抑為除斥期間，學者見解不一。惟就期間經過後，即發生提存物歸屬於國庫之效果而觀，似以認係除斥期間較為正確。爰修正為『債權人關於提存物之權利，應於提存後10年內行使之，逾期其提存物歸屬國庫。』以示該10年期間為除斥期間，俾杜爭議。」

付之觀念（民761Ⅲ），認為於提存時，僅由提存所取得提存物之占有，而於提存通知書送達於債權人後，經債權人表示承認受取時，或逕向提存所請求受取提存物時，所有權始移轉於債權人。至若債權人不表示承認受取之意思，亦不向提存所請求受取提存物，則依民法第330條之規定，提存後逾10年，其提存物之所有權即歸屬國庫。

第四節　抵銷

壹、抵銷之意義

抵銷者，二人互負債務，而其給付種類相同，並均屆清償期時，**各得以其債務，與他方之債務**，在相同數額內，同歸於消滅之一方的意思表示也。（民334前段）例如甲向乙借貸新臺幣1萬元，約定返還日期為民國75年3月29日，嗣乙向甲購貨，應於同年4月4日給付貨款8,000元，則於同年4月4日以後，甲或乙任一方，均得單獨以一方之意思表示為抵銷，使雙方之債務同時消滅8,000元，結果僅餘甲尚欠乙2,000元是。

得為抵銷之權利，稱為抵銷權。抵銷權之行使，稱為抵銷。抵銷，因債務人一方之意思表示而生效力，故為單獨行為[241]，而抵銷權，則為形成權[242]。抵銷權之發生，可由當事人以契約訂定，是為約定抵銷。契約未訂定者，則依民法之規定，須具備一定要件，始足發生抵銷權，是為法定抵銷。

---

[241] 50台上291。
[242] 47台上355。

貳、抵銷之要件

依民法第334條規定：「二人互負債務，而其給付種類相同，並均屆清償期者，各得以其債務，與他方之債務，互相抵銷。但依債務之性質不能抵銷或依當事人之特約不得抵銷者，不在此限。」「前項特約，不得對抗善意第三人。」分述抵銷之要件如次：

（一）須二人互負債務

即債務人對債權人亦享有債權是。為抵銷之一方所負之債務，謂之**動方債務**，被抵銷之一方所負之債務，謂之**受方債務**。

須說明者，抵銷固以債務人對債權人亦享有債權為要件，惟依民法第742條之1規定：「保證人得以主債務人對於債權人之債權，主張抵銷。」立法目的在保護保證人，避免保證人於清償後向主債務人求償困難[243]。

（二）須二債務之給付種類相同

即二債務均為同種類之代替物是。蓋不代替物，本質上不得抵銷也。只須為同種類之代替物已足，有無擔保[244]，以及清償地是否相同，均非所問。但依民法第336條規定，就清償地不同之債務為抵銷之人，應賠償他方因抵銷而生之損害。例如臺北**某甲**向臺北某乙購棉紗百斤，約定乙應送交某甲設在**臺中**之紡織廠，運費由乙負擔，嗣後**某乙**在**新竹**亦向某甲購同種棉紗百斤，約定在**新竹**交貨。此情形，**若乙為抵銷，則某甲勢須自行負擔運費，將新**

---

[243] 民法第742條之1為民國88年修正時新增，修正說明謂：「二、主債務人對債權人有債權者，保證人得否已之主張抵銷，學者及實務見解不一。為避免保證人於清償後向主債務人求償困難，爰參考日本民法第457條第2項之規定增列本條。明定保證人得以主債務人對於債權人之債權，主張抵銷，以杜爭議。」

[244] 26渝上405。

竹之百斤棉紗送至其設在臺中之紡織廠，此項運費之損失應由乙負責賠償是。有問題者，乃二債務之給付種類雖相同，但品質不同，是否得為抵銷？學者意見不一。本書以為應視動方債務之給付為優等品質抑為劣等品質而定。亦即優等品質之給付得與劣等品質之給付為抵銷，劣等品質之給付則不得與優等品質之給付為抵銷。蓋在前者情形，可視為權利之自願捨棄，至在後者情形，則無強迫他人捨棄權利之理也。

抵銷，固須二債務之給付種類相同，惟此乃原則，依破產法第113條第1項規定：「破產債權人於破產宣告時，對於破產人負有債務者，無論給付種類是否相同，得不依破產程序而為抵銷。」是為例外。

（三）須二債務均屆清償期

蓋因抵銷有相互清償之涵義，自應以得請求履行為前提，故須二債務均屆清償期，方得為抵銷。但債務人原則上得為期前清償（民316），故動方債務雖未屆清償期，仍可以之與已屆清償期之受方債務為抵銷。是則應屆清償期者，實僅係指受方債務而言。

抵銷，固須受方債務已屆清償期，惟此亦僅係原則，若受方債務人受破產宣告時，則依破產法第113條第2項規定；「破產債權人之債權為附期限或附解除條件者，均得為抵銷。」亦即，受方債務（破產債權人之債權）雖因附期限而未屆清償期，破產債權人仍得以其對破產人所負之債務（動方債務），與之為抵銷。是為例外。

於此有一問題，即受方債務早已屆至，且其債權之請求權已因消滅時效完成而消滅，若其債權人對受方債務人亦負有同種類

之債務，則其債權人是否仍得以其債務與受方債務為抵銷？依民法第337條規定：「**債之請求權雖經時效而消滅，如在時效未完成前，其債務已適於抵銷者，亦得為抵銷。**」例如甲對乙之5萬元債權，於民國75年2月2日消滅時效完成，而甲欠乙之5萬元債務於同年1月1日屆清償期，即於1月1日（甲對乙之5萬元債權消滅時效未完成前），甲本即可為抵銷（其債務已適於抵銷），竟未為之，則甲於其債權已經時效而消滅後（即2月2日以後），仍可以其欠乙之5萬元債務（動方債務）與已經時效而消滅之乙欠甲之5萬元債務（受方債務，亦即甲對乙之5萬元債權），為抵銷是。

（四）須依債務之性質得為抵消或當事人未約定不得抵銷

蓋若依債務之性質不得抵銷，例如不作為債務，以及以提供勞務為標的之債務，此等債務，具有如不履行，即無法達其債之目的之性質，故不得抵銷。此外，如當事人特別約定不得抵銷者，亦不得抵銷，惟此項特約不得對抗不知情之第三人，亦即不知當事人間有不得抵銷之特約之第三人，仍得主張抵銷之效力也[245]。

---

[245] 民法第334條第1項但書規定：「或依當事人之特約不得抵銷者」一語，以及第2項規定：「前項特約，不得對抗善意第三人。」係民國88年民法債編修正時新增，修正說明謂：「一、債之內容，本可由當事人自由決定，因此當事人間就其債務若有不得抵銷之特約者，應排除關於抵銷權行使之規定。故參考日本民法第505條第2項之立法例，於但書增例『依當事人之特約不得抵銷』者，亦為互為抵銷之例外，並改為第1項。二、關於當事人以特約排除抵銷權行使之效力，究為絕對排除？抑為相對排除？學者見解不一。按第294條第2項『當事人不得讓與之特約，不得以之對抗善意第三人』之規定，乃為免第三人遭受不測之損害及保護交易之安全而設。基於同一理由，排除抵銷權行使之特約，當以不得對抗善意第三人為宜。故參考日本民法第505條第2項之規定，增列第2項規定。」

參、抵銷之禁止

具備前述抵銷之要件，即可抵銷。惟如當事人另有約定，或依法律規定不得抵銷者，則為例外。稱為抵銷之禁止。民法第334條之規定，乃任意規定，當事人如約定不得抵銷，自為法之所許，而不待言。至於法律規定不得抵銷者，依我國民法之規定，情形有四：

一、禁止扣押之債

「禁止扣押之債，其債務人不得主張抵銷。」（民338）所謂禁止扣押之債，即強制執行法第122條規定：「債務人對於第三人之債權，係維持債務人及其家屬生活所必需者，不得為強制執行。」之債也。例如各種勞工保險給付債權（勞保條例29）是。惟不得主張抵銷者，以禁止扣押之債之債務人為限，如動方債務人係禁止扣押之債之債權人，則非法所禁。**例如**勞工某甲退休後，對臺閩地區勞工保險局（簡稱勞保局），享有20萬元之老年給付債權（即禁止扣押之債），但某甲退休前積欠該勞保局損害賠償債務3萬元，則該勞保局不得主張抵銷，而勞工某甲可主張抵銷是。

二、因故意侵權行為而負擔之債

「因故意侵權行為而負擔之債，其債務人不得主張抵銷。」（民339）**例如**甲欠乙5萬元不還，乙故意將甲毆傷，致法院判決應賠償甲5萬元，則乙不得以其欠甲之5萬元賠償債務，與甲欠伊之5萬元借款債務抵銷是。但不得主張抵銷者，以因「故意」侵權行為而負之債之債務人為限，至因「過失」侵權行為而負之債之債權人及債務人，及因故意侵權行為而負之債之債權人，則均得主張抵銷，應注意之。是則前舉之例之甲即得主張抵銷，而非

所禁。

三、受債權扣押命令之第三債務人於扣押後始對其債權人取得之債權

「受債權扣押命令之第三債務人，於扣押後，始對其債權人取得債權者，不得以其所取得之債權與受扣押之債權為抵銷。」（民340）例如甲對乙有8萬元債權，乙對丙有10萬元債權，甲聲請法院就乙對丙之債權在8萬元之範圍內予以扣押，此時丙即為「受債權扣押命令之第三債務人」，設嗣後丙對乙取得8萬元債權，丙亦不得以之與受扣押之8萬元對乙方主張抵銷是。惟第三債務人於受扣押前，已對其債權人取得之債權，則得以之與受扣押之債權為抵銷。蓋因於受扣押前，已適於抵銷故也。

四、約定應向第三人為給付之債務

「約定應向第三人為給付之債務人，不得以其債務，與他方當事人對於自己之債務為抵銷。」（民341）蓋約定應向第三人為給付之債，其第三人對於債務人有直接請求給付之權，而他方當事人（即要約人）僅得請求債務人向第三人為給付，債務人對他方當事人並不負給付義務（民269），故縱令他方當事人對債務人負有債務，亦與「二人互負債務」之要件不合，自不得為抵銷。且他方當事人亦不得為抵銷，而無庸置疑。

肆、抵銷之方法

「抵銷，應以意思表示，向他方為之。」（民335 I 前段）又此項意思表示，係以消滅債務為目的，且為單獨行為，受方債務人無從拒絕其抵銷，自應單純確定，故「前項意思表示，附有條件或期限者，無效。」（民335 II）以免受方債務人受害。所謂無

效，係指抵銷之意思表示無效，亦即不生抵銷之效力而言，非謂條件或期限無效也。

伍、抵銷之效力

依民法第335條第1項後段規定，動方債務人向受方債務人為抵銷之意思表示後，「其相互間債之關係，溯及最初得為抵銷時，按照抵銷數額而消滅。」分言之：

一、二人之債務按照抵銷數額而消滅

即債務數額相等時，二人之債務全歸消滅；債務數額不等時，則按照抵銷數額而消滅。此所謂抵銷數額，如動方債務人未為特別表示，應指雙方債務之較低額者而言。二人之債務按照抵銷數額而消滅後，所餘之債務數額，其債之關係，仍猶存續。

二、抵銷之效力溯及最初得為抵銷時

所謂最初得為抵銷時，**指為抵銷之人最初得為抵銷之時**而言。例如甲欠乙之債務清償期為8月10日，乙欠甲之債務清償期為8月30日，則如乙為抵銷，則以8月10日為最初得為抵銷時，如甲為抵銷，則以8月30日為最初得為抵銷時是。所謂抵銷之效力溯及最初得為抵銷時，即不論於何時為抵銷，其債之關係均回溯至最初得為抵銷時消滅之謂。故而自該時起，不再計算利息[246]，遲延責任亦於其時終止，其已支付之利息或遲延利息，於抵銷後得依不當得利之規定請求返還。

陸、抵銷之抵充

為抵銷之人僅有一宗債務，而他方對為抵銷之人則有數宗債

---

[246] 18上316。

務；或為抵銷之人有數宗債務，而他方對為抵銷之人則僅有一宗債務；或二人均有數宗債務。則於為抵銷時，究竟應消滅何宗債務，不無疑問。此即所謂抵銷之抵充問題。依我民法第342條規定，應準用民法第321條至第323條等關於清償抵充之規定。亦即先由為抵銷之人於為抵銷時指定其應抵銷之債務（準用民321），如未指定，則依民法第322條所規定之順序，定其應抵銷之債務（準用民322）；至如二人所負之債務於原本外，更有利息及費用者，則應依民法第323條所定之順序，定其應抵銷之對象（準用民323）。

第五節　免除

壹、免除之意義

免除者，債權人對債務人所為使債之關係消滅之一方的意思表示也。分言之：

（一）免除須由債權人為之

所謂債權人，不以本人為限，其代理人亦包括在內。惟債權人如已對其債權喪失處分權，則不得為免除。例如債權人受破產宣告時，或其債權受扣押時是。

（二）免除須向債務人以意思表示為之

免除乃有相對人之意思表示，故須向債務人為之。又免除無庸得債務人之同意，僅債權人一方為意思表示即生效，故為單獨行為。此外免除不須任何方式，故為不要式行為。

（三）免除之目的在使債之關係消滅

故債權人為免除時，須有債務之存在，否則無免除之可言。

其債務已消滅者，固無免除可言。至其**債務尚未發生者，可否預先免除**？則學者意見不一，有認為可預先免除者，有認為預先免除有背於公序良俗，應為無效者。以前者為通說。實則預先免除，本質上係一種附條件（以將來如發生債務為條件）之意思表示，其主意思表示（免除），亦須於將來債務發生之時始生效力，故預先免除，於將來債務發生之前，無免除之可言。是於債權人為免除時，須有債務之存在，並無例外之情形。

貳、免除之效力

「債權人向債務人表示免除其債務之意思者，債之關係消滅。」（民343）全部免除者，全部消滅；一部免除者，一部消滅。且免除部分，其從屬債務，例如利息債務，擔保債務，亦隨之消滅。

第六節　混同

壹、混同之意義

混同者，債權與其債務同歸一人，而債之關係因之消滅之事實也。分言之：

（一）混同為債權與其債務同歸一人

債權與其債務同歸一人之原因有二：1.概括繼受。例如債權人繼承債務人；債務人繼承債權人；或第三人繼承債權人及債務人等是。2.特定繼受。例如債務人受讓債權人對伊之債權，或債權人承擔債務人欠伊之債務是。

（二）混同為債之關係消滅之原因

債之成立，以債權人與債務人相異為前提，如債權與其債務

同歸一人，則有反於債之觀念，債之關係，不應認為繼續存在，故為債之關係消滅之原因。

（三）混同為一種事件

混同，只須發生債權與其債務同歸一人之情況即可成立，無須為意思表示，故混同並非法律行為，而屬於一種事件性質。

貳、混同之效力

「債權與其債務同歸一人時，債之關係消滅。但其債權為他人權利之標的或法律另有規定者，不在此限。」（民344）所謂**其債權為他人權利之標的者**，例如甲以其對丙之債權，設定質權予乙，則甲對丙之債權即為乙之質權之標的。此情形，嗣後不論甲繼承丙或丙繼承甲，或第三人繼承甲及丙，甲對丙之債權均不因混同而消滅是。所謂**法律另有規定者**，例如依票據法第34條規定，匯票得讓與發票人、承兌人、付款人或其他票據債務人，而此等人受讓後，於匯票到期日前，得再為轉讓，其標據債務不因混同而消滅是。

附錄一

民法債編立法原則

（中央政治會議第183次會通過，於18年6月5日送交立法院）

一、基於債務關係，債權人有向債務人要求給付之權利。

給付不以有財產價格者為限。

不作為亦得為給付之標的。

二、在中國境內支付之金錢債務，雖以外國通用貨幣定給付額者，債務人仍得按給付時給付地之市價，以中國通用貨幣給付之。但依其情形，或當事人之意思，不得不以外國通用貨幣給付者，不在此限。

三、最高限之利率，定為週年百分之二十。

法定利率，定為週年百分之五。

預約以至清償期之利息，佸本再生利息者，其預約無效。但債務人為銀錢業或儲蓄機關者，不在此限。

利息遲付六個月，經債權人之催告，而不償還者，其遲付之利息，得再生利息。

四、損害之賠償，以行為時當事人所預見，或可得預見者為限。

五、除因故意或重大過失所加之傷害外，如所應負擔之損害賠償，對於加害人之生計，有重大影響時，法院得減輕其賠償金額。

六、債權人行使權利，及債務人履行義務，應依誠實及信用方法行之。

七、債務人拒絕或怠於行使其權利時，債權人因保存債權，得以自己之名義，代位行使其請求權。但專屬於債務人者，不在此限。

八、債務人之行為，意圖有害於債權人之權利者，債權人得訴請撤銷之。

九、合法占有他人之物，而就該物有債權者，於該債務未履行前，得留置該物。

十、債務如可分割者，法院得斟酌債務人之境況，准其於相當期限內，分期給付。

十一、因契約互負債務者，於他方未為給付前，得拒絕自己之給付。

十二、當事人之一方，如不履行其債務時，相對人於特定情形下，有要求強制執行，或解除契約之權。

十三、因故意或過失不法侵害他人之權利者，負損害賠償責任。

十四、受僱人因執行職務，不法侵害他人之權利者，由僱主連帶負損害賠償責任。被保護人不法侵害他人權利者，其保護人應連帶負賠償責任。

十五、因物所生之損害，該物之占有人，應負賠償責任。

附錄二

名詞索引

十三劃

十四劃

十五劃

國家圖書館出版品預行編目資料

民法債編總論 / 陳猷龍著 -- 六版. -- 臺北市：
五南圖書出版股份有限公司, 2021.09
　面；　公分.
ISBN: 978-626-317-084-1(平裝)

1.債法

584.3　　　　　　　　110013161

4T48

民法債編總論

作　　者 ― 陳猷龍（265.3）

發 行 人 ― 楊榮川

總 經 理 ― 楊士清

總 編 輯 ― 楊秀麗

副總編輯 ― 劉靜芬

責任編輯 ― 林佳瑩

封面設計 ― 王麗娟

出 版 者 ― 五南圖書出版股份有限公司

地　　址：106 台北市大安區和平東路二段 339 號 4 樓

電　　話：(02)2705-5066　　傳　　真：(02)2706-6100

網　　址：https://www.wunan.com.tw

電子郵件：wunan@wunan.com.tw

劃撥帳號：０１０６８９５３

戶　　名：五南圖書出版股份有限公司

法律顧問　林勝安律師事務所　林勝安律師

出版日期　1994 年 10 月初版一刷
　　　　　2021 年 9 月六版一刷

定　　價　新臺幣 500 元